_____ 님의 타고난 별의 기운을

긍정적으로 발현하여

충만하고 복된 삶이 되기를 바랍니다.

_____ 드림

내 점성학은
내가 본다

✳ 일러두기 ✳

1. 점성학은 중동 지역에서 시작되어 그리스 로마 시대, 아랍 왕조 시대, 중세 시대를 거쳐 현대에 이르렀습니다. 즉, 점성학은 서구 역사와 함께 발전해왔습니다. 그래서 점성학 용어에는 라틴어, 아랍어, 영어 등 그 시대의 중심 언어들이 섞여 있습니다. 현재는 점성학이 미국과 유럽을 중심으로 발전하는 중입니다. 따라서 오늘날에는 영어 표현이 가장 많이 사용되고 있습니다. 이러한 시대적 흐름을 따르기 위해서 이 책에 나오는 대부분의 점성학 용어는 영어 발음을 그대로 한글로 표기하는 것을 원칙으로 삼았습니다. 단, 해당 용어가 처음 나올 때는 괄호에 알파벳과 한글 뜻을 함께 표기했습니다. 가령, '카디날 사인(Cardinal Sign, 활동궁)'이라고 표기하는 식입니다.

2. 그러나 글의 맥락상 외국어를 그대로 쓰는 것이 매우 어색하거나 한국 점성학계에 이미 한글로 번역된 용어가 정착된 경우에 한해서 한글로 표기했습니다.

내 운명은 내가 본다

점성학편

내 점성학은
내가 본다

연주 지음

SOUL SOCIETY

차례

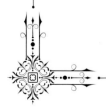

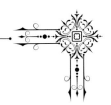

3장 운명이 펼쳐지는 12영역: 하우스 66

4장 운명을 움직이는 7힘: 행성 104

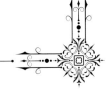

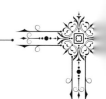

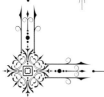

점성학으로 내 운명을
내가 볼 수 있습니다

살다 보면 운명의 힘을 느낄 때가 있습니다. 당시에는 그냥 지나 쳤지만 나중에 뒤돌아보면 내가 한 선택들과 일어났던 사건들의 숨겨진 흐름이 보이곤 합니다. 그럴 때면 그곳으로 나를 이끈 것은 나의 뜻과는 다른 어떤 힘이 작용했기 때문이라는 확신이 듭니다. 그러한 운명의 힘이 이 책을 쓰게 했습니다. 저는 2002년 타로를 통해 가벼운 마음으로 운명학에 발을 들였습니다. 이후 자평명리학을 거쳐 2006년 점성학에 뿌리를 내리고 2009년부터 떨리는 마음으로 상담을 시작했습니다. 저에게 하늘의 언어로 개인의 운명을 이해하는 작업은 언제나 긴장되지만 가슴 벅찬 일입니다.

점성학은 제 삶에 많은 영향을 미쳤습니다. 가령, 개인적 차원에서는 배우자를 처음 만났을 때 느꼈던 마음의 확신을 더욱더 명확하게 이해시켜주었습니다. 직업적 차원에서는 내담자가 느끼는 삶의 답답함을 있는 그대로 알게 해줍니다. 저는 오랜 기간 상담을 하며, 단 한 번도 같은 차트를 보지 못했습니다. 별자리의 95%가 비슷하고 5%만 달라도 100% 의미가 달라지는 점성학은 무척 까다롭지만 매우 매력적인 운명학입니다. 제게 점성학은 평생을 공부해도 마르지 않는 지식의 샘입니다.

15년 이상 점성학을 공부하고 지속적으로 상담을 해오다 보니

저도 모르는 사이에 내공이 쌓였기 때문일까요? 어느 순간 점성학 차트를 보면 겉으로 보이는 모습 너머로 내담자의 내면과 인생이 입체적으로 그려지고 느껴지기 시작했습니다. 그 무렵부터 저만의 관점으로 점성학을 정리해봐야겠다는 생각이 들었습니다. 이 책은 그 결과물입니다. 6,000년 이상의 역사를 지닌 점성학은 수많은 뛰어난 점성가에 의해 발전해왔습니다. 제 글이 그 역사에 누가 되지 않고 작은 보탬이 되기를 희망해봅니다. 이 책의 내용 중 제가 창조한 것은 없습니다. 다만 많은 점성가가 발전시켜온 지식들을 제 경험과 시각에서 점성학 입문자 분들을 위해 보다 명료하게 정리했습니다. 혹시라도 부족함이 있다면 그것은 전적으로 저의 부족함이며, 점성학이라는 학문의 부족함은 아닙니다.

처음 점성학을 접하는 분들에게 점성학은 어렵게 느껴질 수도 있습니다. 점성학의 기초라고 할 수 있는 네이탈 차트를 비롯해 많은 정보들이 기호와 도형, 숫자들로 이루어졌기 때문입니다. 하지만 초반의 어려움을 이겨내고 점성학의 세계로 한 걸음 들어간다면 점성학만큼 운명을 정확하게 이해하는 데 도움이 되는 도구도 없습니다. 이 책은 점성학 초심자들이 초반의 어려움을 뚫고 점성학의 정수에 쉽게 다가설 수 있도록 쓰였습니다.

본문은 총 6장으로 구성했습니다. 1장에는 점성학의 역사를 비롯해 점성학을 둘러싼 배경지식, 점성학을 공부하면 좋은 이유 등을 담았습니다. 2장에서는 점성학으로 내 운명을 스스로 보기 위한 작업의 첫 단계인 네이탈 차트 찾는 방법을 설명했습니다. 3~5장에서는 점성학의 핵심 이론인 '삶의 영역', '운명을 움직이는 힘', '운명의 법칙'에 대한 심도 있는 내용을 담았습니다. 2장을 통해 자신의 네이탈 차트 찾기 방법을 익힌 후 3~5장의 내용을 바탕으로 자신의 네이탈 차트를 해석하는 방법을 학습하는 순서입니다. 마지막 장인 6장에서는 앞에서 배운 이론들을 종합해 정리했습니다. 여기에서는 7개의 행성과 12개의 별자리를 조합하여 총 84가지 유형을 제시해 혼자서도 자신의 운명과 성격을 손쉽게 파악할 수 있도록 안내했습니다. 또한, 23명의 유명인 차트를 예시로 함께 보여줌으로써 차트 분석의 실제에 한층 더 다가설 수 있도록 구성했습니다.

"그대가 날마다 하늘과 교제하는 것처럼, 그대의 마음을 신성의 이미지를 따라 형성하고 가르치라. 모든 자비로운 미덕을 배우고 충분히 그것들을 습득하라. 인정 많고, 친절하고, 신실함으로 모두가 접근하기 쉽게 하고, 가혹한 판단의 공포로 고통을 안겨주지 말라."

제가 좋아하는 점성가인 윌리엄 릴리(William Lilly, 1602~1681)의 《크리스천 점성술Christian Astrology》에 나오는 구절입니다. 이 문장은 점성학을 공부하고 상담하는 것을 업으로 삼은 제게 늘 이정표가 되어주는 말입니다.

자, 그럼 이제부터 저와 함께 점성학의 세계로 떠나봅시다. 점성학 공부를 통해 이 책을 읽는 분들 모두가 저마다의 삶 속에 작용하고 있는 운명의 힘을 이해하게 되시기를 바랍니다.

2023년 11월
연주

운명을 읽는 탁월한 도구, 점성학

점성학이란
무엇인가?

◇ ☀ ✧ ☀ ◇

점성학은 지구와 천체에 관한 법칙을 통해 인간의 운명을 이해하는 학문입니다. 서양 점성학은 기원전 4000년 메소포타미아 지역에서 시작되었습니다. 이때부터 인류는 하늘을 바라보며 의미를 생각하기 시작했습니다. 점성학이 운명을 보는 다른 학문들과 가장 다른 점은 천체(태양, 달, 별, 행성 등)를 과학적으로 관측한 데이터를 사용해 개인이나 국가의 운명을 살핀다는 것입니다. 천문학 데이터를 이용한다는 점은 점성학을 어렵다고 느끼게 만드는 부분이기도 합니다. 하지만 그렇기 때문에 점성학을 통해 우리는 더욱 정교하고 깊게 운명을 파악할 수 있습니다.

고대부터 하늘에 떠 있는 천체는 인간에게 무한한 경외감을 불러일으켰습니다. 해와 달, 별은 신적인 존재로 받아들여졌고 숭배의 대상이었습니다. 또한, 일정한 주기로 움직이는 천체들의 모습은 신이 만물을 움직이는 법칙으로 여겨졌습니다. 일식, 월식, 혜성, 신성 폭발 등과 같은 하늘의 사건은 신의 힘이 인간 세상에 개입하는 징조로 해석되었습니다.

과학혁명이 일어나고 자연과학이 발달하기 전까지 신학과 철학, 인문학, 자연과학 등 여러 학문은 서로 연결되고 뒤섞여 있었습니다. 우리가 아는 프톨레마이오스, 케플러, 갈릴레이 같은 고대와 중세의 유명한 천문학자들은 곧 점성가이기도 했습니다. 고대부터 인류는 하늘을 바라볼 때 천체 현상을 측량하고 기록하기만 한 것이 아니라 그 정보가 인간의 삶 속에서 어떤 의미를 갖는지도 알고 싶어 했습니다.

한국에서는 인생의 고민이 있을 때 사주를 보러 갑니다. 서양에서는 사주 대신 점성학을 보러 갑니다. 점성학을 쉽게 표현하자면 '서양식 사주'라고 할 수 있습니다. 사주를 볼 때 태어난 생년월일시를 이용하듯 점성학도 출생 정보를 바탕으로 그 사람의 성격과 운명을 파악합니다. 다만 차이가 있다면 점성학에서는 태어난 위치도 매우 중요하게 여겨집니다. 점성학은 태어난 시간에 태어난 위치에서 하늘 모습이 어땠는지를 보고 운명을 해석합니다. 같은 시간에 태어났다고 하더라도 서울에서 태어난 사람과 뉴욕에서 태어난 사람은 그 위치에서 하늘을 바라봤을 때 천체의 위치가 다르기 때문에 다른 운명을 타고났다고 봅니다.

우리는 '시간'과 '공간'이라는 절대적인 두 축을 근간으로 살아갑니다. 이 중 시간의 축과 강력하게 관련된 것이 바로 천체의 운행입니다. 1년은 지구가 태양을 한 바퀴 도는 기간이고, 하루는 지구가 스스로 한 바퀴 도는 기간입니다. 그렇다면 공간과 관련된 것은 무엇일까요? 바로 지구의 방위입니다. 우리가 일상적으로 인식하는 공간은 좌표로 표기하는데, 이때 기준이 되는 것은 지구의 동서남북 방위입니다. 즉, 지구의 위가 북쪽, 아래가 남쪽입니다.

다시 정리하자면 점성학은 '천체의 운행'과 '지구의 방위'라는 두 축을 이용해 한 사람의 삶을 이해하는 학문입니다.

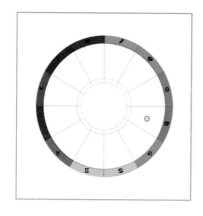 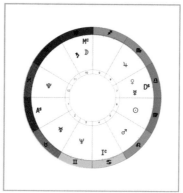

〈그림 1.1〉   〈그림 1.2〉

　대부분의 사람들은 자신의 탄생 별자리를 알고 있을 것입니다. 이를 통해 간단히 성격을 유추하거나 오늘의 운세 또는 관계의 궁합을 보기도 합니다. 우리가 일상적으로 말하는 "내 별자리는 처녀자리야"라는 말은 점성학에서는 "나는 태양이 처녀자리에 위치할 때 태어났어"라는 뜻입니다. 〈그림 1.1〉은 이 말을 도표로 나타낸 것입니다.

　점성학은 태양계에 속한 10개의 천체 위치와 지구의 12방위를 사용해 그 사람에 대해 파악합니다. 즉, 점성학적으로는 "나는 태양이 처녀자리 6H, 달과 토성은 염소자리 10H, 수성과 금성은 천칭자리 7H, 목성은 전갈자리 8H, 천왕성은 황소자리 2H, 해왕성은 쌍둥이자리 3H, 명왕성은 물고기자리 12H, 어센던트는 양자리, 미드헤븐은 염소자리에 위치할 때 태어났어"라고 말합니다. 〈그림 1.2〉는 이 말을 도표로 나타낸 것입니다.

　별자리 운세와 점성학의 차이가 이해되시나요? 표현되는 정보의 양만 단순하게 비교해 보더라도 우리가 일상생활에서 흔히 말하는 별자리 운세는 점성학의 매우 작은 일부분일 뿐입니다.

우리가 점성학을
꼭 배워야 하는 이유

✧ ✧ ✧ ✧ ✧

오늘날 대한민국 사회에는 끊임없이 남과 비교하는 태도, 비교로 인한 상대적 박탈감, 거기에서 비롯된 우울과 좌절이 가득합니다. 개인의 가치는 성별, 나이, 재물, 지위, 학력, 거주지 등의 기준으로 측정되기 일쑤입니다. 나를 규정하는 기준이 나의 외부에 존재하는 상황입니다. 하지만 우리는 유일무이한 존재로서의 '나'를 느껴야 합니다. 그리고 그 느낌을 가지고 자기만의 방식으로 타고난 능력을 발휘하고, 선하게 주변 사람들과 영향을 주고받으며 살아야 합니다.

앞에서도 이야기했지만 점성학적으로 같은 운명을 가진 사람은 이 세상에 거의 존재하지 않습니다. 점성학에서는 태어난 시간이 조금이라도 다르거나, 똑같은 시간에 태어났다고 하더라도 태어난 장소가 다르면 다른 운명을 타고났다고 봅니다. 즉, 모든 사람의 네이탈 차트는 저마다의 고유함을 가졌습니다. 점성학은 나의 타고난 고유한 성향을 이해하게 해주는 학문입니다. 나의 마음이 작동하는 원리와 방식이 무엇인지, 나에게 맞는 삶의 방식이 무엇인지 알려줍니다. 또한, 나의 강점과 약점이 무엇인지 파악해 삶을 더욱 이롭게 살도록 도와주지요.

그뿐만이 아닙니다. 내가 어떠한 가능성을 지녔는지, 그 가능성

15

을 꽃피우기 위한 경험이 어떤 시기에 어떻게 나타날지도 알려줍니다. 그리고 지금 이 시점에는 무엇에 집중해야 하는지도 알려줍니다. 요컨대 점성학을 공부하면 나의 타고난 성향을 정확하고 명료하게 이해할 수 있을 뿐만 아니라 내가 가진 특별함을 발견하는 것이 가능합니다. 이와 같은 깨달음은 헛된 망상이나 미래에 대한 막연한 두려움으로부터 빠져나올 수 있게 도와줍니다.

또한, 점성학은 전체와 부분의 학문이자 부분들의 관계에 대한 학문이기도 합니다. 삶을 살아간다는 것은 수많은 사람들과 관계를 맺는다는 뜻이기도 합니다. 점성학 공부를 하다 보면 천체들의 조화로운 움직임과 이들 사이의 관계를 알게 되고 이를 통해 인간관계에 대한 직관과 통찰도 생깁니다. 즉, 내가 어떤 유형의 사람들과 잘 맞는지, 내가 주변과 어떤 식으로 관계를 맺는 것이 좋은지 등을 깨닫게 됩니다.

상담을 하다 보면 내담자들로부터 자신의 마음을 잘 모르겠다는 말을 많이 듣습니다. 그런 말씀을 하시는 분들은 제게 자신이 어떻게 해야 될지를 알려달라고도 합니다. 심지어 자신이 그 사람을 좋아해도 되는지 안 되는지를 물어보기도 합니다. 이렇게 자기 자신과의 연결이 끊긴 채 마음의 중심을 잡지 못하고 이리저리 휘둘리며 사는 분들의 질문을 마주할 때마다 마음이 무척 아프고 무겁습니다. 우리는 어쩌다가 '나의 마음'과 연결이 끊어져버린 것일까요? 나의 마음을 모르면 어둠 속에서 헤매며 사는 것과 다를 바 없습니다. 저는 내 마음을 이해하는 것이 곧 나의 운명을 이해하는 것이라고 생각합니다. 점성학은 우주의 언어로 인간의 마음과 운명을 읽는 학문입니다. 조금 낭만적으로 표현해본다면 별빛으로 나의 내면을 밝혀 마음이 향하는 방향으로 살 수 있도록 도와줍니다.

인간은 태어나는 순간부터 성장을 시작합니다. 육체의 성장은 20대 중반에 멈추지만, 정신과 영혼의 성장은 죽을 때까지 이어집니다. 우리가 경험하는 매일의 삶은 우리의 영혼을 성숙시켜주는 자양분입니다. 그리고 영혼의 성장 과정은 매우 개별적으로 일어납니다. 어떤 사람은 초년과 청년에 고통받고 힘든 삶을 살며 내실을 닦아가다가 중년에 꽃을 피웁니다. 또 어떤 사람은 10대 중반부터 찬란하게 빛나며 자신의 역량을 드러내며 살다가 중년 이후에 은둔하는 삶을 살기도 합니다. 이처럼 개인마다 자기 삶의 드라마가 있으며 그 누구도 같은 삶을 살지 않습니다.

점성학을 공부하면 나의 개성을 발현하며 사는 방법과 그러한 삶을 살아감으로써 나의 주변과 조화롭게 연결될 수 있는 방법을 배울 수 있습니다. 이를 통해 우리는 단 한 번뿐이자 이 세상에서 유일무이한 내 삶을 가장 나답게 살아갈 용기와 지혜를 얻을 수 있습니다.

점성학의
역사

◇ ☼ ✦ ☼ ◇

앞에서 점성학의 역사는 6,000년에 이른다고 이야기했습니다. 점성학의 역사에 대해서만 정리해도 책 한 권이 거뜬히 나올 만큼 점성학의 역사는 방대합니다. 여기에서는 점성학에 처음 입문하는 분들의 눈높이에 맞춰서 점성학의 발달 과정과 시대별 특징을 한눈에 보기 좋게 표로 정리했습니다.

연도	시기	특징
기원전 4000년 ~ 기원전 1세기	메소포타미아 & 이집트 문명	• 천체 현상을 현실 세계에 일어날 사건의 징조로 해석함 • 국가 단위 사건의 점성술 위주 • 체계적으로 정립되지 않음
기원전 200년 ~ 서기 7세기	헬레니즘	• 알렉산더대왕의 정복 전쟁으로 지식이 대융합됨 • 그리스–로마–이집트 지역에서 체계적으로 정립됨 • 개인의 운명을 살피는 점성학이 태동함 • 페르시아 지방과 인도 서쪽 지방으로 전파됨
8~11세기	중세 기독교 시대 (1차 쇠퇴기)	• 서로마의 몰락, 유럽에 기독교 시대, 암흑시대가 도래함 • 동로마(비잔틴제국)와 이슬람 지역에서 명맥을 유지함

12~14세기	중세 후기 (재정립 시기)	• 기독교가 스페인 남부 이슬람 지역을 탈환함 • 고대의 수많은 저술과 아랍인들의 지식을 발견함 • 이들의 번역 작업이 대대적으로 이루어짐에 따라 점성학이 재정립되는 계기를 맞이함
15~17세기	근대 전기 (르네상스 시대)	• 기독교 정치 세력이 약화됨 • 비잔틴제국 멸망 이후 이곳 학자들이 대거 귀화함 • 고위층이 아닌 서민들까지도 점성학에 열광하게 됨
18~19세기	근대 후기 (2차 쇠퇴기)	• 유럽에서 과학혁명(1543~1687)이 일어남 • 자연과학의 발달로 점성학은 급격한 쇠퇴기를 맞이함
20세기 이후	현대 초기 (신지학, 심리학 태동)	• 1875년, 인간의 영혼을 탐구하는 신지학이 태동함 • 19세기 말, 마음에 대한 학문인 심리학이 태동함 • 이후 영혼과 정신에 중점을 둔 점성학이 정립되고 발전함
1985년 이후	현대 (고전 점성학 발굴 및 재정립 시기)	• 1985년, 올리비아 바클레이가 윌리엄 릴리의 《크리스천 점성술》 원본을 발견하고 출간함 • 1993년, 고전 점성술 서적 발굴 및 번역 그룹인 '프로젝트 하인드 사이트'가 결성됨

점성학의 역사를 토대로 미래 점성학의 모습에 대해 예상해보겠습니다. 현재는 19세기 말부터 발달한 인간 개인의 정신, 성장, 영혼에 중점을 둔 현대 점성학과 헬레니즘 시대와 이슬람 부흥기, 중세 시대에 형성된 고전 텍스트를 현대적인 언어로 번역하고 이를 시험하는 고전 점성학이 양립하고 있습니다.

앞으로 현대 점성학은 인간의 내면뿐만 아니라 현상으로 드러나는 삶의 다양한 사건과 물질적인 상황까지 아우르는 방향을 추구하며 발전할 것으로 보입니다. 또한, 고전 점성학은 단순히 오래된 텍스트를 번역하고 시험하는 것에 그치는 것이 아니라 중세 이후 발전해온 철학, 과학, 신화학, 심리학 등 다양한 학문의 성과를 받아들여 고전을 더욱 풍부하게 재해석하고 현대인의 지성과 요구에 걸맞게 발전시킬 것으로 보입니다. 이를 위해서 현대 점성학과 고전 점성학은 필연적으로 서로의 도움이 필요합니다. 즉, 현대 점성학과 고전 점성학은 서로 도움을 주고받는 과정에서 결국 하나로 통합되는 과정을 밟으리라고 생각됩니다. 이 책은 현대 점성학을 중심축으로 잡고 고전 점성학의 내용을 참조하여 최대한 통합적인 시각으로 정리했습니다.

점성학과 천문학의 관계

점성학은 천문학의 관측 정보를 기반으로 한 사람의 내면과 운명을 조명합니다. 하지만 자연과학인 천문학의 정보를 기초 자료로 사용한다고 해서 점성학 역시 자연과학인 것은 아닙니다. 오히려 점성학은 신학, 철학, 심리학 등의 학문과 그 결이 비슷합니다. 그렇기 때문에 학문적인 갈래로 분류하자면 점성학은 인문학에 속합니다. 가끔 점성학은 과학이 아니라 비과학 또는 유사과학이지 않느냐고 말하는 분들을 만나곤 합니다. 그때마다 저는 이렇게 대답합니다.

"점성학은 과학이 아닙니다. 우리가 신학이나 철학을 (자연)과학이 아니라고 하듯이 점성학은 과학이 아닙니다. 다만 자연과학인 천문학의 자료를 이용하는 인문학입니다."

점성학의 주요한 학문적 목표는 인간의 내면이나 정신을 살피는 것입니다. 이를 위해서 점성학에서는 어떤 경우 천문학의 과학적 사실과는 다른 관점을 사용합니다. 과학적 사실을 있는 그대로 기술하는 것은 점성학에서 중요한 부분이 아닙니다. 점성학은 과학적 사실을 특정한 인물의 내면과 운명을 파악하는 데 이용하고자 합니다. 즉, 인간의 내면과 운명을 파악하는 데 더욱 적절한 방법이 존재한다면 특정한 과학적 사실을 다르게 변경하기도 합니다. 대표적인 것들은 다음과 같습니다.

- 점성학은 주체인 인간이 사는 지구를 기준으로 삼으므로 태양계의 중심을 지구로 설정한다.
- 현대 점성학에서는 명왕성을 행성으로 취급한다.
- 점성학은 위성인 달과 항성인 태양을 행성으로도 취급한다.
- 점성학은 황도대를 균일하게 30°로 나눈 12사인을 사용한다.
- 서양 점성학의 주류는 회귀 황도대이며 이는 춘분점을 황도대의 시작과 끝으로 본다.

앞에서 나열한 내용들은 천문학에서 관측하고 규정한 과학적 사실과 맞지 않습니다. 하지만 과학적 사실과 다를지라도 이렇게 정의를 내리고 기준을 세우는 편이 인간의 내면과 운명, 그리고 다양한 사건을 파악하는 데 더욱 효과적이기 때문에 점성학에서는 이와 같은 관점을 취합니다. 이는 자연과학적인 사실보다는 철학에서 말하는 '적용 가능성'과 '충분성'을 더욱 중요시 여긴다는 뜻입니다. 또한, 앞에서처럼 전제하는 편이 점성학의 전체 체계상 '정합성'과 '논리적 완전성'을 더욱 확보할 수 있기 때문에 이와 같이 기본 전제를 취하는 것입니다.

지금까지 말한 내용을 한눈에 이해하기 쉽게 요약하면 다음과 같습니다.

경험적 실천의 영역

- 적용 가능성: 해당 이론이 인간의 삶 속에서 적용이 가능해야 한다.

- 충분성: 해당 이론이 현실에서 적용될 때 모자람 없이 충분해야 한다.

이론적 사유의 영역
- 정합성: 개념들 사이에는 가능한 한 모순이 없어야 한다.
- 논리적 완전성: 제시된 모든 개념들과 명제들은 서로 연관되는 가운데 일관성이 확보되어야 한다.

요컨대 경험적 실천의 영역과 이론적 사유의 영역에서 점성학이라는 학문의 목적과 필요를 충족하기 위해 점성학은 자연과학과는 조금 다른 관점을 취한다는 사실을 꼭 기억하시길 바랍니다. 하지만 이러한 차이가 있다고 하더라도 점성학은 기본적으로 천문학 정보를 이용합니다. 따라서 내 운명을 점성학으로 스스로 보기 위해서는 최소한의 천문학 지식이 필요합니다. 앞으로 이야기할 내용 중 천문학 정보를 언급해야 할 때는 꼭 알아두어야만 하는 최소한의 필수 정보만 설명할 예정입니다. 그러니 처음부터 지레 겁먹을 필요는 없습니다.

별들의 속삭임,
소울스타카드

점성학은 지구와 천체에 관한 법칙으로 인간의 운명을 이해하는 학문입니다. 서양 점성학은 인류가 하늘을 바라보며 의미를 생각하기 시작한 기원전 4000년 메소포타미아 지역에서 시작되었습니다. 점성학이 다른 운명을 보는 학문들과 가장 큰 차이점은 천체(행성, 태양, 달, 별)를 과학적으로 관측한 데이터를 사용해 인간이나 국가의 운명을 살핀다는 점입니다.

많은 사람들이 행성의 위치와 지구의 방위를 살피는 점성학을 복잡하고 어렵게 느낍니다. 그래서 점성학의 정수를 담되 일상에서 간단하게 사용할 수 있는 방법이 없을까 고민을 하다가 소울스타카드를 만들었습니다. 소울스타카드는 별들이 전하는 우주의 메시지를 직관적으로 확인할 수 있는 오라클카드입니다.

우리가 사용하는 언어가 단어와 문법으로 구성되어 있듯이 사람의 운명을 보는 점성학의 언어 또한 사인(별자리), 행성, 하우스라는 단어들로 이루어져 있습니다. 이러한 단어들의 조합을 통해 우리는 살면서 마주치게 되는 다양한 질문에 대한 답을 구할 수 있습니다.

소울스타카드를 활용하면 점성학에 대한 지식이 없는 분들도 누구나 혼자서 자신의 심리 상태를 파악하고 나에게 필요한 메시지를 확인하는 셀프 리딩이 가능합니다. 소울스타카드를 자주 사용하다 보면 점성학의 상징들이 더욱더 친근해질 것입니다. 또한, 삶의 다양한 고민들을 해결해줄 실마리를 얻게 되시리라 생각합니다.

소울스타카드는 별자리 12장, 행성 12장, 하우스 12장, 이렇게 총 36장의 카드로 구성되어 있습니다. 소울스타카드를 통해 별들이 전하는 메시지를 확인하는 방법은 2가지입니다.

먼저 집중이 잘되는 장소와 시간을 정하세요. 그다음, 부드러운 스프레드천과 소울스타카드를 준비하세요. 지금 나를 사로잡고 있

는 고민이나 답을 알고 싶은 질문을 머릿속에 떠올립니다. 궁금한 것이 없다면 머리를 맑게 비우는 것도 좋습니다.

1.랜덤으로 카드 뽑기

36장의 카드는 각각의 별자리, 행성, 하우스가 함축하는 메시지를 담고 있습니다. 그중 지금 나와 가장 파장이 잘 맞는 카드를 찾아봅니다. 카드를 스프레드천 위에 부채꼴 모양으로 펼친 다음, 눈을 감고 손을 움직이다가 느낌이 오는 카드를 뽑습니다. 그리고 눈을 뜨고 카드에 적힌 메시지를 확인합니다. 왜 이런 메시지가 나에게 왔는지, 내가 지금 당장 해야 할 일은 무엇인지 생각해보고 실천한다면 분명 좋은 변화가 생길 거예요.

2. 3장의 카드가 전하는 메시지 조합하기

하우스 12장, 별자리 12장, 행성 12장으로 카드를 구분하여 정리합니다. 세 그룹으로 카드를 나눈 다음, 그룹별로 카드를 1장씩 뽑은 후 다음 표와 같이 조합하여 문장을 만들면 나에게 필요한 메

하우스 (~에 대해서, ~를 통해서)		사인 (별자리, ~으로, ~하게)		행성 (~하다, ~한다)	
1H	나를 통해서	♈ 양자리	충동적이고, 즉각적으로	☉ 태양	활력이 있다
2H	소유물에 대해서	♉ 황소자리	안정적이고, 지속적으로	☽ 달	마음이 쓰인다
3H	형제(이웃)에 대해서	♊ 쌍둥이자리	가볍고, 민첩하게	☿ 수성	생각한다
4H	부모(가족)에 대해서	♋ 게자리	익숙하고, 반복적으로	♀ 금성	끌림을 느낀다
5H	자녀를 통해서	♌ 사자자리	적극적이고, 대범하게	♂ 화성	분노한다
6H	노동(건강)을 통해서	♍ 처녀자리	정교하고, 딱 맞게	♃ 목성	믿고 따른다
7H	파트너(경쟁자)에 대해서	♎ 천칭자리	적당히, 균형 잡히게	♄ 토성	강박을 느낀다
8H	위험(죽음)에 대해서	♏ 전갈자리	극렬하고, 순식간에	♅ 천왕성	해방된다
9H	미래(운명)에 대해서	♐ 사수자리	낙관적이고, 열정적으로	♆ 해왕성	하나된다
10H	직업(직장)을 통해서	♑ 염소자리	체계적이고, 확실하게	♇ 명왕성	파괴되거나 파괴한다
11H	친구(동료)를 통해서	♒ 물병자리	자유롭고, 합리적이게	☊ 용두	따른다
12H	알 수 없는 것 (무의식)을 통해서	♓ 물고기자리	은밀하고, 부드럽게	☋ 용미	익숙해한다

시지를 찾을 수 있습니다.

예를 들어 '연애운이 어떻게 될까?'라고 질문하고 세 그룹으로 카드를 나눈 다음, 그룹별로 카드를 1장씩 뽑습니다. 만일 3H, 양자리, 금성 카드가 나왔다면, '갑자기 가까운 곳으로 여행을 갈 것이고 그 과정에서 끌리는 사람을 만날 수 있을 것이다'라는 식으로 해석할 수 있습니다.

소울스타카드는 매일 아침 하루를 시작하며 뽑아볼 수도 있고, 친구들과 모인 자리에서 서로의 고민을 이야기하며 대화를 나누기에도 좋은 도구입니다. 여러 차례 카드를 뽑아보고 구성된 문장에 살을 붙이며 스토리텔링을 해보는 일은 행복한 상상의 시작이 될 것입니다.

함께 활용하면 좋은 카드

소울소사이어티에서 소울스타카드를 포함한
다양한 제품을 만나보세요!

soulsociety.kr

소울메세지카드

지금 간절히 답을 구하고 싶은 문제가 있으신가요? 구체적인 질문을 머릿속에 떠올리고 소울메세지카드를 뽑아보세요. 56장의 액션카드와 4장의 행운카드를 활용해 스스로 내 삶의 답을 찾을 수 있습니다.

잘될 운명 확언카드

'긍정 확언'은 지속적인 자기 암시로 무의식을 좋은 방향으로 변화시켜줍니다. 50가지 테마의 긍정 확언이 담긴 카드 속 문장을 필사하거나 살펴보면서 내가 원하는 미래가 현실이 될 수 있도록 각인하는 시간을 가져보세요.

소울주역카드

소울주역카드는 3천 년의 비밀이 담긴 《주역》을 일상에서 쉽게 활용할 수 있도록 만든 오라클카드예요. 카드에 적힌 점사를 통해 미래를 예측하고 운명을 내 편으로 만들어보세요.

연주의 점성학 마스터 클래스

★★★★★

내 점성학은 내가 본다? 남의 점성학도 내가 본다! 점성학을 더욱 심도 있게 공부하고 싶다면, 소울클래스(soulclass.kr)에서 '연주의 점성학 마스터 클래스'를 만나보세요. 점성학을 해석하는 넓고 깊은 안목을 길러주는 강의가 준비되어 있습니다.

2장

나의 운명 찾기

네이탈 차트란
무엇인가?

❖ ❖ ✦ ❖ ❖

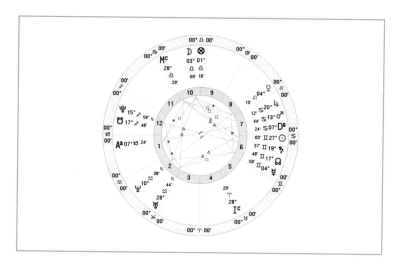

〈그림 2.1〉 점성학 차트

　〈그림 2.1〉은 특정 시간의 하늘 모습을 표현한 '차트(Chart, 천궁
도)'입니다. 점성학을 공부한다는 것은 곧 점성학 차트를 공부하는
것입니다. 차트는 우리가 알고 싶은 대상과 목적에 따라 다양하게
만들어집니다. 이 책의 목적은 점성학을 통해 특정 인물의 내면과
운명을 파악하는 것입니다. 이를 위해서 특정 인물이 태어난 순간,
그가 태어난 위치에서 본 하늘의 모습이 필요합니다. 이를 '네이탈

차트(Natal Chart, 출생 차트)'라고 부릅니다. 네이탈 차트는 한 사람의 운명을 파악하는 절대적 기준입니다.

네이탈 차트가 만들어지는 기준 시간은 태어난 순간, 더 정확히는 엄마의 자궁에서 나와 첫 숨을 쉬었을 때입니다. 그 시간, 해당 인물이 태어난 위치에서 본 하늘의 모습을 사진 찍듯 찍어놓은 2차원 도표가 바로 네이탈 차트입니다. 네이탈 차트는 한 사람의 본질적인 부분, 타고난 성향, 기질, 소질 등을 모두 보여줍니다. 또한, 삶의 큰 틀과 환경, 운명의 흐름, 특정 상황에서의 행동 양식 등도 나타냅니다.

점성학의 대원칙 중 하나는 '특정한 것이 시작한 순간은 그 특정한 것의 모든 것을 품고 있다'입니다. 즉, 특정 인물의 탄생 시간, 사건의 발생 시간, 관계의 시작 시간, 집단의 성립 시간에 그것들이 위치한 장소에서 바라본 천체의 모습을 파악하면 특정 인물, 사건, 관계, 집단의 운명을 알 수 있다는 원칙입니다.

세계는 시간이 흐름에 따라 완전한 세상의 단면을 이 세상에 펼쳐 보여줍니다. 이 세상에 존재하는 모든 것은 이 세상의 일부분일 뿐입니다. 그리고 이것들은 서로 영향을 주고받으며 존재합니다. 빅뱅의 순간에는 영겁 같은 우주의 생애와 그 생애 동안 펼쳐질 거대한 자연만물의 법칙이 포함되어 있습니다. 탄생은 더 큰 힘에 의해 새로운 것이 창조되는 행위이며 그 개체의 운명은 전체의 법칙 안에 이미 존재하며 어우러질 수밖에 없기 때문입니다.

다소 어려운 단어들로 설명했는데, 정확한 뜻을 이해하지 못했더라도 대략적인 뉘앙스만 느끼는 정도로 넘어가도 충분합니다. 이런 말들의 의미를 곱씹고 느껴보는 과정도 운명을 공부하는 데 큰 도움이 됩니다.

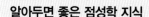

점성학의 다양한 분야

점성학은 대상이나 목적에 따라 크게 다음과 같이 분야를 나눕니다.

· **네이탈 아스트롤로지(Natal Astrology, 출생 점성학)**
개인의 내면과 운명에 대한 점성학
· **먼데인 아스트롤로지(Mundane Astrology, 세계 점성학)**
국가나 세계적인 사건에 관한 점성학
· **일렉션 아스트롤로지(Election Astrology, 택일 점성학)**
어떤 일의 시작에 적합한 시점을 찾는 점성학
· **호러리 아스트롤로지(Horary Astrology, 단시 점성학)**
질문하는 시간의 천궁도를 해석해서 알고 싶은 문제에 대한 답을 찾는 점성학

이 책에서는 이 중 네이탈 차트를 통해 개인의 내면과 운명을 알아보는 네이탈 아스트롤로지를 다루고 있습니다.

점성학 차트의
3가지 기본 요소

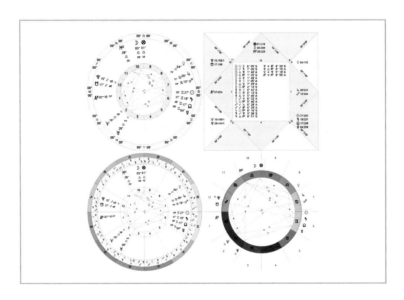

〈그림 2.2〉 차트의 다양한 표현 방식

    과거에는 천체를 직접 관측하거나 수학적 계산을 통해 만든 천체력을 일일이 확인하면서 차트를 작성했습니다. 그러나 현대에는 컴퓨터의 발달로 특정 시간과 장소만 입력하면 그 순간의 점성학 차트를 출력할 수 있습니다. 〈그림 2.2〉는 다양한 프로그램을 활용해 출력한 천궁도입니다. 저마다 다르게 보이지만 담고 있는 내용과 구조는 같습니다.

점성학 차트의 모양 변화

1840년대 이후부터 지금까지 점성학 차트는 원형 차트를 사용하는 것이 일반적입니다. 그러나 그전까지는 정사각형 차트를 사용했습니다.

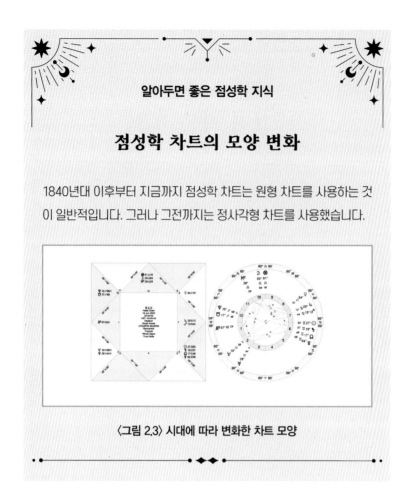

〈그림 2.3〉 시대에 따라 변화한 차트 모양

모든 점성학 차트는 3가지 기본 요소로 구성됩니다. 네이탈 차트 또한 3가지 기본 요소로 구성됩니다. ①12사인(Sign, 별자리), ②10행성, ③12하우스(House, 집)가 그것입니다. 이 중 하우스라는 개념이 다소 생소할 수 있는데, 태어난 시간에 태어난 위치에서의 동쪽, 서쪽, 위, 아래를 기준으로 한 12방위라고 생각하면 됩니다.

〈그림 2.4〉에서 가장 바깥의 하늘색 테두리(①12사인)는 12개의 별자리가 표시된 부분입니다. 하늘색 원 테두리는 동일한 간격(30°)

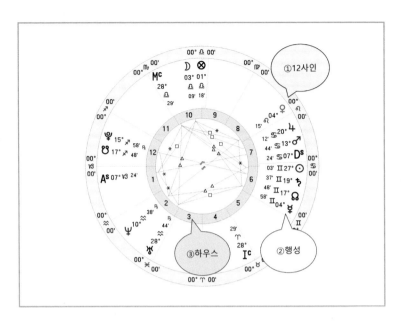

〈그림 2.4〉 차트의 3가지 기본 요소

으로 12개의 섹션이 나뉘어져 있습니다. 이는 원(360°)을 12사인으로 나눈 것입니다. 그다음으로 중간의 흰색 부분(②행성)을 살펴보면여러 기호들이 숫자와 함께 표시되어 있는데, 이는 10개의 행성과그 위치를 나타낸 것입니다. 마지막으로 가장 안쪽에 위치한 회색부분(③하우스)을 살펴보면 왼쪽에 AS가 들어 있는 칸부터 시작해서 1, 2, 3, 4⋯⋯ 이런 식으로 숫자로 표시된 구역들이 있습니다. 이숫자들의 구역을 12하우스라고 합니다. AS는 어센던트(Ascendant, 상승점)의 약자로 12하우스의 기준이자 해당 인물이 태어난 순간에태어난 장소에서 바라본 동쪽 지평선의 위치를 의미합니다.

점성학 공부의 기초는 이 3가지 기본 요소에 대해서 알고, 이들의 조합과 관계를 이해하는 것입니다. 12사인, 10행성, 12하우스의3가지 기본 요소를 2쌍씩 조합하면 다음의 3가지 조합이 나옵니다. 각각의 조합이 의미하는 바는 다음과 같습니다.

- ②10행성×①12사인
    ⇨ 각 행성이 황도대의 어느 위치에 있는가?
- ②10행성×③12하우스
    ⇨ 각 행성이 지구의 방위에서 어느 위치에 있는가?
- ③12하우스×①12사인
    ⇨ 지구의 각 방위가 황도대 어디와 대응되는가?

우리는 지구 위에 선 상태로 별들 아래에서 살아갑니다. 네이탈 차트의 가장 바깥은 하늘의 바탕이 되는 별자리를 나타내는 영역입니다. 그리고 가장 안쪽은 지구를 나타내는 하우스 영역입니다. 그 사이에 인간사를 직접적으로 나타내는 행성들이 움직이며 위치합니다. 점성학의 별자리, 하우스, 행성 개념은 동양 사상의 근간인 천지인 사상과 맞아떨어집니다. 하늘의 뜻에 따라 땅을 향해 자신의 능력을 발현하고 사는 것이 곧 인간의 삶입니다. 이를 점성학적으로 다시 표현한다면 별자리의 뜻에 따라 행성들의 능력을 삶의 여러 영역(하우스)에서 발현하고 산다는 의미입니다.

- 별자리: 하늘의 뜻
- 행성: 인간에게 작용하고 있는 힘, 인간이 발현하는 힘
- 하우스(지구의 방위): 삶의 여러 영역

인간의 삶은 각각의 요소들이 유기적으로 얽혀 있습니다. 그렇기 때문에 특정 부분을 살피더라도 전체 속에서 다른 요소들과의

관계 속에서 그것의 의미를 이해해야 합니다. 이어지는 내용에서는 점성학의 3가지 기본 요소를 하나씩 자세하게 살펴볼 것입니다. 그에 앞서 전체적인 관점을 잃지 않기 위해 3가지 기본 요소에 관해 간략하게 파악해보도록 하겠습니다.

①12사인(12별자리)

우리는 흔히 별자리가 몇 개의 별들을 연결한 선이라고 알고 있습니다. 하지만 천문학에서 별자리는 별들이 차지하고 있는 공간을 뜻합니다. 천문학자들은 하늘의 별자리를 총 88개로 규정했습니다. 이는 1928년 열린 제1회 국제천문연맹 총회에서 정해진 내용으로 하늘(천구)을 88개의 영역으로 나눈 것입니다. 즉, 별자리란 해당 영역들이 차지하는 공간 전체를 가리킵니다. 그 공간 안에는 우리 눈에 보이지 않지만 수억 개의 별이 존재할 수도 있습니다.

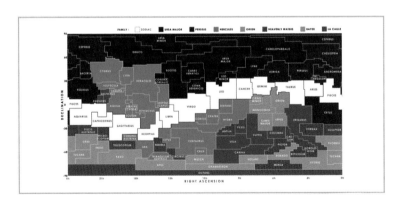

〈그림 2.5〉 3차원 하늘을 2차원으로 전환한 후 천구를 88개 영역으로 나눈 별자리

점성학에서는 88개의 별자리가 다 쓰이지 않습니다. '황도 12궁(Zodiac)'이라고 불리는 12개의 별자리만 사용됩니다. 황도 12

궁은 지구를 기준으로 하늘을 봤을 때 태양이 지나가는 길에 위치한 12개의 하늘 영역을 가리킵니다.

〈그림 2.5〉는 3차원인 하늘을 2차원의 평면으로 전환한 후 이를 88개의 영역으로 나누어 각각의 별자리를 표시한 지도입니다. 이 지도를 살펴보면 중간에 흰색으로 칠해진 영역이 있습니다. 이 영역이 황도 12궁입니다. 그 영역 안을 태양이 지나가는데 그 길을 황도(黃道, Ecliptic)라고 합니다. 그런데 잘 보면 황도 12궁의 크기가 동일하지 않음을 알 수 있습니다. 이는 각 별자리의 실제 크기가 다르기 때문입니다.

알아두면 좋은 점성학 지식

황도와 백도

〈그림 2.6〉 황도와 백도

태양은 지구에서 봤을 때 노랗고 빨갛습니다. 그래서 태양이 다니는 길을 '누를 황(黃)' 자를 써서 '황도'라고 부릅니다. 이에 반해 달은 창백한 느낌이 있습니다. 그래서 달이 다니는 길을 '흰 백(白)' 자를 써서 '백도'라고 부릅니다. 점성학에서는 지구를 중심에 두고 기준으로 삼습니다. 즉, 다른 행성들은 지구 주위로 돌게 됩니다. 이때 행성들은 자기 멋대로 도는 것이 아니라 자동차가 차선을 따라 움직이듯 일정한 길을 따라 움직입니다. 그 길이 바로 황도입니다. 점성학에서 모든 행성은 황도라는 도로를 따라 움직인다는 규칙을 염두에 두어야 합니다.

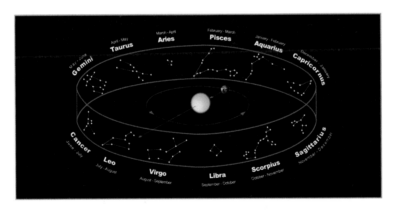

〈그림 2.7〉 지구를 기준으로 본 천구의 12사인

〈그림 2.7〉은 태양이 움직이는 길(황도)을 따라서 놓인 12사인의 위치를 표시한 그림입니다. 실제 하늘의 모습과 달리 점성학에서는 황도 12궁의 크기를 모두 동일하게 생각합니다. 즉, 황도를 원(360°)으로 두고 12사인의 크기를 30°(360°÷12)로 일정하게 나눕니다. 그렇다면 이때 12사인의 시작점은 어디일까요? 보통 실제 양

자리의 위치부터 황도 12궁이 시작된다고 알고 있어서 12사인의 시작점도 그럴 것이라고 여기기 쉽습니다. 하지만 서양 점성학에서는 지구 북반구에서 낮과 밤의 길이가 같아지는 춘분 시점의 태양 위치를 12사인의 시작점으로 잡습니다. 이런 황도대를 '회귀 황도대(Tropical Zodiac)'라고 부릅니다.

점성학의 신기한 점은 시간을 눈으로 볼 수 있다는 것입니다. 점성학 차트는 특정 시간의 행성들이 어떻게 배치되어 있는지 보여줍니다. 이를 뒤집으면 특정 행성들의 특정한 배치는 곧 특정 시간을 나타낸다는 뜻이기도 합니다. 즉, 점성학 차트를 통해 우리는 시간을 공간적으로 볼 수도 있고, 공간으로 시간을 알 수도 있습니다.

12사인은 태양이 지구를 한 바퀴 돌 때의 시간을 12개의 기간으로 나눠놓은 것입니다. 또는, 태양이 지구를 한 바퀴 돌 때 그리는 원을 12개의 부분으로 쪼개놓은 것이라고도 할 수 있습니다. 운명학을 공부할 때는 이처럼 유연한 사고가 필수입니다. 시간과 공간을 넘나드는 사고가 필요합니다.

점성학에서 12사인은 '변화의 법칙'을 의미합니다. 우주 만물 중 변하지 않는 것은 없습니다. 변하는 속도는 서로 다를지언정 변한다는 사실만은 불변의 진리입니다. 점성학에서는 그런 변화가 아무렇게나 일어나는 것이 아니라 일정한 법칙에 따라 이루어진다고 생각합니다. 12사인은 그러한 법칙을 알려줍니다.

점성학에서 12개의 별자리는 다양한 이름으로 표현됩니다. 조디악(Zodiac), 별자리(Constellations), 사인(Sign), 이미지(Image)가 대표적인 용어입니다. 이 책에서는 가장 보편적으로 많이 쓰는 표현인 '사인'을 사용하고자 합니다. 그리고 맥락상 필요한 경우 '별자리'도 혼용하겠습니다.

황도대의 종류

· 회귀 황도대(Tropical Zodiac)

춘분점을 시작점으로 하며, 12사인을 30°씩 균일하게 나눈 황도대입니다. 순서는 뱀주인자리를 뺀 실제 황도대의 순서를 따르며, 계절과 밀접한 연관성을 갖습니다. 서양 점성학의 대부분의 점성가가 이 황도대를 기준으로 천궁도를 이해합니다.

· 항성 황도대(Sidereal Zodiac)

서기 285년 만들어진 황도대로 스피카(처녀자리에서 가장 밝은별)의 위치와 반대되는 위치를 시작점으로 하며, 12사인을 30°씩 균일하게 나눈 황도대입니다. 순서는 뱀주인자리를 뺀 실제 황도대의 순서를 따릅니다. 서양 점성학의 일부 점성가와 인도 점성학에서는 이 황도대를 기준으로 천궁도를 이해합니다.

· 실제 황도대(Real Zodiac)

1930년 국제천문연맹에서 정한 88개의 별자리 중 황도에 위치한 13개의 별자리를 일컫습니다. 실제 황도대에서는 양자리가 위치한 영역이 황도대의 시작점입니다.

별자리		회귀 황도대	항성 황도대	실제 황도대
♈	양	3. 21.~ 4. 20.	4. 15.~3. 15.	4. 18.~5. 13.
♉	황소	4. 21.~ 5. 20.	5. 16.~ 6. 15.	5. 13.~6. 21.
♊	쌍둥이	5. 21.~ 6. 20.	6. 16.~ 7. 16.	6. 21.~7. 20.
♋	게	6. 21.~ 7. 22.	7. 17.~ 8. 16.	7. 20.~8. 10.

♌	사자	7. 23.~ 8. 22.	8. 17.~ 9. 16.	8. 10.~9. 16.
♍	처녀	8. 23.~ 9. 22.	9. 17.~ 10. 17.	9. 16.~10. 30.
♎	천칭	9. 23.~ 10. 22.	10. 18.~ 11. 16.	10. 30.~11. 23.
♏	전갈	10. 23.~ 11. 21.	11. 17.~ 12. 16.	11. 23.~11. 29.
⛎	뱀주인			11. 29.~12. 17.
♐	사수	11. 22.~12. 21.	12. 17.~ 1. 15.	12. 17.~1. 20.
♑	염소	12. 22.~1. 19.	1. 16.~ 2. 14.	1. 20.~2. 16.
♒	물병	1. 20.~2. 19.	2. 15.~ 3. 15.	2. 16.~3. 11.
♓	물고기	2. 19.~3. 20.	3. 16.~ 4. 14.	3. 11.~4. 18.

표 출처: wikipedia.org

② 10행성

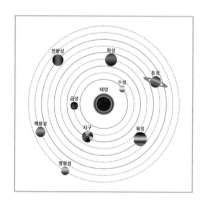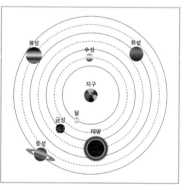

〈그림 2.8〉 태양 중심의 행성 배치(왼쪽)와 지구 중심의 행성 배치(오른쪽)

12별자리가 버스 정류장이라면, 행성들은 그 정류장을 지나가는 버스들입니다. 행성(行星)이라는 단어 자체가 한자로 '움직이는 별'을 의미합니다. 하늘의 별자리와 지구의 방위는 고정되어 있습니다. 그 사이를 바삐 움직이며 하늘과 땅을 이어주는 존재가 바로 행성입니다. 행성은 우리 삶에 역동성을 부여하는 다양한 힘입니다. 행성의 움직임은 생명현상의 시작이자 진보와 쇠퇴, 애착과 증오, 자유와 속박의 시나리오를 상징합니다. 멈춰진 삶, 변화하지 않는 삶은 없습니다. 모든 삶은 변화하고 움직입니다. 살아 있는 것들은 모두 움직입니다. 죽은 것은 움직이지 않습니다.

　행성의 움직임을 살펴보면 우리의 삶에 영향을 끼치고 변화하게 만드는 힘이 무엇인지 알 수 있습니다. 내가 가치 있다고 여기는 것들을 끌어당기는 힘과 내가 두려워하는 것을 밀어내는 힘, 싫어해서 제거하는 힘, 열광하고 따르는 힘 등 다양한 힘이 우리 삶에 존재하고 작용합니다. 이 힘들이 서로 상호작용하며 삶의 다채로운 모습을 만들어갑니다.

　우리는 살면서 다양한 상황을 마주하고 그 상황에 저마다의 방식으로 반응합니다. 어떤 때는 특정 상황을 창조하기 위해서 노력하기도 합니다. 그렇게 상황에 반응하거나 상황을 창조하려면 다양한 능력을 발현해야 합니다. 그와 같은 능력의 발현은 삶을 긍정적으로 또는 부정적으로 확장시키거나 축소시킵니다. 또한, 사람들끼리 서로의 능력을 주고받으며 관계를 맺습니다. 점성학에서 이러한 능력들도 행성으로 나타냅니다.

　행성은 인간이면 누구나 가지고 있는 능력을 상징합니다. 이 능력들이 어떤 식으로 어느 순간, 어떻게 발현되는지가 곧 그 사람의 성향입니다. 요즘 들어 MBTI, 애니어그램 같은 성격을 파악하는 다양한 방법들이 인기입니다. 12사인, 12하우스, 10행성을 통해 인간의 성격을 파악하는 점성학은 다층적인 관점과 무궁무진한 조합으로 개인의 성격을 구체적이고 정교하게 파악할 수 있는 매우 탁월한 도구입니다.

③12하우스

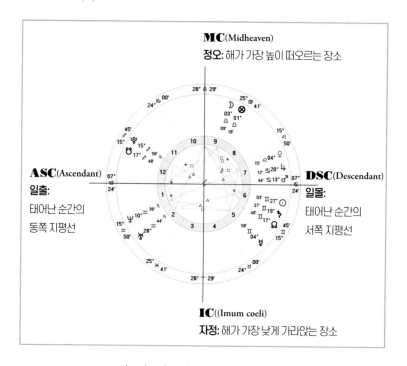

〈그림 2.9〉 12하우스와 4개의 기준점

하우스는 태어난 위치를 기준으로 삼은 지구의 방위를 의미합니다. 점성학에서는 동쪽, 서쪽, 위쪽, 아래쪽을 기준으로 12방위를 나눕니다. 이를 '12하우스'라고 부릅니다. 〈그림 2.9〉는 12방위를 나누는 4개의 기준점을 표시한 것입니다. 그 내용을 간략히 정리하면 다음과 같습니다.

46

- ASC(Ascendant, 상승점)

태어난 순간 태어난 위치에서 본 동쪽 지평선, 12하우스의 기준, '나'의 지표

- DSC(Descendant, 하강점)

태어난 순간 태어난 위치에서 본 서쪽 지평선, '배우자, 파트너'의 지표

- MC(Midheaven, 중천점)

태어난 순간 그 위치에서의 남중고도 지점, '사회적 위치, 명예'의 지표

- IC(Imum coeli, 천저점)

태어난 순간 그 위치에서의 남중고도 반대 지점, '뿌리, 부모'의 지표

행성이 삶을 움직이는 힘이라면 하우스는 그 힘들이 드러나는 무대입니다. 여기서 잠시 하우스라는 단어의 의미를 생각해봅시다. 집은 공간입니다. 특정 개인이나 집단이 소유하고 생활하는 공간이지요. 그 공간 안에서 사람들은 편안하게 머무르고, 때로는 손님을 초대합니다. 그리고 그 공간 안에서 여러 활동을 합니다. 행성들은 하우스 안에 머무르며 힘을 발휘합니다. 우리의 삶은 다양한 영역으로 구성되어 있습니다. 그 영역에서 우리는 다양한 상황을 맞이하고 저마다의 능력을 발휘합니다.

일반적으로 특정한 사람의 운명을 본다고 하면 보통 그 한 사람의 삶만을 생각하기 쉽습니다. 하지만 사람의 운명은 그 사람을 둘러싼 여러 상황과 그와 연관된 인간관계를 모두 포함합니다. 어떤 사람이 자신의 삶에 대해서 쓴 책을 자서전이라고 합니다. 자서전

에는 자서전의 주인공만 등장하지 않습니다. 주인공의 부모, 친구, 연인, 경쟁자 등도 나오고 그가 살았던 시대상, 속했던 직장이나 직업 등도 묘사됩니다.

인간이 영위하는 다양한 삶의 영역 중 대표적인 것들에는 가족 생활, 사회생활, 개인생활, 부부생활 등이 있습니다. 사람마다 삶 속에서 각 영역들이 차지하는 비중은 서로 다릅니다. 각 영역이 자신의 삶에 끼치는 영향력과 내가 각 영역에 끼치는 영향력 또한 모두 다릅니다. 12하우스는 이와 같은 인간의 다양한 삶의 영역을 구분해 나눈 것입니다. 행성은 이 12하우스 안에서 주고받는 영향력이 무엇인지 나타냅니다.

종합적 해석=12사인+10행성+12하우스

지금까지 설명한 내용을 다시 요약해보겠습니다. 12하우스는 한 사람과 그 사람을 둘러싼 모든 삶의 영역입니다. 10행성은 그 사람이 주변에 끼치는 영향력이나 그 사람에게 영향을 끼치는 주변의 다양한 힘입니다. 12사인은 모든 삶의 영역과 힘에 본질적인 영향을 미치는 근본 법칙(변화 법칙, 생명 법칙)을 나타냅니다.

- 행성: 삶을 움직이는 다양한 힘, 타고난 능력
- 하우스(집): 삶의 다양한 영역
- 사인(별자리): 근본 법칙, 힘이 발휘되는 원인, 힘이 발휘되는 목적

삶을 살아간다는 것은 내가 타고난 능력들을 현실 세계에 발현하면서 사는 것을 의미합니다. 나의 타고난 능력은 행성을 통해 알

수 있습니다. 또한, 그 능력이 발현되는 현실 세계의 영역은 하우스를 통해 이해할 수 있습니다. 사인은 그 능력이 발현되는 원인이자 이유, 또는 그 능력의 발현을 통해 인생에서 달성하고자 하는 목적을 설명해줍니다.

가령, 화성은 추진력을 의미합니다. 8번 하우스는 위기의 영역입니다. 우리가 마주하고 싶지 않은 고통들이 모여 있는 영역이지요. 만일 어떤 사람의 네이탈 차트에 8번 하우스에 화성이 있다면 그 사람은 위기가 닥쳤을 때 추진력을 발휘하는 사람입니다. 또는, 고통스러운 위기가 닥치면 새로운 일을 벌여서 그 위기를 극복하는 기질을 가졌다고 볼 수 있습니다. 실제로 스티브 잡스의 네이탈 차트를 보면 양자리 화성이 8번 하우스에 위치합니다. 양자리는 새로운 출발이나 시작을 의미합니다. 잡스는 자신이 창업한 애플(Apple)에서 쫓겨났을 때 낙담하지 않고 오히려 새로운 회사 넥스트(NeXT)를 창업하고 픽사(PIXAR)를 인수하는 추진력을 보여주었습니다.

또 다른 예를 살펴보겠습니다. 태양은 그 사람의 존재감을 나타냅니다. 12번 하우스는 종교, 신비의 영역입니다. 우리가 살면서 인지하기 어렵고 이해할 수 없는 영역이지요. 일반적으로 인간은 자신의 힘으로 도저히 이해하기 어려운 것을 신의 뜻으로 여깁니다. 신의 뜻을 따르는 대표적인 직업군으로는 종교인, 도사들이 있습니다. 연예인 강호동의 네이탈 차트를 보면 12번 하우스에 태양이 위치합니다. 강호동이 최고의 전성기를 누릴 당시 〈무릎팍도사〉라는 예능 프로그램으로 존재감을 드러낸 것은 결코 우연이 아닙니다.

우리의 삶은 3가지 차원에서 분석이 가능합니다. 하우스 차원, 행성 차원, 별자리 차원입니다. 삶 속에서는 이 3가지 차원이 한 덩이로 서로 긴밀하게 연결되어 있습니다. 그렇기 때문에 이들을 분리해서 명료하게 이해하는 것이 쉽지 않습니다. 우리는 태어나서 죽을 때까지 삶 속에서 이 3가지 차원이 분리되는 경험을 결코 할 수 없습니다. 삶이라는 하나의 테두리 안에서 이 셋은 항상 긴밀하게 상호작용하며 함께하기 때문입니다.

무언가를 이해한다는 것은 그것의 구성 요소와 작동 원리를 이해한다는 의미입니다. 가령, 자동차는 엔진과 바퀴가 따로 움직이지 않습니다. 그 둘은 항상 맞물려 움직입니다. 그렇지만 자동차라는 사물을 이해하려면 엔진과 바퀴라는 각각의 요소를 이해하고, 두 요소가 어떤 식으로 상호작용하는지 그 작동 원리도 이해해야 합니다. 삶을 이해하는 방법도 마찬가지입니다. 삶의 구성 요소들 각각을 이해하고 그것들이 어떻게 상호작용하는지 그 원리를 이해해야만 우리 삶 전체를 조망할 수 있습니다. 이어지는 3~5장에서는 하우스, 행성, 사인에 대한 구체적인 내용들을 알아볼 예정입니다. 또한, 6장에서는 그것들의 조합을 어떻게 해석하는지에 대한 실례를 보여드리고자 합니다.

나만의 운명 지도를
찾아라

점성학 공부로 자신의 운명을 스스로 보고자 할 때 가장 먼저 해야 할 일은 자신의 네이탈 차트를 뽑는 것입니다. 앞에서도 설명했지만 네이탈 차트는 한 사람이 출생한 그 시점에 천체의 위치를 표시한 하늘의 지도입니다. 점성학의 여러 갈래 중 출생 점성학은 네이탈 차트를 해석해서 그 사람의 내면과 운명을 총체적으로 파악하는 학문입니다.

오래전에는 육안이나 망원경을 통해 하늘을 올려다보고 그 순간의 하늘을 직접 관측해서 천체의 위치를 알아냈습니다. 하지만 요즘에는 컴퓨터의 발달 덕분에 생년월일과 태어난 장소만 정확하게 입력하면 내가 태어난 순간의 하늘의 모습을 알 수 있습니다.

스마트폰으로 다음의 QR코드를 스캔하면 네이탈 차트를 출력할 수 있는 사이트로 연결됩니다.

해당 사이트에 접속하면 다음과 같이 첫 화면이 뜹니다.

〈그림 2.10〉 네이탈 차트를 얻기 위한 첫 화면

네이탈 차트를 뽑기 위해 각 항목에 개인 정보를 입력합니다. 여기서는 홍길동이라는 가상의 인물의 정보를 입력하겠습니다. 홍길동 씨는 2002년 6월 18일 20시 30분에 대한민국 대전에서 출생했습니다. 출생지를 입력할 때는 해당 사이트가 영문 기반이므로 영어로 지명을 입력합니다. 개인 정보를 모두 입력했다면 확인 버튼(Calculate chart)을 누릅니다.

〈그림 2.11〉 빈칸에 개인 정보 입력하기

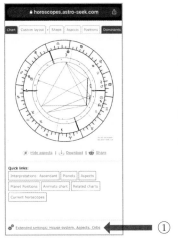

확인 버튼을 누르고 나면 화면이 바뀌는데, 스크롤을 내리면 방금 전 개인 정보를 입력한 사람의 네이탈 차트가 나옵니다. 이때 ①을 누르면 〈그림 2.13〉처럼 화면이 바뀝니다.

〈그림 2.12〉 하우스 시스템 변경하기 ①

바뀐 화면에서 ②를 클릭하여 'Placidus'에서 'Whole sign'으로 설정을 변경한 뒤, 확인 버튼(Redraw)을 누릅니다.

〈그림 2.13〉 하우스 시스템 변경하기 ②

만일 네이탈 차트를 표로 확인하고 싶다면 화면 하단의 'Planet Positions'를 클릭합니다.

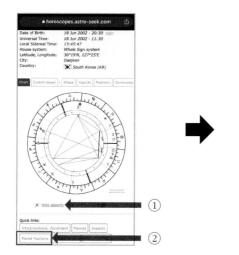

〈그림 2.14〉 네이탈 차트 다운로드 및 차트를 표로 전환하기

①을 클릭하면 네이탈 차트 이미지를 다운로드받을 수 있습니다.
②를 클릭하면 네이탈 차트가 오른쪽 그림처럼 표로 전환됩니다.

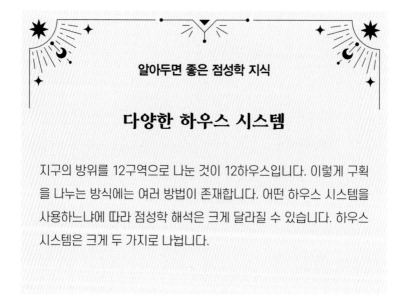

알아두면 좋은 점성학 지식

다양한 하우스 시스템

지구의 방위를 12구역으로 나눈 것이 12하우스입니다. 이렇게 구획을 나누는 방식에는 여러 방법이 존재합니다. 어떤 하우스 시스템을 사용하느냐에 따라 점성학 해석은 크게 달라질 수 있습니다. 하우스 시스템은 크게 두 가지로 나뉩니다.

• 4분원 하우스 시스템

하우스의 구획을 나누는 기준으로 ASC-DSC와 MC-IC를 모두 고려하는 시스템입니다. 이 시스템은 하우스의 크기에 차이가 생길 수 있으며 하우스와 사인이 일대일로 대응되지 못하는 경우가 발생합니다. 포피리(Porphyry), 코흐(Koch), 플라시두스(Placidus), 알카비투스(Alcabitius), 레기오몬타누스(Regiomontanus) 시스템이 대표적입니다.

• 사인 기반 하우스 시스템

하우스의 구획을 나누는 기준으로 ASC만 고려하는 시스템입니다. 하우스과 사인이 일대일로 대응되며, 하우스의 크기는 모두 동일합니다. 홀 사인(Whole Sign), 이퀄(Equal) 시스템이 대표적입니다.

점성가마다 선호하는 하우스 시스템이 다릅니다. 고대에는 사인 기반 하우스 시스템인 홀 사인 시스템이 주로 사용되었고, 4분원 하우스 시스템은 보조적으로 사용되었습니다. 중세부터 1990년대 중반까지는 4분원 하우스 시스템이 주로 사용되었습니다. 1990년대 중반 이후 고대 점성학 이론이 재정립되면서 다시금 홀 사인 시스템 기반의 하우스 시스템이 활발하게 사용되는 중입니다. 이 책에서는 홀 사인 시스템을 사용합니다.

커스프

커스프(Cusp)는 하우스와 사인이 일대일로 대응되지 않는 4분원 시스템에서 사용하는 용어로 12하우스를 구분하는 선들을 가리킵니다. '침(Spit)'과 '점(Point)'을 의미하는 라틴어 'Cuspis'에서 유래한 단어입니다. 1번 하우스의 커스프를 어센던트, 10번 하우스의 커스프를 미드헤븐라고 합니다.

행성과 별자리 기호

우리가 영어를 맨 처음 배울 때 알파벳을 외우는 것처럼 점성학을 배우고 차트를 읽기 위해서는 행성과 별자리(사인) 기호를 외워야 합니다.

☉	☿	♀	☽	⊕	♂
태양	수성	금성	달	지구	화성
♃	♄	♅	♆	♇	
목성	토성	천왕성	해왕성	명왕성	

♈	♉	♊	♋	♌	♍
양자리	황소자리	쌍둥이자리	게자리	사자자리	처녀자리
♎	♏	♐	♑	♒	♓
천칭자리	전갈자리	사수자리	염소자리	물병자리	물고기자리

전환되어 나타난 표는 총 2개인데 첫 번째 표(①)는 행성의 위치

를, 두 번째 표(②)는 각 하우스가 어떤 사인과 대응되는지를 나타낸 것입니다.

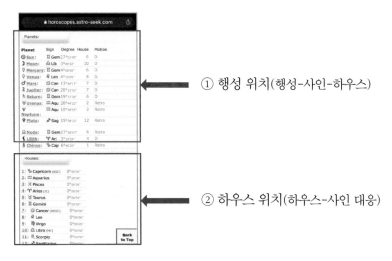

〈그림 2.15〉 전환된 표의 각 영역의 의미

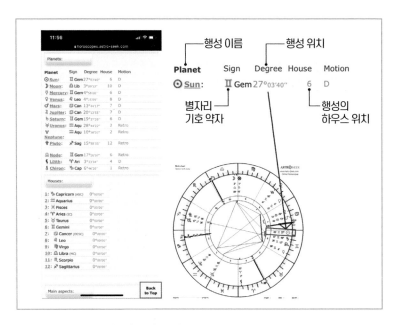

〈그림 2.16〉 표와 네이탈 차트의 상관관계

첫 번째 표의 내용을 구체적으로 살펴보면 행성이 어떤 별자리의 몇 도에 위치하는지, 몇 번째 하우스에 위치하는지를 알 수 있습니다. 네이탈 차트는 이 표의 내용을 12사인으로 나눈 원(360°) 도표에 표시한 것입니다.

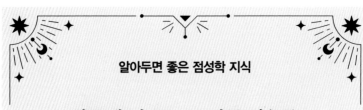

차트에 나오는 또 다른 기호들

네이탈 차트를 보면 행성과 별자리 기호 외에도 몇 가지 생소한 기호들이 눈에 띕니다. 점성학 초보자라면 행성과 별자리 기호들에 익숙해지도록 그것들을 익히는 것이 우선이지만, 그 단계를 넘었다면 다음 기호들의 의미도 이해해야 합니다. 그래야 한층 더 심화된 점성학 해석이 가능합니다.

· **랏 오브 포춘(Lot of Fortune, 기호: ⊗)**
'파트 오브 포춘(Part of Fortune)'이라고도 부릅니다. 낮 차트(태양이 ASC-DC선 위에 위치)에서는 '어센던트+달-태양'으로 계산합니다. 밤 차트(태양이 ASC-DC선 아래에 위치)에서는 '어센던트-달+태양'으로 계산합니다. 일반적으로 그 사람의 신체, 재산, 건강 및 평안함을 이해하는 지표로 사용합니다.

· **사우스 노드&노스 노드(South Node&North Node, 기호: ☋&☊)**
사우스 노드는 '디센딩 노드(Descending Node)', '용미(龍尾, Dragon Tale)', '케투(Ketu)', 노스 노드는 '어센딩 노드(Ascending Node)', '용두(龍頭, Dragon Head)', '라후(Lahu)'라고도 부릅니다.

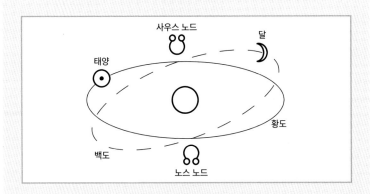

〈그림 2.17〉 사우스 노드와 노스 노드의 위치 및 황도와 백도 궤도

사우스 노드와 노스 노드는 지구의 관점에서 백도(달의 길)와 황도(태양의 길)가 교차하는 두 지점을 나타냅니다. 사우스 노드와 노스 노드는 서로 정반대(180°)에 위치합니다. 만일 일식이 일어난다면 두 지점에서 일어나게 됩니다. 이 두 지점은 황도에 위치하기 때문에 12사인으로 위치를 표기할 수 있습니다.

노드는 혼(달)과 영(태양)이 대면하는 지점입니다. 이는 삶의 큰 방향이나 전생과 후생 같은 생의 전체적인 과정을 나타냅니다. 또한, 카르마, 삶의 목적, 개인의 삶에서 성장과 도전의 잠재적인 영역들에 대한 이야기입니다.

노스 노드는 개인이 진화하기 위해 적극적으로 육성해야 하는 자질 또는 경험을 나타내고, 사우스 노드는 이미 개발되었고 유지하려 하는 그래서 성장을 위해선 내려놓아야 하는 영역을 나타냅니다. 기차 노선에 비유하면 이 두 개념을 보다 쉽게 이해할 수 있습니다. 노스 노드는 기차의 목적지가 향하는 역이고 사우스 노드는 출발지라고 보면 됩니다.

행성의 움직임

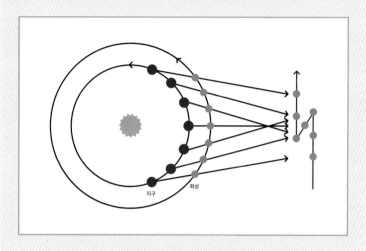

〈그림 2.18〉 행성의 움직임 예시

행성은 일반적으로 황도대를 사인의 순서대로 움직입니다. 우리가 차트를 바라보았을 때 시계 반대 방향입니다. 그런데 점성학에서는 지구를 중심으로 행성들의 움직임을 관찰하다 보니 태양과 달을 제외한 나머지 행성이 특정 기간에 황도대의 반대 방향, 즉 시계 방향으로 움직일 때가 있습니다. 이를 역행(Retrograde Motion)이라고 부르고 ℞로 표시합니다. 이 책에서 차트를 뽑기 위해 이용한 사이트에서는 역행을 'retro'라고 표시했습니다. 역행이 나올 경우에는 일반적으로 행성의 힘이 정체, 지연, 차감, 내적으로 작용한다고 해석합니다. 또한, 역행 개념은 네이탈 차트를 해석할 때보다는 운을 볼 때 응용해 더욱 많이 사용합니다.

네이탈 차트,
내 손으로 직접 그려보기

◇ ◇ ✦ ◇ ◇

　　디지털 기술이 아무리 발달했다고 하더라도 무언가를 공부할 때는 직접 손으로 쓰고 익혀야 해당 지식이 몸에 체화됩니다. 특히 낯선 개념이나 기호라면 더욱 자주 손으로 써보면서 그 모양과 의

Planets:		♥	
Planet	**Sign**	**Degree**	**House**	**Motion**
☉ Sun:	♊ Gem 27°03'40"	6	D
☽ Moon:	♎ Lib 3°09'32"	10	D
☿ Mercury:	♊ Gem 4°58'00"	6	D
♀ Venus:	♌ Leo 4°15'09"	8	D
♂ Mars:	♋ Can 13°44'17"	7	D
♃ Jupiter:	♋ Can 20°12'55"	7	D
♄ Saturn:	♊ Gem 19°37'26"	6	D
♅ Uranus:	♒ Aqu 28°44'22"	2	Retro
♆ Neptune:	♒ Aqu 10°38'55"	2	Retro
♇ Pluto:	♐ Sag 15°58'33"	12	Retro
☊ Node:	♊ Gem 17°28'07"	6	D
⚸ Lilith:	♈ Ari 3°33'34"	4	D
⚷ Chiron:	♑ Cap 6°06'25"	1	Retro

Houses:

1: ♑ Capricorn (ASC)　0°00'00"
2: ♒ Aquarius　0°00'00"
3: ♓ Pisces　0°00'00"
4: ♈ Aries (IC)　0°00'00"
5: ♉ Taurus　0°00'00"
6: ♊ Gemini　0°00'00"
7: ♋ Cancer (DESC)　0°00'00"
8: ♌ Leo　0°00'00"
9: ♍ Virgo　0°00'00"
10: ♎ Libra (MC)　0°00'00"
11: ♏ Scorpio　0°00'00"
12: ♐ Sagittarius　0°00'00"

Back to Top

행성	사인	각도	하우스
☉	쌍둥이	27° 3′	6H
☽	천칭	3° 9′	10H
☿	쌍둥이	4° 58′	6H
♀	사자	4° 15′	8H
♂	게	13° 44′	7H
♃	게	20° 12′	7H
♄	쌍둥이	19° 37′	6H
♅	물병	28° 44′	2H
♆	물병	10° 38′	2H
♇	사수	15° 58′	12H
주요 감응점	**사인**	**각도**	
ASC	염소	7°	
MC	천칭	28°	

미에 익숙해져야 합니다. 그런 의미에서 이번 장에서는 네이탈 차트를 표로 변환한 내용을 토대로 다시 네이탈 차트를 그려보는 방법에 대해 설명하겠습니다.

61쪽에 나온 2개의 표 중에서 왼쪽 표는 홍길동 씨의 네이탈 차트를 표로 변환한 내용입니다. 오른쪽 표는 아직 점성학 기호를 못 외우신 분들을 위해 왼쪽 표 첫 번째 영역에 적힌 점성학 기호와 그 뜻을 재정리한 내용입니다. 이 표를 토대로 네이탈 차트를 그리는 방법은 다음과 같습니다.

① 표를 보면서 먼저 ASC의 위치부터 표시합니다(홍길동 씨의 경우는 ASC 염소, 7°). ASC는 항상 1H에 위치합니다. 외각에는 염소자리 기호를 그려 넣습니다.

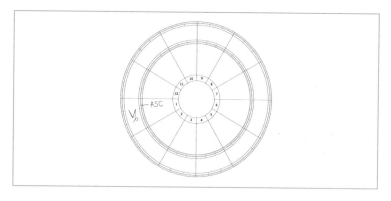

〈그림 2.19〉 네이탈 차트 그리기 ①

② 그다음 외각 빈칸에 12사인의 기호를 기입합니다. 이때 시계 반대 방향으로 황도 12궁의 순서대로 표기합니다. 황도 12궁의 순서는 '염소 → 물병 → 물고기 → 양 → 황소 → 쌍둥이 → 게 → 사

자 → 처녀 → 천칭 → 전갈 → 사수' 순입니다.

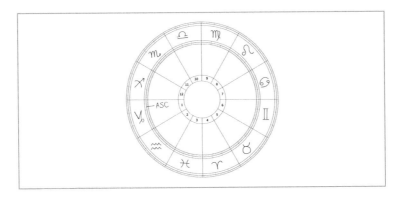

〈그림 2.20〉 네이탈 차트 그리기 ②

③ 이제 행성들의 위치와 MC를 표시합니다.

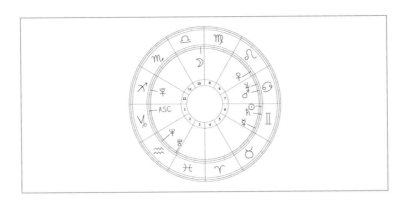

〈그림 2.21〉 네이탈 차트 그리기 ③

이와 같은 방식으로 네이탈 차트 그리기를 연습하다 보면 점성학에서 쓰이는 행성과 별자리 기호가 어느덧 익숙해지는 순간을 맞이하게 될 것입니다.

네이탈 차트 그리기
연습지

이름 :   태어난 연월일시분 :

태어난 도시:

행성	사인	각도	하우스
☉			
☽			
☿			
♀			
♂			
♃			
♄			
♅			
♆			
♇			
주요 감응점	사인	각도	
ASC			
MC			

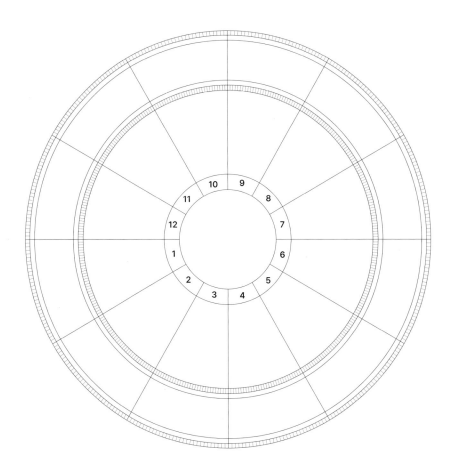

3장

운명이 펼쳐지는 12영역: 하우스

1, 2장에서는 점성학의 역사와 네이탈 차트에 대해 알아보았습니다. 지금부터는 본격적으로 점성학의 기본 개념인 사인(별자리), 행성, 하우스에 대해 설명하겠습니다. 원론적으로는 '사인 → 행성 → 하우스' 순서로 익히는 것이 맞습니다. 하지만 입문자 분들의 쉬운 이해를 돕기 위해 이 책에서는 '하우스 → 행성 → 사인' 순서로 설명하고자 합니다.

　현실에서 직접 와닿는 영역(하우스)에 관한 설명에서 출발해 그 영역을 움직이는 힘들(행성), 그 힘들을 작동하게 하는 원리이지만 우리 눈에는 보이지 않는 근본 법칙(사인) 순서로 배우는 것이지요. 표면에서 시작해 심층으로 들어가는 방식으로 배우는 편이 훨씬 이해하기 쉽기 때문입니다.

하우스를
그리는 방법

❋ ❋ ❋ ❋ ❋

인간의 육체는 행성 지구의 제한된 공간에서 삶을 영위합니다. 인간은 태초부터 이 땅에서 자신의 영역을 개척하며 살았습니다. 지금도 인간의 삶은 지구의 3차원적인 공간 안에서 이루어집니다. 그리고 그 3차원 공간의 근간은 방위와 면적입니다. 방위의 기준은 동서남북 4방위입니다. 하우스에도 그와 같이 4개의 기준점이 있습니다. 이들을 각각 어센던트(Ascendant, 상승점 또는 동점), 디센던트(Descendant, 하강점 또는 서점), 미드헤븐(Midheaven, 중천점 또는 남중고도), 이뭄코엘리(Imum coeli, 천저점)라고 부릅니다. 다음은 각 방위에 대한 보다 상세한 설명입니다.

• **어센던트**

12사인에서 동쪽 지평선과 맞닿는 지점입니다. 이 지점에서 행성은 지하에 있다가 지상으로 드러나기 시작합니다.

• **미드헤븐**

12사인에서 행성이 가장 높이 떠오르는 머리 위 지점입니다. 이 지점에서 행성은 상승에서 하강으로 방향을 전환합니다.

• **디센던트**

12사인에서 서쪽 지평선과 맞닿는 지점입니다. 이 지점에서 행성은 지상에서 지하로 모습을 감추기 시작합니다.

• 이뭄코엘리

12사인에서 행성이 가장 낮게 하강하는 발밑 지점입니다. 이 지점에서 행성은 하강하다가 상승으로 방향을 전환합니다.

어센던트의 정반대에 디센던트가 위치합니다. 미드헤븐의 정반대에 이뭄코엘리가 위치합니다. 이는 고정 불변입니다. 따라서 일반적으로 네이탈 차트에는 어센던트와 미드헤븐만 각각 ASC(또는 AS), MC로 영문 약자로 줄여서 표기합니다.

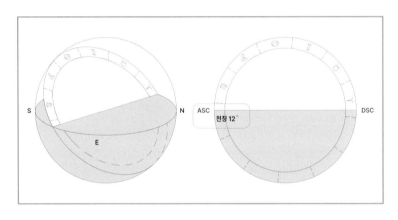

〈그림 3.1〉 어센던트와 디센던트 찾기

이 책에서는 다양한 하우스 시스템 중 하우스의 구획을 나누는 기준으로 어센던트만 고려하는 홀 사인 시스템을 사용합니다. 지금부터는 홀 사인 시스템 하우스를 그리는 방법을 알아보겠습니다.

홀 사인 시스템 하우스를 그리기 위해서는 먼저 〈그림 3.1〉에서처럼 동쪽 지평선인 어센던트를 찾아야 합니다. 그다음 어센던트와 정반대에 위치한 디센던트를 찾습니다. 어센던트와 디센던트를 잇는 지평선을 기준으로 차트의 위와 아래가 나뉩니다. 이때 발아래 (지평선 아래)는 나를 지탱해주고 받쳐주는 사적 영역을, 머리 위(지평선 위)는 내가 겉으로 어떻게 드러나고 보이는지를 알려주는 공적 영역입니다. 그리고 그 사이에 위치한 어센던트는 끊임없이 역동적으로 나의 내면과 외면이 직접적으로 만나는 경계, 바로 나의 '육체'를 의미합니다.

〈그림 3.1〉에서 어센던트는 천칭자리 12°에 위치합니다. 그렇다면 이것의 정반대인 양자리 12°가 디센던트가 됩니다. 〈그림 3.2〉는 〈그림 3.1〉의 어센던트를 기준으로 12하우스에 대응하는 12사인을 나타낸 것입니다.

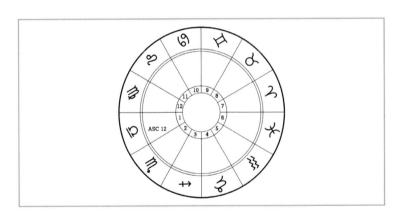

〈그림 3.2〉 어센던트를 기준으로 12하우스에 대응하는 12사인

어센던트는 12하우스의 기준이자 출발점입니다. 즉, 어센던트가 속한 사인은 1H(앞으로 12하우스의 특정 영역을 언급할 때는 '1H, 2H, 3H……12H'로 부르도록 하겠습니다. 가령, 1H는 첫 번째 하우스, 8H는 여덟 번째 하우스를 의미합니다)와 대응됩니다. 앞에서도 이야기했지만 홀 사인 하우스 시스템에서 하우스는 사인과 일대일로 대응됩

니다. 어센던트가 천칭자리 12°일 경우 1H 사인은 천칭이 됩니다. 그리고 차례대로 시계 반대 방향으로 각각의 사인이 배정됩니다. 2H-전갈자리, 3H-사수자리, 4H-염소자리 순으로 12H-처녀자리까지 〈그림 3.2〉처럼 배당됩니다. 사인 배정이 모두 끝나면 네이탈 차트에서 1H에 어센던트의 위치를 약자 ASC로 표시합니다.

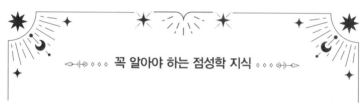

꼭 알아야 하는 점성학 지식

어센던트와 미드헤븐의 의미

12하우스에서 방위를 나타내는 4개의 기준점 중 어센던트(ASC)와 미드헤븐(MC)은 그 의미를 알아두어야 합니다. 어센던트는 상승점 또는 동쪽 지평선과 맞닿은 점으로 내 육체의 모습을 나타냅니다. 미드헤븐은 그 시점에 해가 가장 높이 떠오르는 지점인 남중고도로 나의 사회적 모습을 나타냅니다. 미드헤븐과 직접적으로 관계를 맺은 행성은 그 사람의 사회적 모습(또는 직업적 모습)에 큰 영향을 끼칩니다. 심리학적 용어로 바꿔 이야기한다면 어센던트는 자아상, 미드헤븐은 페르소나라고 할 수 있습니다.

어센던트를 찾아 표시했다면 이제 미드헤븐과 이뭄코엘리를 찾아 표시할 차례입니다. 미드헤븐은 해가 가장 높이 떠오르는 지점인 남중고도를 나타냅니다. 〈그림 3.3〉처럼 미드헤븐을 찾은 후 차트에 미드헤븐의 약자 MC를 표시합니다. 이때 이뭄코엘리의 위치는 미드헤븐과 정반대 방향입니다.

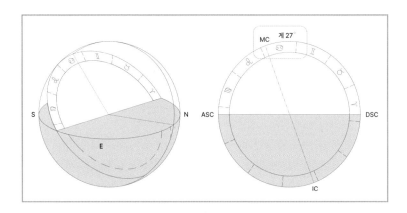

〈그림 3.3〉 미드헤븐과 이뭄코엘리 찾기

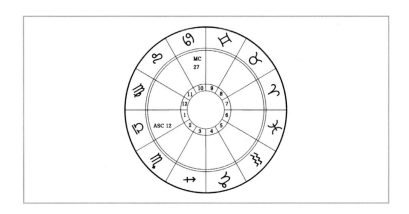

〈그림 3.4〉 미드헤븐의 위치를 표시한 네이탈 차트

12하우스의 3가지 종류: 앵글, 석시던트, 케이던트

✦ ✧ ✪ ✧ ✦

12하우스는 그 위치에 따라 3가지 종류로 나뉩니다. 앵글 하우스, 석시던트 하우스, 케이던트 하우스가 그것들입니다.

앵글 하우스(Angular House, 모서리 집):
1H, 4H, 7H, 10H

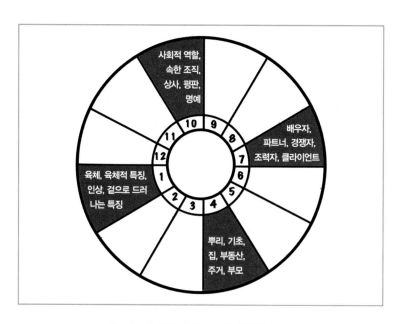

〈그림 3.5〉 앵글 하우스와 각 영역의 의미

12하우스에서 1H, 4H, 7H, 10H를 앵글 하우스라고 부릅니다. 이 이름의 유래를 알기 위해서는 중세 시대의 차트 모양을 살펴봐야 합니다. 앞에서 중세 이전까지는 차트를 원이 아닌 사각형 모양으로 그렸다고 말씀드렸습니다.

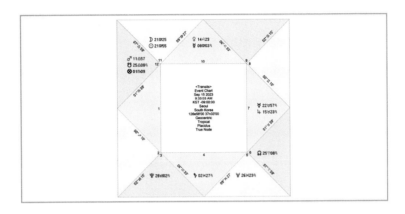

〈그림 3.6〉 중세 이전의 차트 형식

〈그림 3.6〉은 중세 이전의 차트 그림입니다. 여기서 핑크색 마름모의 좌측 삼각형이 첫 번째 하우스(1H)입니다. 즉, 핑크색 마름모의 모서리들이 1H, 4H, 7H, 10H입니다. 영어로 꼭짓점이나 모서리는 'Angle(앵글)'이라고 부릅니다. 따라서 이 4개의 하우스를 앵글 하우스라고 부릅니다.

앵글 하우스는 우리 삶에서 기준이 되는 4개의 축을 나타냅니다. 1H는 '나', 10H는 '나의 사회적 모습', 4H는 '내 가정의 모습', 7H는 '나에게 의미 있는 대상'을 가리킵니다. 조금 더 구체적으로 설명해보겠습니다. 가령, 우리는 누군가를 처음 만났을 때 자신의 이름을 말하며 자기소개를 합니다. 만일 업무 미팅이라면 명함을 교환하며 자신을 소개합니다. 조금 더 나아가 어떤 사람에게 친밀함을 느꼈거나 친밀감을 확인하고 싶을 때는 고향이나 자신의 과거(출신 학교 등)를 말하면서 자신을 소개하기도 합니다. 이를 앵글 하우스와 관련해 요약하면 다음과 같습니다.

- 이름을 말한다 → 개인으로서의 나: 1H
- 명함을 전달한다 → 사회적 존재로서의 나: 10H
- 본적이나 고향을 말한다 → 내 뿌리의 한 갈래: 4H
- 배우자를 소개한다 → 파트너의 한 부분으로서의 나: 7H

모서리나 귀퉁이는 어떠한 공간을 설명할 때 기준이 됩니다. 일반적으로 모서리나 귀퉁이는 길의 마지막이나 시작을 나타냅니다. 길을 걸을 때를 떠올려볼까요? 길모퉁이를 돌기 전까지는 기존의 풍경이 이어지지만 길모퉁이를 돌고 나면 기존의 길이 끝나고 새로운 풍경이 펼쳐집니다. 이와 같이 점성학 차트에서도 모서리(앵글)에 있는 하우스들은 각기 다른 영역들의 시작점을 나타냅니다. 즉, 나라는 개인은 나의 육체에서 시작합니다. 나의 뿌리는 나의 가족에서 시작합니다. 나의 사회생활은 나의 직업에서 시작합니다. 나의 인간관계는 상대방의 존재에서 시작합니다.

앵글 하우스는 12하우스에서 중요한 기준의 역할을 담당합니다. 동서남북의 모서리에 위치한 4개의 앵글 하우스는 각각 4개의 방위와 대응됩니다(1H-동, 7H-서, 10H-남/위, 4H-북/아래). 앵글 하우스는 우리 삶의 영역에서 중요한 기준을 설정하는 하우스이자 가장 확실하게 영향력을 발휘하는 하우스입니다. 우리가 살면서 경험하는 역동적인 변화는 주로 이 영역들에서 일어납니다. 차트에서 특정 행성이 앵글 하우스에 위치할 경우 그 행성의 힘이 해당 삶의 영역에서 두드러지게 드러나고 주체적이고 역동적으로 영향력을 행사한다고 해석합니다.

석시던트 하우스(Succedent House, 이어지는 집):
2H, 5H, 8H, 11H

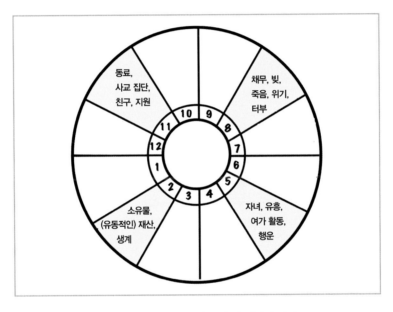

〈그림 3.7〉 석시던트 하우스와 각 영역의 의미

12하우스에서 2H, 5H, 8H, 11H를 석시던트 하우스라고 부릅니다. 석시던트 하우스는 앵글 하우스와 연결되어 이어지는 하우스입니다. 더 구체적으로 설명한다면 앵글 하우스 영역과 뒤에서 설명할 케이던트 하우스 영역을 이어주는 영역입니다. 즉, 석시던트 하우스는 각 영역의 중심에 위치하는 하우스입니다. 이어지게 만든다는 것은 그 영역을 지탱하고 유지시킨다는 뜻입니다. 따라서 석시던트 하우스는 삶을 유지하고 중심을 잡아주는 하우스라고 할 수 있습니다. 석시던트 하우스에 위치한 행성은 안정적이고 꾸준하게 영향력을 행사하는 경향이 있습니다.

석시던트 하우스의 각 영역이 의미하는 바는 다음과 같습니다. 나를 유지시키는 것은 '재물과 가치관'입니다(2H). 나의 가정을 유지시키는 것은 '후손(자녀)'입니다(5H). 상대(와의 관계)를 유지시키는 것은 '중요도'입니다(8H). 나의 사회적 지위를 유지시키는 것은 '사회적 평판'입니다(11H). 요컨대 석시던트 하우스는 앵글 하우스 영역의 요소들을 유지시키고 이어지게 만드는 영역입니다.

케이던트 하우스(Cadent House, 하강하는 집): 3H, 6H, 9H, 12H

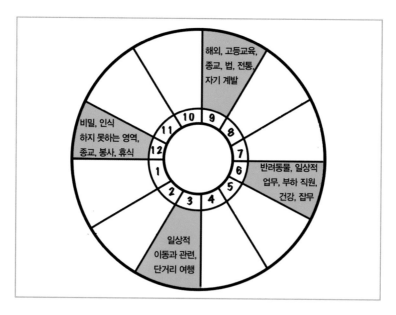

〈그림 3.8〉 케이던트 하우스와 각 영역의 의미

12하우스에서 3H, 6H, 9H, 12H를 케이던트 하우스라고 부릅니다. 케이던트 하우스는 다른 삶의 영역이 시작되기 전의 영역을 나타내는 하우스입니다. 이 영역은 쉽게 인식하기 어렵기 때문에 '하강하는 집'이라고 부릅니다. 고대부터 케이던트 하우스는 앵글 하우스나 석시던트 하우스보다 삶에서 그 영향력이 잘 드러나지 않는 영역으로 취급받았습니다. 달리 말하자면 우리 삶에 분명히 존재하는 영역이지만 우리가 쉽게 간과하거나 지나치는 영역이라고 할 수 있습니다. 그렇다고 해서 이 영역이 다른 영역에 비해 결코 중요도가 떨어지지는 않습니다. 단지 겉으로 쉽게 드러나지 않는다는 이유로 가치를 제대로 인정받지 못한 영역입니다.

우리는 살아가면서 수많은 이동을 합니다. 그런데 그러한 이동을 하면서 얼마나 많은 시간을 길 위에서 버리고 있는지 모릅니다. 우리는 가사 활동을 하면서 얼마나 많은 시간을 쓰고 있는지 모릅니다. 또한, 우리의 정신과 육체의 건강을 위해서 매일매일 하는 노력은 쉬이 눈에 보이지 않습니다. 하지만 이러한 노력은 삶의 매우 중요한 부분입니다.

케이던트 하우스에 위치한 행성의 힘은 우리 삶에서 예측하기 힘든 다양한 변수를 만들어냅니다. 앵글 하우스가 삶의 방향을 정하고 석시던트 하우스가 그것을 지속한다면 케이던트 하우스는 우리 인생에 다양한 변주를 주며 역동성을 발생시키는 영역입니다. 그렇기 때문에 케이던트 하우스는 변화가 가장 극심하게 일어나는 영역이자 지속적으로 작은 영향이 쉴 새 없이 발생하는 영역입니다. 이러한 변화는 쉽게 인식되지 않아 미약해 보입니다. 하지만 지속적으로 누적되고 영향을 주기 때문에 우리 삶 전체에 끼치는 영향력은 결코 미약하지 않습니다.

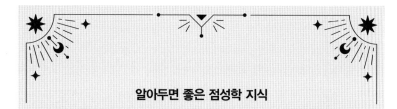

12하우스에서 행성의 힘이 잘 드러나는 순서

12하우스에 위치한 행성들은 동일하게 힘을 드러내지 않습니다. 어떤 영역에 위치하는지에 따라 행성의 영향력이 삶에 미치는 정도는 조금씩 다릅니다. 점성가마다 그 영향력의 순서에 대해 약간씩 의견 차이가 있지만 여기서는 헬레니즘 시대 점성가 헤파에스티오(Hephaestio)가 제시한 순서를 소개하겠습니다.

1 > 10 > 11 > 5 > 7 > 4 > 9 > 2 > 3 > 8 > 6 > 12

이 순서를 살펴보면 대략적으로 앵글 하우스 > 석시던트 하우스 > 케이던트 하우스의 순서로 행성의 힘이 잘 드러나는 경향이 있음이 파악됩니다.

12하우스의
4가지 영역

◦ ◇ ✦ ◇ ◦

바로 앞에서 12하우스는 앵글 하우스, 석시던트 하우스, 케이던트 하우스, 총 3가지 종류가 있음을 배웠습니다. 이 말은 곧 12하우스를 4가지 영역으로 나눌 수 있다는 뜻입니다(12÷3=4). 여기서는 12하우스의 4가지 영역의 의미에 대해 알아보겠습니다.

세부적인 내용을 배우기에 앞서 꼭 알아두어야 할 것이 있습니다. 나의 삶이란 나만을 의미하는 것이 아니라는 사실입니다. 나의 삶은 당연히 나 자신을 포함하지만 나를 둘러싼 사람들과 상황들 속에서의 총체적인 상호작용을 뜻하기도 합니다. 따라서 나의 삶 전체를 모두 내 뜻대로 만들어갈 수는 없습니다. 나 자신의 의지와 능력 외에도 나의 삶에 영향력을 발휘하는 외부 변수들이 다양하기 때문입니다. 가령, '가족', '학교나 직장', '연인', '친구', '트라우마' 등의 요소들이 그것입니다. 나의 삶을 내 마음대로 살고 싶다면 나를 둘러싼 모든 요소들을 내 마음대로 할 수 있어야 합니다. 하지만 그것은 이 세상 그 누구도 불가능한 일입니다. 우리는 살면서 일정 부분은 내 마음대로 할 수 있지만 대다수의 경우에는 주변 환경에 적응하고 맞춰가면서 살아가야 합니다.

나의 삶을 잘 살아가기 위한 방법은 두 가지입니다. 하나는 나의 마음, 나의 뜻대로 살아가는 것이고, 다른 하나는 주변의 뜻에 적응하고 맞춰가며 조화를 이루는 것입니다. 나 자신도 내 삶의 일부분이며, 나와 연결된 상황과 인간관계 또한 내 삶의 일부분입니다. 이 둘을 동등하게 여기는 것이 중요합니다. 대부분의 사람들은 내 마음대로 나의 상황과 주변의 인간관계를 휘두를 수 있는 삶을 좋은 삶이라고 생각합니다. 하지만 이는 잘못된 생각이자 가능하지도 않습니다. 내 뜻이 중요하듯 다른 사람의 뜻도 중요하기 때문입니다. 우리가 내 뜻과 주변의 뜻을 서로 조화롭게 일치시키며 살려고 노력해야 하는 이유입니다.

삶의 영역에는 내가 많은 영향력을 행사할 수 있는 영역이 있는 반면, 내가 전혀 영향을 끼칠 수 없고 일방적으로 영향을 받고 따라야 하는 영역도 있습니다. 가령, 우리는 부모를 선택할 수 없습니다. 또한, 국가나 사회가 처한 상황은 나의 선택으로 변할 수 있는 영역이 아닙니다. 사람들은 이와 같은 영역을 내 삶의 영역으로 취급하지 않는 경우가 많습니다. 내가 영향력을 행사할 수 있는 영역만 나의 삶의 영역이라고 생각하는 것이지요. 그것은 매우 협소하게 삶을 바라보는 관점입니다. 넓은 관점에서 나의 삶을 바라보면 두 영역 모두 동등하게 매우 중요합니다. 아니, 오히려 내가 영향력을 행사하기 힘든 영역들이 더욱 중요할 수도 있습니다. 우리는 전체적이고 통합적인 시각 안에서 삶을 바라봐야 합니다.

삶 속에서 온전히 내 뜻대로 할 수 있는 것은 매우 적습니다. 그렇기 때문에 사람들이 돈과 같은 소유물에 매달리는 것일지도 모릅니다. 삶의 다양한 요소들 중에서 '나의 소유물'은 내가 절대적으로 영향력을 행사할 수 있는 영역입니다. 이와 비슷한 다른 부분으로 나의 육체를 들 수 있습니다. 사람들은 자신의 몸에 매우 관심이 많습니다. 운동이나 미용, 성형을 통해 몸을 가꾸려고 노력합니다. 자신의 몸만큼은 자신의 뜻대로 움직일 수 있다고 생각하기 때문입니다. 하지만 나의 육체나 돈을 제외한 다른 요소들은 온전히 내 뜻대로 되지 않습니다. (사실 육체나 소유물조차도 100% 내 뜻대로 되지는 않습니다. 다만, 다른 부분들보다는 상당히 내 뜻대로 할 수 있을 뿐입니다.) 즉, 대부분의 삶의 요소는 우리의 통제 밖에 있는 경우가 더 많습니다. 또한, 예측할 수 없는 변수가 발생할 가능성이 더 큽니다. 우리가 살아가면서 불안과 두려움을 느끼는 이유입니다.

지금까지 설명한 내용들을 잘 이해했다면 12하우스의 4가지 영역의 의미를 보다 쉽게 받아들일 수 있습니다. 12하우스는 1H인 '나'를 기준으로 1H와 가까운 영역들을 '나 중심의 영역', 1H와 먼 영역들을 '대상 중심의 영역'으로 구분합니다. 또한, 4H인 '가정, 집'을 기준으로 4H와 가까운 영역을 '사적 영역', 4H와 먼 영역을 '공적 영역'으로 구분합니다. 〈그림 3.9〉는 이와 같은 구분법을 적용해서 우리의 삶을 크게 4영역으로 구분한 그림입니다. 또한, 〈그림 3.10〉은 12하우스의 각 영역을 조금 더 구체적으로 나누어 개괄한 그림입니다.

〈그림 3.9〉 삶의 4가지 영역

〈그림 3.10〉 12하우스 개괄

하우스	의미
1H~6H	사적인 영역
7H~12H	공적인 영역
1H~3H, 10H~12H	나를 중심으로 영향을 강하게 주고받는 영역
4H~9H	대상을 중심으로 영향을 강하게 주고받는 영역

하우스	의미
1H~3H	사적이며 나를 중심으로 강하게 영향을 주고받는 영역
4H~6H	사적이며 대상을 중심으로 강하게 영향을 주고받는 영역
7H~9H	공적이며 대상을 중심으로 강하게 영향을 주고받는 영역
10H~12H	공적이며 나를 중심으로 강하게 영향을 주고받는 영역

	하우스	의미
나와 직결된 영역	1H	나: 나의 육체, 나라고 생각하는 것
	2H	나의 소유물: 획득하고 유지하려고 하는 것들, 나의 것
	3H	나의 이동
나의 사적 영역 (가정적 영역)	4H	나의 가정: 사적 영역의 뿌리
	5H	나의 유희: 사적으로 공유되는 기쁨, 가정의 중심축
	6H	나의 일상
나와 관련된 너의 영역	7H	너: 관계의 대상
	8H	너의 소유물: 타인의 소유물, 만일 이를 내가 소유하면 부채
	9H	너의 이동
나의 공적 영역 (사회적 영역)	10H	나의 사회생활: 공적 영역의 뿌리
	11H	나의 사교 활동: 공적으로 공유하는 기쁨, 사회의 중심축
	12H	나를 둘러싼 환경의 변화

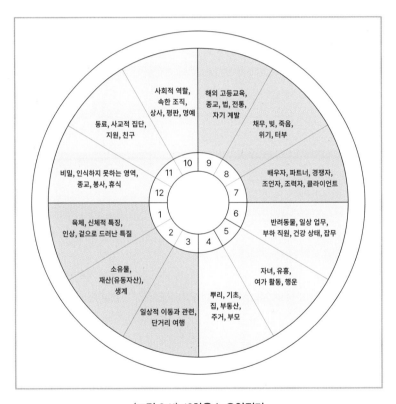

〈그림 3.11〉 12하우스 요약정리

1하우스(1H, 첫 번째 집)

1H는 다른 모든 하우스의 기준이 되는 곳입니다. 삶의 다양한

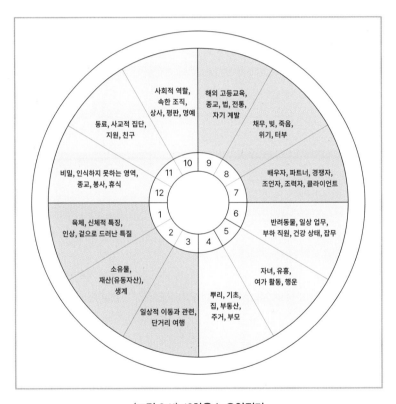

〈그림 3.11〉 12하우스 요약정리

1하우스(1H, 첫 번째 집)

1H는 다른 모든 하우스의 기준이 되는 곳입니다. 삶의 다양한

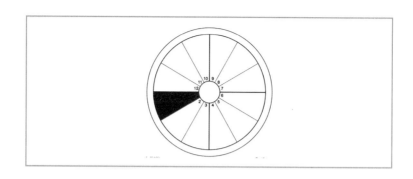

영역에서 중심은 '나'입니다. 많은 사람이 세상을 '내 육신이 처한 입장'에서 바라봅니다. 그렇기 때문에 1~12H에서 1H를 가장 중요하게 취급하고 다른 영역들의 기준으로 삼습니다. 이 세상에는 수많은 장소가 존재합니다. 그 모든 장소가 나에게 영향을 끼치지는 않습니다. 그중 '나'와 연관이 있는 장소와만 영향을 주고받습니다.

　내 삶의 다른 영역이 의미를 가지는 이유는 그 영역들이 '나'와 연관이 있기 때문입니다. 삶의 다양한 영역을 비유한 12하우스는 1H를 기준으로 삼아 시계 반대 방향으로 펼쳐집니다. 가령, 2H는 나의 소유물 영역입니다. 8H는 나에게 위기가 되는 것들의 영역입니다. 이런 식으로 다른 모든 하우스는 나에게 어떤 영역인지를 두고 하우스의 특징이 설정됩니다. 일반적으로 우리는 나를 나의 육체와 동일시합니다. 그래서 1H는 나의 육체를 나타냅니다. 1H에 특정 행성이 위치하면, 그 행성의 힘은 나의 육체나 외모, 태도, 모습으로 드러납니다. 또는 내가 그 행성의 힘의 대행자가 되어 직접적인 행동으로 주변에 영향력을 뿜어냅니다.

　1H를 설정하는 어센던트는 태양이나 달만큼 중요하게 여겨집니다. 이 지점은 나의 육체를 직접적으로 나타냅니다. 어떤 경우에는 태양이나 달보다 더욱 중요하게 여겨집니다. 대부분의 사람들이

나라는 존재를 나의 육체로 한정해서 보기 때문입니다. 하지만 내가 느끼는 기쁨이나 행복, 고통이나 두려움이 과연 나의 육체에서만 비롯되는지를 돌아보면 그렇지 않다는 사실을 알게 됩니다. 오히려 우리는 나의 소유물이나 부모, 자녀 또는 연인, 인간관계, 사회적 평판 등으로 인하여 행복을 느끼거나 고통을 느낍니다. 그리고 행복이나 고통을 느끼는 영역은 고정되어 있지 않고 시기나 상황에 따라 변한다는 것도 알 수 있습니다.

나의 '정체성'은 1H의 다른 이름입니다. 정체성이 강하다는 것은 다양한 삶의 영역을 경험하면서 중심이 잃지 않는다는 의미입니다. 하지만 심지가 굳건한 것은 좋으나 그것에만 함몰되어 삶의 영역이 협소해지지 않도록 주의해야 합니다.

2하우스(2H, 두 번째 집)

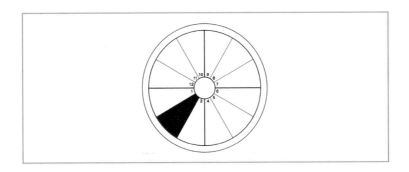

앞에서 석시던트 하우스는 앵글 하우스를 유지시켜주는 영역이라고 설명했습니다. 1H인 나의 육체가 유지되려면 육체를 안전하게 보호할 수 있는 영역이 존재해야 합니다. 그리고 그 영역은 다른 기운이 들어올 수 없는 온전한 나의 영역이어야 합니다.

2H는 나의 소유물들, 내가 동일시하는 것들의 영역입니다. 나

와 가장 가깝고, 내가 직접적으로 강하게 영향을 끼칠 수 있는 것들의 영역이지요. 나의 육체는 아니지만 나와 가장 가깝다고 여겨지는 것들의 총합입니다. 소유물이란 어떤 관점에 보면 '나와 가장 가까운 물건들'이라는 뜻입니다. 우리는 그것들로부터 안전함을 느낍니다. 안전함이란 통제 가능함과 같은 말입니다. 통제가 가능하다는 것은 내가 일방적으로 영향을 끼칠 뿐이며, 그것으로부터 내가 영향을 받지 않는 상태를 나타냅니다.

2H에 특정 행성이 위치하면 그 행성의 힘이 안정적이고 지속적으로 영향력을 유지합니다. 하지만 그 영향력의 범위는 넓지 않을 수 있습니다. 우리의 주머니 속사정은 매우 개인적인 영역이듯 이곳 또한 그러합니다. 이 영역의 사인과 행성들을 살펴보면 그 사람이 어떤 방식으로 소유물을 취득하는지, 어떤 방식으로 그것을 유지하는지를 알 수 있습니다.

3하우스(3H, 세 번째 집)

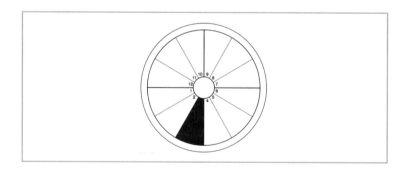

앞에서 케이던트 하우스는 다른 영역과 상호작용하며 끊임없는 변화가 일어나는 영역이라고 설명했습니다. 케이던트 하우스는 경계가 모호하고, 영역의 뜻이 뒤섞여 있는 경우가 많아 앵글 하우스

나 석시던트 하우스처럼 쉽게 인식되지 않습니다.

3H는 내가 인식할 수 있는 문턱이나 경계를 나타냅니다. 그리고 그 문턱과 경계를 넘나듭니다. 우리는 A와 B 사이의 경계를 통해서 A에서 B로, 또는 B에서 A로 이동합니다. 하지만 경계를 넘나들 때는 A와 B 사이에 경계가 있음을 잊곤 합니다. 하지만 그 경계는 분명히 존재합니다. 그 경계의 영역이 바로 3H입니다.

집에서 직장으로 또는 직장에서 집으로 이동을 한다고 칩시다. 이때 우리는 집과 직장이라는 두 공간은 확실하게 인식합니다. 하지만 그 중간에서 벌어지는 이동은 인식이 쉽지 않습니다. 삶에서 그 중간의 영역이 바로 3H입니다. A영역과 B영역을 연결하는 C영역입니다. 또는, A영역과 B영역의 경계선에 있는 C영역입니다. 이 영역을 통해 경계를 넘어갈 때 우리는 변화를 경험합니다.

가령, 형제나 친인척들이 3H에 속합니다. 이들은 나(1H)와 부모(4H)의 경계선상에서 관계를 맺는 사람들입니다. 또한, 집(4H)과 그 외의 공적 영역 사이에 위치한 사람들의 집단인 이웃도 3H에 속합니다.

4하우스(4H, 네 번째 집)

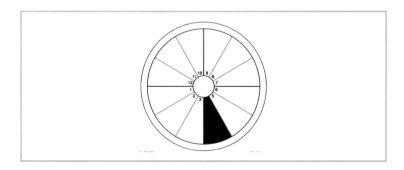

4H는 나의 뿌리가 위치하는 영역이자 다른 영역의 기반이 되는 영역입니다. 우리가 사생활이라고 말할 때 기준이 되는 영역이지요. 사생활은 1차적으로 나 개인의 생활을 의미하지만 그것은 매우 좁은 시각입니다. 넓은 관점에서는 나와 사적으로 관계를 맺고 있는 모든 인간관계와 영역을 사생활의 영역이라고 볼 수 있습니다. 그리고 그 사생활의 중심에는 공간적으로는 사적 공간인 나의 '집'이, 인간관계적으로는 그 공간에서 관계를 맺는 가장 사적인 관계인 '가족'이 있습니다. 특히 4H는 가족 중에서도 나의 뿌리에 해당되는 '부모'와 관계를 맺는 영역입니다.

4H에 특정 행성이 위치하면 그 행성의 힘이 삶의 근간에서 영향력을 발산합니다. 가령, 부모님이나 내가 속한 가정이 물질적으로 풍요롭고 심리적으로 화목하다면 나의 개인적인 삶에도 활력이 넘칠 것입니다. 또한, 사람들을 대할 때에도 더욱 관대한 태도를 보일 것입니다. 사회생활을 할 때에도 더 큰 목표를 가지고 도전할 수 있을 것입니다. 뿌리가 튼튼한 나무가 어려움을 쉽게 이겨내고 잘 자라는 것과 같은 원리입니다.

반대로 이 영역에 긴장과 불화가 가득하다면, 나의 개인적인 삶에도 스트레스가 높을 것입니다. 또한, 인간관계에서도 경계심을 많이 품을 것입니다. 즉, 삶 전체적으로 위축될 수밖에 없습니다.

5하우스(5H, 다섯 번째 집)

석시던트 하우스는 앵글 하우스를 유지시켜주는 영역입니다. 인간관계의 관점에서 4H는 나의 뿌리(부모)를 나타내는 영역이라고 설명했습니다. 뿌리가 유지되기 위해서는 후손이 존재해야 합니다. 그래야 4H인 가문(가정)이 계속 존재하고 이어집니다. 따라서 5H

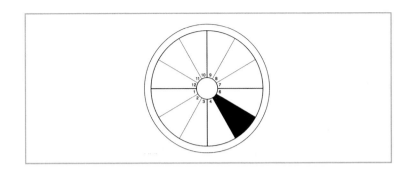

는 자녀를 나타내는 영역입니다.

요즘에는 1인 가구를 비롯해 비혼주의자, 딩크족들이 매우 많습니다. 과거에는 5H를 자녀의 영역으로 해석했지만 변화한 세태를 반영해 현대에 걸맞은 해석이 필요합니다. 1인 가구, 비혼주의자, 딩크족의 관점에서 5H는 자녀가 아니라 사적인 생활을 유지하게 해주는 영역 또는 관계를 나타냅니다. 나의 사생활 영역이 유지되려면 그 안에서 사적 생활의 즐거움이 존재해야 합니다. 그런 관점에서 보면 5H는 사적 영역에서의 여가, 유흥, 취미 활동을 나타냅니다. 자녀를 키우는 경우도 이 관점에서 해석해도 큰 무리는 없습니다. 자녀 양육은 여러모로 힘들지만 자녀와의 관계는 삶의 행복과 즐거움의 중심이 되기 때문입니다.

6하우스(6H, 여섯 번째 집)

6H는 사적 영역에서 일어나는 미세한 변화들에 관한 하우스입니다. 미세한 변화는 파악하거나 예측하기 쉽지 않습니다. 3H, 6H, 9H, 12H에서 일어나는 변화는 인식이 어렵기 때문에 온전히 예측하거나 통제할 수 없는 변화를 가리킵니다. 그중에서 그마나 6H에서 일어나는 변화는 어느 정도 통제가 가능하며 예측이 가능한 변

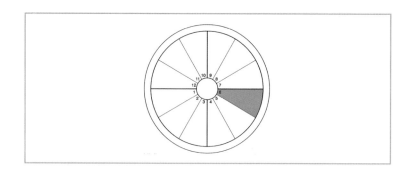

화입니다. 왜냐하면 그 변화가 일어나는 영역이 나의 사적 영역이기 때문입니다.

6H는 나의 사적 영역에서 매일매일 반응하고 처리하는 것들이지만 쉽게 알아채기 어려운 부분들입니다. 즉, 매일 처리하는 일상적인 업무들입니다. 너무 사소하다고 여기면서도 쉴 새 없이 반응하며 처리하는 집안일(가사 노동)도 6H에 포함됩니다. 집안일은 나의 사생활을 유지하기 위해 해야만 하는 잡무들을 총칭합니다. 만일 내 사적 영역에 변화가 없다면 집안일을 해야 할 필요가 없을 것입니다. 하지만 밥을 먹으면 설거지거리가 나오고, 옷을 입고 나면 빨랫감이 나옵니다. 아무것도 하지 않는다고 할지라도 시간이 흐르면 먼지가 쌓이고 집은 더러워집니다. 이렇듯 명확하게 그 존재를 인식하기는 어렵지만 쉴 새 없이 변화하는 일상적인 영역이 6H입니다.

요즘에는 건강한 루틴 만들기가 유행입니다. 루틴은 사소하지만 일상에서 반복하는 습관이나 일과를 일컫습니다. 하지만 사소한 루틴이 누적되어 삶을 건강하게 만들거나 혹은 병들게 만들 수 있습니다. 이러한 루틴에 관한 영역이 6H입니다.

다음으로 이어지는 7H~12H는 공적 영역을 나타냅니다. 인간은 자기(1H) 중심적으로 세상을 인식하기 때문에 1~6H에 비해서 7~12H를 이해하는 것이 훨씬 더 어렵습니다. 그러므로 7~12H를 1~6H와 비교하면서 파악하면 더욱 이해가 쉽습니다. 7H~12H는 순서대로 1~6H와 대응(사적 영역 VS. 공적 영역)된다고 생각하면 됩니다.

7하우스(7H, 일곱 번째 집)

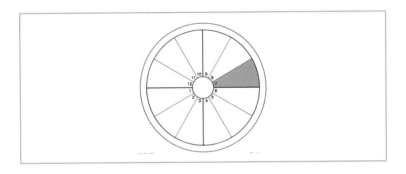

7H는 1H와 반대되는 영역입니다. 1H가 '나'라면 7H는 '너'를 의미합니다. 여기에서 말하는 너는 나와 직접적으로 관련이 있으며 내가 정확하게 인식하고 있는 타인을 의미합니다. 만일 우리가 수십 명의 사람들 앞에서 발표나 연설을 한다고 칩시다. 이때 청중들은 내가 명확하게 인식하는 개체로서의 너가 아닙니다. 오히려 이 무리는 나를 둘러싸고 나에게 제약을 가하는 커다란 환경에 가깝습니다. 하지만 만일 그중 한 명이 손을 들고 나에게 질문을 한다면 우리는 그때 비로소 그 한 사람을 인식하게 됩니다. 그리고 그에게 집중합니다. 그 순간 그 사람과의 관계는 7H의 영역에 놓이게 됩니다.

7H는 공적 영역이 시작되는 하우스입니다. 일반적으로 가족을 제외한 모든 인간관계는 공적 인간관계라고 할 수 있습니다. 그 안

에서 좀 더 친밀한지 아닌지를 두고 구별할 뿐입니다. 가족을 제외한 공적 인간관계는 상황에 따라 매우 유동적으로 변화합니다. 오늘의 동지가 내일의 적이 되기도 하고, 가족같이 친밀했던 친구가 원수가 되기도 합니다. 사적 영역이 '나'로 시작했듯이 공적 영역은 '나와 타인과의 관계'로 시작됩니다.

7H는 내가 타인과 직접적으로 관계를 맺는 모습을 보여줍니다. 내가 대체로 사람들과 어떤 방식으로 관계를 맺는지 나타내는 영역입니다. 또한, 상대에게 어떤 반응을 이끌어내는지도 알려주는 영역입니다. 이는 상대를 내가 원하는 대로 행동하게 만들려면 어떻게 해야 하는지 알려준다는 의미가 아닙니다. 상대가 가진 여러 기질 중에 내가 그의 어떤 부분을 활성화시키는지를 알려준다는 의미에 가깝습니다.

가령, 상대가 나에게 어떤 말이나 행동을 하든지 간에 내가 잘 웃어주고 친밀하게 반응한다고 칩시다. 그런 경우 상대도 나에게 친밀하게 굴 가능성이 높을 것입니다. 이는 내가 상대방으로 하여금 나를 친밀하게 느끼도록 만들기 위해서 계산적으로 억지로 그렇게 행동한다는 의미가 아닙니다. 내가 무의식적으로 상대방을 그렇게 대한다는 의미입니다.

8하우스(8H, 여덟 번째 집)

8H는 2H와 반대되는 영역입니다. 2H가 나와 동일시하는 소유물의 영역이라면, 8H는 내 소유물이 절대 될 수 없으며, 동일시가 완전히 끊어지는 것들의 영역입니다. 일반적으로 사람들은 내 삶의 모든 영역을 내가 통제할 수 있다고 생각합니다. 하지만 내가 통제할 수 없는 영역도 분명 존재합니다. 또한, 내가 통제할 수 없는 영

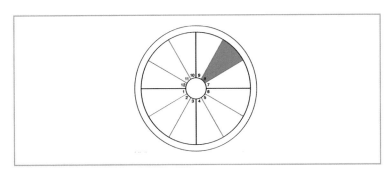

역이 나의 삶에 영향을 미친다면 그런 영역까지도 내 삶의 범주로
생각해야 합니다. 인간은 신이 아닙니다. 앞에서도 이야기했지만
우리 삶의 모든 영역을 내 뜻대로 할 수는 없습니다. 2H처럼 거의
100%에 가깝게 내 뜻대로 할 수 있는 영역이 있는 반면, 8H처럼
거의 0%에 가깝게 내 뜻대로 할 수 없는 영역도 존재합니다.

　2H가 나의 온전한 소유물의 영역이라면 8H는 타인의 온전한
소유물을 나타내는 영역입니다. 당연히 그 영역에 대한 지배권은
타인이 갖습니다. 그렇기 때문에 나는 그 영역에서는 온전한 이방
인으로만 남습니다. 또한, 상대의 뜻을 100% 따를 수밖에 없습니
다. 그 뜻은 나에게 유리하게 작용할 수도, 불리하게 작용할 수도 있
습니다.

　자기중심적인 시각에서 좀 더 벗어난다면 이와 같은 영역에 대
한 이해가 한층 넓어질 것입니다. 이해를 돕기 위해 쉬운 예를 하나
들어보겠습니다. 비유를 하자면 2H는 내 지갑에 있는 현금입니다.
반면, 8H는 타인의 지갑에 있는 현금입니다. 만일 여러분이 은행
에서 대출을 받는다면 대출금은 여러분의 지갑 안으로 들어오지만,
그 돈의 주인은 여전히 타인(은행)입니다. 내 기준이 아닌 주도권의
관점에서 생각한다면, 은행의 돈이 여러분의 지갑에 들어왔다고 표
현하는 것보다는 은행의 소유물 영역 안에 여러분이 들어가 있다고

표현하는 편이 더 정확합니다. 그 돈의 주인은 은행이며 여러분이
그 주인의 영역에 들어가 있는 상황이기 때문입니다.

9하우스(9H, 아홉 번째 집)

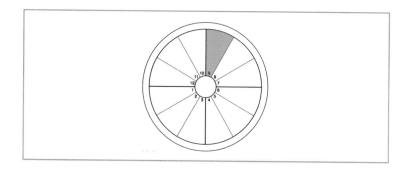

9H는 3H와 반대되는 영역입니다. 3H가 나의 변화(이동)가 일
어나는 영역이라면 9H는 타인의 변화가 빈번하게 일어나는 영역
입니다. 이는 변화의 주도권이 나에게 있는 것이 아니라 타인에게
있음을 의미합니다. 하지만 변화는 그 주도권이 강력하게 유지되는
것이 아니라 유동적으로 넘나듭니다. 이러한 변화 속에서 우리는
자연스럽게 연결되고 섞이고 교류하게 됩니다.

9H와 3H를 구별하는 방법은 이동과 변화를 겪음에 있어 그 중
심이 나에게 있으면 3H, 나에게 있지 않으면 9H입니다. 즉, 이동이
나 변화를 하는 데 있어서 통제권, 결정권이 누구에게 있는지를 살
펴보면 됩니다. 또한, 일반적으로 3H를 단거리 이동, 9H를 장거리
이동으로 구분하기도 합니다. 국내 이동(3H)과 국외 이동(9H)을 떠
올리면 이해가 쉽습니다. 자동차나 버스, 지하철로 이동하는 것과
비행기나 배로 이동하는 것의 차이를 떠올려도 좋습니다. 전자는
이동의 주도권과 통제권을 내가 가지고 있습니다. 비교적 멀지 않

은 거리를 이동할 때는 도중에 손쉽게 방향이나 노선을 바꿀 수 있습니다. 하지만 국가 간 이동은 상대적으로 손쉽게 변화를 주기가 어렵습니다. 이동 전에 짧게는 며칠, 길게는 몇 달 전부터 준비를 해야 하며 이동 방법과 시간이 확정되면 되도록 정해진 바대로 따라야 합니다. 그렇지 않고 중간에 내 마음대로 변화를 주게 되면 시간적으로나 금전적으로 추가적인 손실이 생길 수 있습니다.

또한, 국내 이동 중에는 예상치 못한 사고가 일어나더라도 빠르고 적절하게 대처하는 일이 가능합니다. 나를 둘러싼 환경 즉, 언어, 문화, 처리 시스템 등이 내게 익숙한 편이고, 내가 가진 인맥이나 사회적 지위 등도 손쉽게 활용할 수 있기 때문입니다. 반면, 언어가 통하지 않는 낯선 외국에서 사고가 났다고 가정해봅시다. 이런 경우 빠른 대처는커녕 대처를 하는 과정에서 좋지 않은 상황이 커질 수도 있습니다. 사고를 처리하기 위해 굉장한 노력이 필요한 것은 두말할 것도 없습니다. 때로는 사고 처리의 결과를 운에 맡겨야 할 수도 있습니다. 이처럼 상황에 대한 결정권이나 통제권이 나에게 없는 이동을 나타내는 영역이 9H입니다.

일반적으로 9H에서 우리는 견문이 넓어지고 큰 폭으로 확장하는 경험을 합니다. 이는 나의 한계와 경계가 커짐을 의미합니다. 나의 경계가 커지려면 상황이 나를 압도해야 합니다. 주도권이 나에게 없어야 합니다. 무엇보다 그런 상황을 저항하지 않고 열린 마음으로 적응하고 수용해야 합니다. 그처럼 나의 내면을 주변 상황과 맞춰가는 과정에서 우리의 경계는 그만큼 확장합니다.

10하우스(10H, 열 번째 집)

나의 사적 영역의 중심이 4H라면 나의 공적 영역의 중심은

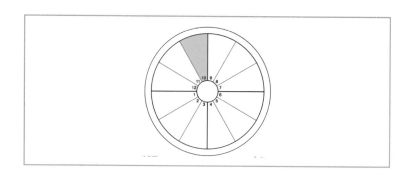

10H입니다. 4H가 나의 감춰진 뿌리라면 10H은 대외적으로 보이는 꽃과 열매입니다. 10H는 내가 사회생활을 하는 영역을 나타냅니다. 내가 속한 회사나 주로 일하는 영역들, 낯선 사람들을 만나는 영역을 나타냅니다. 즉, 사회적으로 보이는 나의 모습이 드러나는 영역입니다. 사회적인 나를 소개할 때 우리는 보통 명함을 교환합니다. 이때 상대 이름 앞에 붙은 직장과 직급으로 그 사람을 인식합니다. 여기서 개인의 이름은 크게 중요하지 않습니다. 내가 업무와 관련된 일로 어느 회사의 대리님을 만났다면 그 대리님이 철수인지 영희인지는 크게 중요하지 않습니다. 그저 그 회사의 대리라는 사실이 더욱 중요합니다.

연예인 중에는 가명으로 활동하는 사람들이 있습니다. 대중들은 그가 사용하는 가명으로 그를 인식합니다. 직장인에게 직장 이름이나 직급은 연예인의 가명과도 같은 역할을 합니다. 어떤 의미에서 연예인은 1인 기업이니 가명은 그 1인 기업의 기업명과 같은 의미라고 봐도 무방합니다.

10H는 대중들과 만나는 영역이기도 합니다. 여러분이 회사나 학교에서 사람들 앞에서 발표를 한다고 칩시다. 그 사람들 중에는 개인적으로 친한 사람이 몇몇 있을 수도 있지만 그 순간에는 모두

대중이라는 대상으로 변합니다. 그 순간 우리는 가장 공적인 상태로 사람이나 상황과 관계를 맺습니다. 10H는 바로 그런 영역을 나타냅니다.

11하우스(11H, 열한 번째 집)

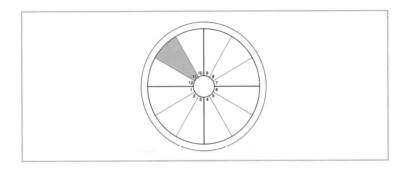

5H가 사적 영역을 유지시켜주고 개인적인 즐거움을 가져다주는 것들의 영역이라면, 11H는 공적 영역을 유지시켜주는 것들의 영역입니다. 사람들이 공적 생활을 유지하기 위해서는 사교적인 모임 또는 집단 활동을 해야 합니다. 파티, 집회, 세미나, 회의 등이 여기에 속합니다. 이러한 모임 안에서는 구성원들이 서로 도움을 주고받는 사회적 관계가 형성되어 있습니다.

만일 학교를 다니는 학생이라면 학교생활이 10H가 됩니다. 이때 10H의 생활을 유지시켜주는 것은 친구들과의 관계나 학교에서 이루어지는 활동들입니다. 10H와 11H는 둘 다 사회적인 영역입니다. 둘 다 공식적인 자리 또는 나를 공적으로 드러내는 자리를 뜻합니다. 이 중에서 10H는 공적인 일들이 발생하고 그것에 내가 공적인 모습으로 대처하는 자리를 의미합니다. 11H는 사람들과 관계 맺으면서 서로 협력하고 도움을 주고받는 영역을 가리킵니다.

11H는 공적인 도움을 주고받는 영역을 뜻하기도 합니다. 여기서 공적이라는 것은 나와 사적으로 강한 연결이 없는 사람이나 조직, 단체, 집단 등을 의미합니다. 가령, 국가의 도움이나 지원은 공적 도움입니다. 만일 내가 적십자나 유니세프 등의 기관을 통해서 다른 사람을 돕는다면 나는 공적으로 도움을 주고 있는 것입니다.

12하우스(12H, 열두 번째 집)

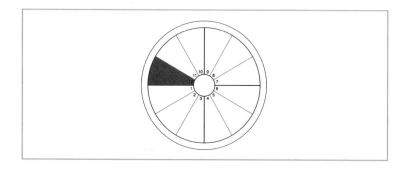

12H는 사적 영역의 변화를 나타내는 6H의 반대에 위치하므로 공적 영역의 변화를 나타냅니다. 즉, 나를 둘러싸고 있는 거시적인 환경의 변화를 의미합니다. 우리는 우리를 거시적으로 둘러싼 영역에 대해서는 그 존재를 당연시 여기고, 그 영역 안에서 일어나는 변화를 잘 인식하지 못합니다. 그래서 예로부터 12H는 '숨겨진 집', '비밀의 집', '신비의 집', '감금된 집' 등으로 불렸습니다.

1H~12H는 모두 내 삶의 영역입니다. 하지만 그렇다고 해서 이 모든 영역을 내가 통제할 수 있다거나 모두 인식할 수 있다는 뜻은 아닙니다. 어떤 영역들은 매우 잘 인식하고 통제할 수 있으나 어떤 영역들은 인식도 힘들고 통제는 더욱 불가능합니다(대표적으로 8H와 12H). 그렇기 때문에 우리는 살아가면서 어떤 영역에서는 적

극성을 발휘해야 하지만 어떤 영역에서는 받아들임의 지혜를 가져야 합니다.

이처럼 통제가 어려운 영역에 특정 행성이 위치하면 그 행성의 영향력이 예상하기 어려운 시점에 예상하기 어려운 방식으로 나타날 가능성이 높습니다. 또한, 그 행성을 통제하려고 노력할수록 오히려 통제되지 않는 어려움을 겪게 될 수도 있습니다. 우리가 마음을 비우고 그 행성이 발휘하는 영향력을 있는 그대로 받아들이는 자세를 가질 때 그 행성의 영향력이 온전히 우리 삶에서 발현할 수 있을 것입니다.

12하우스의
다양한 예시

12하우스의 각 영역이 의미하는 바가 무엇인지 쉽게 이해할 수 있도록 보다 현실적이고 실제적인 다양한 예시를 들어 표로 정리했습니다.

• 일상생활에서 12하우스

1H	나의 육체, 신체적 특징, 인상, 개인적으로 드러나는 특질
2H	소유물을 취득하고 다루는 영역, 소유에 대해 드러나 보이는 상태
3H	이동하는 영역, 이동하며 마주치는 것들에 대한 상호작용
4H	집 안에서의 모습, 가족들과의 관계에서 드러나는 모습
5H	개인적인 즐거움이나 취미 생활의 모습, 자녀와의 관계에서 드러나는 모습
6H	업무나 집안일의 영역, 반려동물과의 관계에서 드러나는 모습
7H	일대일로 사람을 대할 때의 모습, 다양한 파트너와의 관계에서 드러나는 모습
8H	위기, 위험, 빚에 대처하는 모습
9H	장거리 이동에 관한 영역, 외국이나 확장적인 경험과 관련된 영역
10H	사회적으로 드러나는 모습, 사회적 지위
11H	그룹이나 동아리 활동, 사교 활동
12H	인식하지 못하는 영역, 무의식

• 삶의 사건으로 보는 12하우스

1H	외모를 꾸민다, 헬스장에 가서 운동한다
2H	물건을 고르고 산다, 지출한다, 배송이 온다
3H	교통수단을 이용해서 이동한다, 메신저로 메시지를 보낸다, 잠깐 바람을 쐰다
4H	잠에서 깬다, 잠에 든다, 부모님과 대화를 나눈다
5H	게임을 한다, 취미 생활을 한다, 유흥과 여가를 즐긴다, 자녀와 시간을 보낸다
6H	업무를 본다, 집안일을 한다, 강아지 산책을 시킨다, 건강 보조제를 먹는다
7H	연인과 시간을 보낸다, 신경 쓰이는 사람과 대화를 한다, 협상이나 흥정을 한다
8H	섹스를 한다, 압박과 위험에 처한다, 대출을 받는다, 수술을 받는다
9H	강연을 듣는다, 새로운 제안을 검토한다, 장기 계획을 세운다, 해외여행을 간다
10H	회의를 한다, 일을 한다, 발표를 한다, 대회에 나간다, 승인을 받는다
11H	회식을 한다, 친구나 동료와 대화를 나눈다, 동아리 활동을 한다
12H	휴식을 취한다, 멍을 때린다, 기도를 한다, 명상을 한다, 담배를 한 대 피운다

• 인간관계에서의 12하우스

1H	나를 나타냄
2H	내 소유의 것
3H	이웃, 형제, 친인척
4H	부모, 조부모
5H	자녀, 제자, 후계자
6H	고용인, 부하 직원, 작은 반려동물(중소형견, 고양이, 햄스터, 물고기 등)
7H	연인, 파트너, 경쟁자, 대리인
8H	비밀스러운 관계, 매우 피하고 싶은 관계
9H	스승, 멘토
10H	상사, 대중
11H	친구, 동료
12H	과거의 관계, 잊고 있는 관계, 커다란 반려동물(말, 소, 돼지, 대형견 등)

4장

운명을 움직이는 7힘:
행성

행성이란
무엇인가?

◇ ◇ ✡ ◇ ◇

우리는 삶 속에서 타인과 마음을 나누는 가운데 영향을 주고받습니다. 또한, 무형의 사회 문화, 관습, 사회적 분위기 등에도 큰 영향을 받습니다. 타인을 위해 자기 자신을 희생하기도 하고, 사랑하기도 합니다. 상대를 한 몸처럼 느끼기도 하고, 상대의 처지와 상황에 공감하고 이해하며 살아갑니다. 그 과정에서 나의 정신이 변화합니다. 또한, 주변 사람들의 정신들도 나의 영향으로 변화합니다.

우리는 보통 정신이 육신에 갇혀 있으며 육신의 제약을 심하게 받는다고 생각합니다. 하지만 육체가 정신을 가두고 있다면 우리는 타인과 공감하거나 소통하고 교류할 수 없을 것입니다. 즉, 우리가 누군가와 공감하고 소통하고 교류할 수 있다는 사실은 육신을 넘어 서로가 마음으로 연결되어 있다는 반증입니다. 육체는 공간적으로 배타적이기 때문에 서로에게 침투해 들어가거나 합일될 수 없습니다.

물론 현대의 과학으로는 그것을 가능하게 하는 힘이 무엇인지 아직 밝혀지지 않았습니다. 하지만 정신적으로 서로가 서로에게 영향을 미치는 힘이 존재함은 분명합니다. 점성학에서는 이렇게 서로 영향을 주고받는 것이 가능한 이유를 행성의 힘에서 찾습니다. 저는 이 행성들을 '기능', '특정 에너지', '감응 센터' 등으로 지칭합니다.

요약하자면 눈에는 보이지 않는 다양한 힘이 우리의 육체, 정신, 세상을 움직이는데 우리는 행성들을 통해 그런 다양한 힘들을 이해할 수 있습니다. 행성은 개인이 창조성을 발현하는 통로이자 외부 세상의 에너지를 수용하는 통로입니다. 행성들은 발산 기관인 동시에 수용 기관입니다. 우리는 행성들을 통해 세상을 받아들이고 행성들을 통해 나의 존재를 세상을 향해 표현합니다. 행성들을 통해 우리 내면의 빛을 표현하며, 행성들을 통해 외부의 빛에 반응합니다. 그런 관점에서 감응 센터라고 할 수 있는 것이지요.

또한, 우리는 행성들을 통해 인간이라면 누구나 가지고 있는 기능이 무엇인지 이해할 수 있습니다. 앞으로 나올 7개의 행성은 인간이 가진 본질적이고 필수적인 기능을 의미합니다. 한 인간의 삶은 그 사람이 지닌 가능성(생명력과 창조성)이 세상에 펼쳐지는 과정이라고 볼 수도 있습니다. 그 과정에서 인간은 다양한 경험을 하고 그 경험을 체화하며 성장합니다. 그리고 죽는 순간에는 살면서 겪었던 모든 경험을 내재화한 채 죽음을 맞이합니다. 점성학에서 행성들은 한 사람이 이 세상에서 펼치는 다양한 능력들, 또는 그러한 능력들을 키우기 위해 겪게 되는 다양한 경험들을 가리키기도 합니다.

행성의 주기와
칼데안 오더

우리로 하여금 세상을 인식하게 하는 대표적인 감각에는 시각과 청각이 있습니다. 시각은 빛을 인지하는 감각이고, 청각은 소리를 인지하는 감각입니다. 그리고 빛과 소리는 모두 파장(Wave)입니다. 빛의 다양한 파장이 망막으로 들어왔을 때, 우리는 비로소 세상의 다양한 색을 인지합니다. 소리의 다양한 파동이 고막을 진동시킬 때, 우리는 비로소 세상의 다양한 음을 인지합니다. 그런데 파장(또는 파동)은 일정한 흐름을 갖고 있습니다. 즉, 파장은 다른 말로 표현하면 주기(Cycle)라고 할 수 있지요.

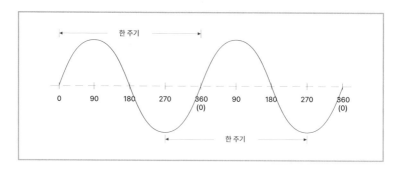

〈그림 4.1〉 파장과 주기를 나타내는 그래프

우리가 어떤 악기를 잘 연주하기 위해서는 음계를 알아야 합니다. 서양 악기라면 7음계를, 동양 악기라면 5음계를 알아야 하겠지요. 이때 각각의 음이 가진 파장(주기)은 서로 다르기 때문에 적절한 타이밍에 적절한 음계를 연주해야만 아름다운 음악을 연주할 수 있습니다. 이 비유를 우리 삶으로 가져와 대입해보겠습니다. 우리가 삶을 잘 살아가려면 운명을 움직이는 힘인 7개의 행성을 알아야 합니다. 이 7개의 행성은 서로 다른 주기(파장)를 가진 서로 다른 힘을 의미합니다. 즉, 삶을 잘 살아가기 위해서는 삶의 특정 상황과 타이밍에 그에 걸맞은 적절한 힘을 발현되어야 합니다. 음악이 7음계 또는 5음계의 표현이듯 우리의 삶은 7개 행성의 힘들이 다양한 주기로 얽히고설키면서 다양한 삶의 모습들을 펼쳐내는 과정입니다.

〈그림 4.2〉 생명의 성장 주기

　주기는 '새로운 시작-성장-절정-쇠퇴-소멸'의 과정을 의미합니다. 새로운 주기를 맞이했다는 말은 이러한 과정이 새로 시작되었다는 의미입니다. 우리의 육체를 주기의 관점에서 본다면, '태어남-육체의 성장-육체의 쇠퇴-죽음'을 하나의 주기라고 할 수 있습니다.

　그런데 우리 육체의 각 부분들은 자세히 살펴보면 서로 다른 주기를 가졌습니다. 가령, 위장 내벽 세포는 2시간 반에서 수일 만에 한 주기가 끝납니다. 피부는 28일, 백혈구는 4일~2주, 적혈구는

4개월, 간세포는 12~18개월, 뼈는 7~10년을 주기로 새로 교체됩니다. 태어나서 죽을 때까지 그대로 남아 있는 조직들도 있습니다. 수정체 세포와 뇌세포, 심장 근육 세포 등이 대표적입니다. 이처럼 하나의 주기(생로병사라는 인간 육체의 주기) 안에서는 그것의 하위 단위들이 제각각의 주기를 거치며 동시다발적으로 진행됩니다.

우리의 삶도 이와 마찬가지입니다. 인간의 삶은 출생, 유아기, 청년기, 장년기, 노년기, 죽음을 거치며 하나의 큰 주기를 이룹니다. 그 큰 주기 안에서는 수많은 짧은 주기들이 동시에 진행됩니다. 우리의 육체가 각기 다른 주기를 가진 요소들이 유기적으로 연결되어 하나로 움직이듯, 우리 삶 또한 각기 다른 주기를 가진 관계, 상황, 사건, 성향들이 유기적으로 연결되어 하나의 삶을 만들어갑니다.

이 세상의 모든 변화는 짧든 길든 저마다의 주기를 갖고 있습니다. 주기는 곧 변화가 따르는 법칙입니다. 점성학에서 이는 12사인으로 알 수 있습니다. 즉, 점성학에서 변화가 일어나는 영역은 12하우스, 변화하는 힘은 10행성, 변화하는 법칙은 12사인으로 표현됩니다.

조금 더 구체적으로 이야기한다면 행성은 우리 삶에 작용하는 힘을 나타냅니다. 각각의 힘은 작용하는 주기의 기간이 서로 다릅니다. 그 주기를 알면 그 힘의 성질을 이해하는 데 도움이 됩니다. 또한, 어떤 힘이 내 삶에 작용해 내 삶이 변화하고 있다면 그 힘의 작용이 언제 끝나고 언제 새로운 주기가 시작되는지도 알 수 있습니다.

행성 힘의 주기는 행성의 공전주기로 이해할 수 있습니다. 〈그림 4.3〉은 지구를 중심에 두고 태양계 행성들을 공전주기 순서대로 배열한 그림입니다. 점성학에서는 천문학에서와 달리 지구를 기준으로 두기 때문에 태양 자리에 지구가 위치합니다. 또한, 지구의 위성인 달 또한 다른 행성과 동일하게 취급합니다. 달의 공전주기는

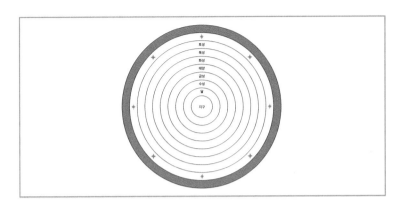

〈그림 4.3〉 클라우디오스 프톨레마이오스의 테트라비블로스 천구 모델

29.5일로 태양계의 모든 행성을 포함해서 보았을 때 가장 빠른 공
전주기를 가졌습니다. 〈그림 4.3〉에서 바깥으로 갈수록 공전주기가
느린 행성들입니다.

　모든 행성은 황도대를 따라 공전합니다. 그리고 그 움직임은
12사인이라는 12개의 단계(과정)를 거칩니다. 12개의 단계인 이유
는 황도대에 있는 별자리가 12개이기 때문입니다. 다음의 표는 천
문학과 점성학의 입장에서 행성들의 공전주기를 정리한 것입니다.

천문학(지동설, 태양 기준)		점성학(천동설, 지구 기준)		
행성	공전주기	행성	공전주기	공전주기 약식 표기
		달(삭망월 기준)	29.5일	약 30일
수성	87.96일	수성	365.26일	약 1년
금성	224.68일	금성	365.26일	약 1년
지구	365.26일	태양	365.26일	약 1년
화성	686.98일	화성	686.98일	약 2년

목성	4,329일	목성	4,329일	약 12년
토성	10,751일	토성	10,751일	약 30년
천왕성	30,685일	천왕성	30,685일	약 84년
해왕성	60,155일	해왕성	60,155일	약 165년
명왕성	90,483일	명왕성	90,483일	약 250년

빛이 프리즘을 통과할 때 나타나는 빨주노초파남보는 빛의 파장의 길이가 긴 순서에서 짧은 순서로 나열한 것입니다. 도레미파솔라시도는 소리의 파동이 긴 순서에서 짧은 순서로 나열한 것입니다. 행성의 주기(파동)도 이러한 순서로 나열할 수 있습니다. 이처럼 행성의 공전주기를 긴 순서에서 짧은 순서로 나열한 것을 '칼데안 오더(Chaldean order)'라고 합니다. 앞에서 제시한 표에서 천문학 관점을 따르면 행성들의 공전주기는 다음과 같이 설명할 수 있습니다.

- 토성은 약 30년마다 새로운 주기가 시작됩니다.
- 목성은 약 12년마다 새로운 주기가 시작됩니다.
- 화성은 약 2년마다 새로운 주기가 시작됩니다.
- 태양은 365일(1년)마다 새로운 주기가 시작됩니다.
- 금성은 225일(0.68년)마다 새로운 주기가 시작됩니다.
- 수성은 88일(0.24년)마다 새로운 주기가 시작됩니다.
- 달은 29.8일(0.08년)마다 새로운 주기가 시작됩니다.

이 내용을 토대로 칼데안 오더를 정리하면 다음과 같습니다.

토성 – 목성 – 화성 – 태양 – 금성 – 수성 – 달

칼데안 오더의 순서는 각 행성이 우리 삶에 미치는 영향력의 성질을 설명합니다. 가령, 가장 빠르게 움직이며 새로운 주기를 만들어가는 달은 가장 민감하고 섬세하게 즉각적으로 우리 삶에 영향을 미치는 행성입니다. 반면, 가장 느리게 움직이는 토성은 다른 행성들의 바탕이 되어주는 행성이자 가장 굳건하게 우리 삶을 지탱해주는 행성입니다. 또한, 칼데안 오더의 가장 중앙에 위치한 태양은 모든 주기의 기준이 됩니다.

이러한 주기에 대한 이해는 각각의 행성들을 전체적인 시각에서 하나의 맥락으로 종합할 수 있게 도와줍니다. 행성들은 저마다 자기만의 속도로 우리의 삶에 영향을 끼칩니다. 시간적으로 긴 주기 안에 짧은 주기가 포함되듯 공간적으로도 큰 주기 안에서 작은 주기들이 영향을 받습니다. 개인은 사회 속에서 살아갑니다. 공간적 관점에서 사회가 더 큰 범주고 개인은 작은 범주입니다.

변화의 속도로 보면 사회의 변화는 느리며 개인의 변화는 빠릅니다. 사회적 행성인 토성과 목성은 한 주기가 각각 30년, 12년입니다. 반면, 개인의 삶에 영향을 주는 내행성들은 한 주기가 1년 내외입니다. 우리의 삶 속에서는 이처럼 각기 다른 크기와 각기 다른 속도의 힘들이 서로 어우러지며 영향을 주고받습니다. 이런 힘들을 커다란 관점에서 한눈에 이해하고 싶다면 주기에 대한 이해가 필수입니다.

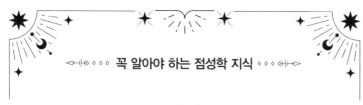

루미너리

태양과 달은 점성학의 행성 중 특별한 취급을 받습니다. 태양은 모든 행성의 중심이자 태양계의 중심입니다. 또한, 스스로 빛을 발하는 항성입니다. 달은 지구의 위성이지만 지구에서 하늘을 바라보면 태양과 크기가 같은 천체입니다. 달은 태양 빛을 반사해서 빛을 발하지만, 밤하늘에서 가장 밝게 빛나는 천체입니다. 그렇기 때문에 점성학에서 달은 태양과 함께 '루미너리(Luminary, 빛을 내는 천체, 발광체)'라고 불리며, 삶의 중심축을 나타냅니다.

내행성과 외행성

눈으로 관측이 가능한 전통적인 7행성 중 루미너리라고 불리는 태양과 달, 그리고 암석형 행성(지구형 행성)으로 분류되는 수성, 금성, 화성을 내행성(Inner Planet)이라고 합니다. 반면, 가스형 행성인 목성과 토성은 외행성(Outer Planet)으로 분류합니다. 내행성과 외행성은 구성 성분도 다르고, 공전주기 길이도 확연히 차이가 납니다. 점성학에서 내행성은 개인적인 힘을, 외행성은 집단적인 힘을 상징합니다.

7행성
심화 해석

✦ ✧ ✡ ✧ ✦

이번 장에서는 7행성이 의미하는 힘에 대해서 구체적으로 이야기해보려고 합니다. 또한, 제 설명 뒤에는 고대와 중세의 점성가들이 7행성의 힘을 어떻게 보았는지를 참고할 있도록 두 권의 책 내용을 번역해서 실었습니다. 하나는 베티우스 발렌스(Vettius Valens, 120~175)의 《앤솔러지*Anthology*》(총 9권)이고 다른 하나는 윌리엄 릴리의 《크리스천 점성술》입니다. 두 책 모두 원전의 형태를 유지하고, 열린 해석이 가능하도록 가급적 원문의 내용을 의역하지 않고 그대로 실었습니다. 고대와 중세에 쓰인 책의 원문을 있는 그대로 번역해 실었기 때문에 아무래도 현대의 관점에서 보기에 불편하거나 어색한 부분이 있을 수도 있다는 점을 미리 일러둡니다.

베티우스 발렌스는 2세기 고대 시리아의 수도인 안티오크 출신의 점성가로 헬레니즘 시대의 점성학을 연구하는 데 있어서 가장 중요한 텍스트인 《앤솔러지》의 저자입니다. 윌리엄 릴리는 1665~1666년 영국 런던을 휩쓸었던 흑사병과 대화재를 비롯해 영국 내란 기간 중 여러 전투의 결과, 찰스 1세의 참수형으로 인한 사망 등 여러 사건을 점성술로 예언했던 당대 최고의 점성가입니다. 그가 영어로 집필한 《크리스천 점성술》은 점성학의 대중화에도 큰 영향을 끼쳤습니다. 두 사람이 남긴 저서를 통해 고대와 중세의 점성가들이 7행성의 힘을 어떻게 바라보았는지 알 수 있을 것입니다.

태양(Sun, ☉)

태양계의 중심인 태양은 핵융합 반응을 하며 열과 빛을 내는 항성(별)입니다. 일반적으로 행성은 이런 항성 주위를 도는 천체를 의미합니다. 하지만 점성학에서는 천문학적 사실과 달리 인간이 사는 지구를 중심에 두고 보기 때문에 태양 또한 행성으로 취급합니다. 그렇다고 하더라도 본질적으로 태양은 다른 행성과는 다른 지위와 특징을 지닙니다.

태양계의 다른 행성이 없어지더라도 태양계는 유지됩니다. 하지만 태양이 사라지면 태양계는 소멸합니다. 같은 맥락에서 태양은 나의 일부분을 뜻하는 것이 아니라 나의 전체와 본질을 관통하는 특징을 가리킵니다. 뒤에서 설명하겠지만 달 역시 태양과 같은 지위를 갖습니다. 즉, 태양과 달은 전체를 움직이고 지탱하는 본질적이고 종합적인 힘입니다. 태양과 달을 제외한 나머지 5개의 행성들은 인간과 인간사의 일부분을 나타냅니다.

인간의 육체는 다양한 요소(뼈, 신경, 장기 등)들이 저마다 활동하며 유기적으로 작용합니다. 하지만 이 모든 요소들을 활동하게 하는 힘이 존재하지 않는다면 인체를 구성하는 모든 요소들은 움직임을 멈출 것입니다. 이는 곧 인간의 죽음을 의미합니다. 그리고 이 모든 요소들을 활동하게 하는 힘이 바로 태양입니다. 태양은 생명력 그 자체입니다. 다른 모든 요소들은 이 생명력을 바탕으로 움직입니다.

인간사에서는 다양한 일들이 일어납니다. 그 일들은 개인에게 다양한 영향력을 미치고 개인은 그에 걸맞은 반응을 하고 힘을 발산합니다. 그렇다면 이러한 모든 움직임과 변화를 일으키는 근본적인 힘이 있을 것입니다. 그것이 바로 태양의 힘입니다.

태양은 모든 태양계 행성들에게 빛과 열을 뿜어냅니다. 행성들은 태양의 빛을 반사합니다. 지구에 사는 우리들은 그 반사된 빛으로 다른 행성들을 인식하며 그 영향권 아래에서 살아갑니다. 즉, 태양의 힘은 우리로 하여금 다른 행성들의 힘을 인식할 수 있게 해줍니다. 인간은 기절하거나 깊은 잠에 빠지지 않는 한 의식이 깨어 있는 동안에는 늘 내부와 외부를 인식하며 살아갑니다. 모든 정신적 행위는 이러한 의식 또는 인식 안에서 일어납니다. 그렇게 보면 태양은 정신 활동의 근간입니다.

태양의 위치는 삶의 에너지의 중심이 위치한 곳입니다. 우리는 그 중심에서 확신과 활력을 얻습니다. 내 안에서 태양이 올바르게 작용한다는 것은 삶의 활력이 넘쳐흐른다는 뜻입니다. 생기가 넘치고 주체적으로 삶을 살아간다는 뜻이기도 합니다. 이때 주체적이라는 것은 꼭 '내 육체 중심, 나 중심'이라는 의미는 아닙니다. 내 삶의 중심이 흔들림 없이 굳건히 서 있으며, 다른 영역들에 생기와 힘을 준다는 뜻입니다. 우리는 다양한 삶의 영역 중 특정한 한 부분에 주체적으로 중심을 잡고 살아갑니다. 태양이 위치한 영역이 바로 그곳입니다. 그 삶의 중심이 흔들림 없이 중심을 잘 잡고 있다면 다른 모든 영역에 에너지를 원활하게 공급합니다. 반면, 그 부분에 두려움과 불안이 가득하다면 현재 자신이 삶의 중심에서 이탈되어 흔들리고 있음을 의미합니다.

《앤솔러지》
지적인 빛과 불길로 구성, 모든 것을 본다, 영혼 지각 도구, 왕권,

117

권위, 마음, 지적인, 지각하고 이해하는 감각, 지성, 형태, 움직임, 원의 절정, 기적에 의해 일어나고 있는, 신과 관련된, 심판, 공무에 종사하는 것, 행위, 집단의 리더십, 아버지, 주인, 우정, 저명한 인물, 초상화를 그리고 동상을 세울 정도의 영예로운 존재, 단체의 수장, 조국의 고위 사제, 장소의 지도자, 인식 기관.

남성은 오른쪽 눈, 여성은 왼쪽 눈, 몸통, 갈비뼈, 심장을 다스리고, 생명 호흡, 운동감각, 신경, 금, 밀과 보리, 노란색, 쓴맛.

《크리스천 점성술》

매우 충실하고, 정확하게 약속을 지킨다. 좌지우지하고 싶어 하고 다스리고 싶어 하는 욕구의 갈망; 신중한, 뛰어난 판단력; 엄청나게 장엄하고 위엄, 큰 유산과 명예를 얻기 위해 부지런함, 그러나 기꺼이 즉시 이어서 다시 출발한다. 태양의 사람은 의도를 갖고 말한다. 그러나 많은 말을 하진 않는다.

자신의 애정에 대한 큰 자신감과 통제력을 가진 사람; 깊이 있게 생각하고, 비밀스러우며, 믿을 수 있고, 신중히 말하고, 그의 위대한 마음에도 불구하고 그는 다정하다. 온순하고, 모든 사람에게 인도적이다.

무엇이든 명예로운 것과 호화롭고 장엄한 것을 좋아한다; 어떤 추잡한 생각도 그의 마음에 들어갈 수 없다.

달(Moon, ☽)

태양은 만물에게 생명을 주는 아버지이고, 달은 만물을 기르는 어머니입니다. 동서양을 막론하고 지구의 위성인 달은 태양계의 중심인 태양만큼이나 중요한 천체로 취급되었습니다. 특히 동양권에서는 달의 움직임을 기준으로 한 태음력을 사용하는 등 달의 운행에 생활 깊숙이 영향을 받았습니다.

태양은 그 자체가 빛과 열의 덩어리이기 때문에 생명력을 상징합니다. 반면, 달은 태양의 빛을 반사하여 지구에 전해줍니다. 태양의 빛이 존재하지 않는 어둠 속에서 태양을 대신해 빛을 비추는 존재이지요. 달은 태양의 빛이 끊어지지 않도록 도와주는 조력자이자 지구의 보호자입니다.

달은 지구를 중심으로 도는 위성입니다. 달은 지구를 바라보며 그 힘이 작용합니다. 지구를 향해 힘이 작용한다는 것은 개인(1H, ASC)에게 직접적으로 영향을 끼치는 것이라고 볼 수 있습니다. 태양의 입장에서 지구는 다른 행성과 다를 바 없는 하나의 행성일 뿐입니다. 태양은 지구를 특별하게 대우하지 않습니다. 모든 행성과 동일하게 빛과 열을 전달할 뿐입니다. 그러나 달은 지구가 없으면 존재할 수 없습니다. 또한, 대부분의 지구의 생명체도 달이 없으면 존재할 수 없습니다.

점성학이 지동설이 아닌 천동설의 관점에서 하늘을 바라보는 이유는 인간이 살고 있는 지구를 기준으로 천체의 운행을 바라보기 때문이라고 설명했습니다. 그렇다면 지구(인간)의 관점에서 가장 가깝고 친밀한 행성은 바로 달일 것입니다. 달은 다른 행성들에 비해서 실제 크기는 매우 작고 보잘것없을지 모르나, 지구(인간)의 관점에서는 태양만큼 크고 중요한 천체입니다.

즉, 달은 개인에게 매우 긴밀하게 영향을 끼치는 천체입니다. 다른 모든 행성의 기운은 달을 통해 조율된다고 볼 수 있습니다. 달은 우리 삶에서 마주치는 다양한 사건과 사람들이 '나'라는 개인과 연결되어 '내 삶'을 이루도록 도와주는 접착제의 역할을 합니다. 세상에서는 다양한 일들이 일어납니다. 하지만 우리는 그 모든 일들을 '내 일'이라고 느끼지 않습니다. 달은 특정한 일들을 '내 일'이라고 느끼게 해서 세상과 나를 직접적으로 연결해주는 기능을 합니다.

인간의 내면과 삶에는 다양한 힘들이 작용합니다. 달은 이러한 힘들이 자연스럽게 하나로 어우러지도록 묶어주는 역할을 합니다. 신체의 관점에서 보면 달의 기능은 호르몬의 기능과 유사하다고 이해할 수 있습니다. 호르몬은 신체의 각 기관과 조직 사이의 정보 교환을 담당하여 다양한 생리적 현상과 행동을 조절합니다. 호르몬의 분비를 통해 우리 몸은 항상성(살아 있는 생명체가 생존에 필요한 안정적인 상태를 능동적으로 유지하는 과정)을 유지합니다. 호르몬은 우리 인체에서 벌어지는 모든 생명현상에 영향을 끼친다고 해도 과언이 아닙니다. 소화, 대사, 호흡, 조직 기능, 감각 인지, 수면, 배설, 수유, 스트레스 조절, 성장과 발달, 운동, 생식, 그리고 감정 등 수많은 생명 활동에 모두 관여합니다.

호르몬처럼 달은 독립적으로 작용하는 힘이 아닙니다. 다른 모든 행성들의 힘과 깊이 있게 연관을 가지면서 작용합니다. 달의 기능이 올바르게 작용할 때 우리의 삶은 항상성을 갖습니다. 달의 기능이 장애를 일으킬 때 우리의 삶은 분열되고 불안정해지며 변덕스러워집니다.

달은 그 사람의 무의식적인 반응을 보여줍니다. 또한, 편안함과 불편함을 느끼는 민감성을 의미합니다. 인간은 편안함에 자연스럽게 끌립니다. 그렇다면 편안함이란 무엇을 의미하는 것일까요? 현재 상황이 나라는 사람과 잘 어우러짐을 뜻합니다. 여기서 '나'는 나라고 여기는 일관된 어떠한 모습을 나타냅니다. 이는 삶 속에서 지속적으로 축적되어온 사적인 부분, 기억, 습관 등을 일컫습니다. 어떤 상황을 마주했을 때 우리는 그것을 내 안으로 흡수하거나 또는 들어오지 못하게 방어해야 합니다. 이는 마치 위장이 영양소를 흡수하는 것과 비슷합니다. 그리고 이러한 작용이 일어나는 경계가 내 안의 영역과 내 밖의 영역을 가르는 부분입니다. 우리의 경계는 확장되기도 하고 축소되기도 합니다. 그러한 과정은 매우 점진적으로 부드럽게 일어납니다. 밀물과 썰물로 해안선의 경계가 변하듯이 우리의 사적 영역과 공적 영역의 경계는 쉴 새 없이 파도치며 확장하거나 수축합니다.

《앤솔러지》

태양 빛을 반사, 차용된 빛을 가짐, 출생자의 유체적인 삶, 신체, 어머니, 수태, 상상하다, 여신, 동거, 법적 결혼, 양육자, 나이 든 형제자매, 가사 도우미, 집의 안주인, 행운의 소유자, 대중 모임(집회), 이익, 비용, 집, 거주 장소, 배(Boat), 여행, 방랑(만유-달은 직선 경로를 제공하지 않는다).
남자 왼쪽 눈, 여자 오른쪽 눈, 위, 가슴, 호흡, 비장, 막(경막), 골수, 은과 유리, 녹색, 짠맛.

《크리스천 점성술》

차분한 매너, 부드러움, 상냥한 존재, 모든 정직함과 순수 학문을 좋아하고, 신기한 것을 찾고 그 안에서 기쁨을 주는 사람, 경계를 허물고 자신의 거주지를 옮기는 경향이 있다, 확고하지 못한(흔들리는), 현재 시간에 온전히 주의를 기울이는, 겁이 많은, 풍부한(낭비하는), 쉽게 두려워하다, 그러나 평화를 사랑함, 그리고 이 삶의 근심에서 벗어나 삶.

수성(Mercury, ☿)

태양계 행성 중 태양과 가장 가까운 위치에서 공전하는 행성이 수성입니다. 지구에서는 태양과 워낙 가깝게 붙어 있어서 잘 관측되지 않지만 앞서거니 뒤서거니 하면서 태양 바로 근처를 맴도는 모습이 꼭 왕을 모시는 시종의 모습 같습니다. 《춘향전》에서 이몽룡을 모시는 방자 같다고 해야 할까요?

수성은 태양의 빛이 구석구석까지 전달되도록 도움을 주는 조력자 역할을 합니다. 우리 몸으로 치면 심장에서 생성된 새로운 피를 사방팔방으로 나르는 혈관이라고 할 수 있습니다. 모든 길은 로마로 통한다는 말이 있습니다. 로마가 서방에서 가장 큰 제국이 될 수 있었던 이유 중 하나는 중심과 잘 연결된 도로들 덕분입니다.

그렇다면 인간의 육체에서 중심은 어디일까요? 아마 뇌와 심장일 것입니다. 뇌의 작용을 온몸의 부분과 연결해주는 것은 촘촘한 신경들입니다. 이런 신경을 통해 외부 정보가 뇌로 전달되고 뇌의 명령이 신경을 통해 신체 말단까지 전달됩니다. 이렇듯 수성은 중심과 그 외의 것들을 연결해주는 역할을 하는 행성입니다.

나의 정신과 다른 사람의 정신이 연결되는 작용을 우리는 의사소통이라고 합니다. 인간은 누구나 의사소통 능력을 가지고 태어납니다. 물론 동물들도 의사소통 능력을 가졌지만 인간보다는 미숙합니다. 개인차가 있기는 하지만 모든 인간은 의사소통 능력을 가졌습니다.

수성은 그 사람의 중심이 다른 요소들과 어떤 방식으로 연결되고 있는지를 알려줍니다. 즉, 자신의 의지와 뜻을 전달하는 전달자의 기능을 하는 행성이지요. 프랑스 철학자 르네 데카르트는 "나는 생각한다. 그러므로 나는 존재한다"라고 말했습니다. '생각=존재'라고 정의한 것입니다. 하지만 점성학에서는 존재와 생각을 다르게 봅니다. 점성학에서 그 사람의 중심, 곧 존재를 의미하는 행성은 태양입니다. 존재가 수행하는 사고와 생각을 의미하는 행성은 수성입니다.

현대인들은 생각을 존재와 동일시하여 생각의 그물에서 빠져나오지 못하는 경우가 많습니다. 사람들은 '생각'으로 어떤 것을 이해하고 파악합니다. 그렇기 때문에 생각이 모든 것의 바탕이고 중심이라고 착각합니다. 하지만 우리가 어떤 것을 진정으로 이해하고 파악한다는 것은 그것을 생생하게 체험하고 그것과 본질적으로 연결된다는 의미입니다. 사랑을 체험해보지 않은 사람이 '사랑'이라는 단어를 생각하고 외운다고 해서 과연 사랑에 대해 안다고 말할 수 있을까요?

현대인들은 정보의 홍수 속에서 살아갑니다. 흘러넘치는 정보들을 보고 들으면서 '간접 체험'을 했다고 합니다. 그러나 그것은 체험했다고 할 수 없습니다. 그저 생각이나 사고를 한 것에 불과합니다. 무엇에 관해 생각을 많이 했다고 해서 그것을 체험하고 체화한 것은 아닙니다. 생각은 체험이라는 전체적인 과정의 작은 일부분일 뿐입니다.

우리는 생각을 통해 모든 것에 대해서 사고하기 때문에 스스로의 생각을 객관적으로 살펴보기가 쉽지 않습니다. 인간은 서로 다른 방식으로 사고하고 소통합니다. 자신의 생각, 느낌, 감각을 저마다 다른 방식으로 처리하고 표현합니다. 또한, 외부 정보를 습득하는 방식도 저마다 다릅니다. 이러한 방식을 차트에서 그 사람의 수성이 어디에 어떤 식으로 위치하는지를 토대로 파악할 수 있습니다.

《앤솔러지》
교육, 편지, 논쟁, 추론, 형제애, 통역, 대사관, 숫자, 회계, 기하학,

시장, 청소년, 게임, 절도, 협회, 커뮤니케이션, 서비스, 이득, 발견, 순종, 스포츠, 레슬링, 웅변, 인증, 감독, 계량과 측정, 주화 테스트(함량 테스트), 공청회, 다재다능, 선견지명과 지성의 수여자, 형제와 어린이의 주(Lord), 모든 마케팅과 은행 업무의 창시자.

수성이 강하거나 중요하게 나타나는 사람은 사원 건설가, 모형 제작자, 조각가, 의사, 비서, 법률 조문가, 웅변가, 철학자, 건축가, 음악가, 예언자, 점술가, 꿈 해석자, 끈 꼬는 사람, 베 짜는 사람, 조직 의사, 전쟁과 전략을 담당하는 사람들(책사), 어떤 별난 일, 회계 또는 추론이 필요한 체계적인 작업.

수성이 강한 사람은 역도 선수가 될 수 있고 마임(무언극), 솜씨를 보여주면서 생계를 꾸리는 사람들(기술자들), 속임수, 도박, 또는 손재주, 그것은 또한 하늘의 숙련된 통역자들을 지배한다(점성가).

사람을 끄는 매력이나 재미로 하는 활동을 이용하는 사람, 그들의 놀라운 업적으로 명성을 얻는 사람들―모두를 위해 이득.

이 별의 효과는 위치한 사인이 달라지거나 별들의 상호작용에 따라서 매우 다양한 방향으로 뻗어나간다. 그리고 다양한 결과를 산출한다.

어떤 사람을 위한 지식, 다른 사람에게 판매, 다른 사람을 위한 서비스, 타인을 위한 교역이나 교육, 다른 사람들을 위한 농업이나 절, 사원의 사업 또는 공공 직장.

어떤 사람들에게 권한을 준다(대리, 임시의 권한), 임대, 노동계약, 주기적인 공연, 공공 서비스의 전시, 개인 수행원을 취득 또는 신전-의복 착용의 권리, 신들이나 통치자에게 어울리는 사치스러운 예복을 입다.

최종 결과에 대해서는―수성은 모든 것의 결과를 변덕스럽게 만들 것이다. 그리고 상당히 불안하게 된다, 더욱이, 해로운 사인이나 각도에 이 별이 위치하면 더욱 악화되는 원인이 된다.

손, 어깨, 손가락, 관절, 배, 듣는 감각, 동맥, 장, 혀를 다스린다. 구리와 사고파는 데 사용되는 모든 동전들을 다스린다. 파란색, 톡 쏘는 듯한 맛.

《크리스천 점성술》

품위가 있다, 날카롭고 정치적인 두뇌, 지적 능력, 그리고 사고력을 대표한다; 훌륭한 토론자이거나 논리학자다. 학식과 분별력을 가지고 주장한다(입증한다), 그의 연설(언어능력)은 많은 수사법을 사용한다, 모든 종류의 미스터리를 찾고 학습한다, 선생 없이 거의 모든 것을 배운다; 모든 과학에서 정교해지려는 야망, 자연스럽게 여행을 갈망하고 외국의 것들을 보기를 원한다: 지칠 줄 모르게 공상하는 사람, 신비로운(occult) 지식을 찾는 데 호기심이 많다; 그의 천재성은 놀라운 것을 만들 수 있다; 예지(점)와 더 많은 비밀스러운 지식이 주어진다; 만일 상인이 되면 무역이나 부를 얻기 위한 새로운 방법의 발명에서 그를 능가하는 사람은 없다. 아무 목적 없이 좋은.

금성(Venus, ♀)

태양계 안의 행성들은 각기 다른 자신의 기운을 뿜어내며 활발하게 움직입니다. 이 중 금성의 기운은 내뿜는 기운이 아니라 끌어들이는 기운입니다. 실제로 금성은 지축이 177° 만큼 기울어져서 위아래가 뒤집힌 유일한 행성입니다. 또한, 자전의 방향도 유일하게 시계 방향인 행성입니다. 자전주기가 공전주기보다 긴 유일한 행성이기도 합니다. 금성은 극도로 두꺼운 이산화탄소 대기로 인해 태양열을 대기 안으로 흡수만 하고 밖으로는 거의 내뿜지 않습니다. 그래서 표면 온도가 태양계 행성 중에서 가장 뜨거운 400℃에 이릅니다. 이렇듯 금성은 다른 행성들과는 다른 유일한 특성이 많습니다.

전체에서 개체의 분리가 일어나려면 2가지 힘이 필요합니다. 인력(서로 끌어당기는 힘)과 척력(서로 밀어내는 힘)입니다. 이 두 가지 힘이 작용하는 곳이 바로 전체와 개체 또는 개체와 개체가 분리되는 경계 지점입니다. 금성은 인력을 대표하는 행성입니다. (뒤에서 언급하겠지만 척력을 대표하는 행성은 화성입니다.)

금성은 영어로 'Venus(비너스)'라고 불립니다. 비너스는 로마 신화에 나오는 미의 여신으로 그리스 신화의 아프로디테와 동급으로 취급받는 여신입니다. 수메르 신화에서는 이슈타르라고 불리는데 이슈타르는 자연의 풍요, 사랑, 금성을 상징하는 여신입니다.

우리는 특정 대상과 좋은 관계를 맺을 때 즐거움을 느낍니다. 특정 대상과 자연스럽게 연결될 때 우리는 편안함과 안락함을 느낍니다. 맛있는 음식을 먹거나 푹신한 소파에 앉았을 때 좋다고 느끼는 이유는 그 음식이나 소파와 우리가 자연스럽게 연결되며 좋은 관계를 맺었기 때문입니다. 그리고 그런 대상에 우리는 호감과 친밀감을 갖습니다.

금성은 그 사람이 어떠한 방식으로 호감과 친밀감을 표현하고 어떤 때 편안함과 안락함을 느끼는지를 알려줍니다. 금성이 위치한 사인을 통해서 우리는 그 사람이 어떤 방식으로 사람들의 관심을 끄는지도 알 수 있습니다. 이는 다른 말로 표현하자면 금성의 위치를 통해 우리는 그 사람이 어떤 식으로 매력을 어필하는지, 또한 어떤 것에 매력을 느끼는지를 알 수 있습니다.

우리가 재물을 모으고 쓰는 이유는 그 과정에서 행복과 즐거움을 얻기 위함입니다. 재물을 모으는 행위는 사람들의 호감과 관심을 끌어모으는 행위와 같습니다. 사람들의 관심이 집중되는 곳이 재물이 모이는 곳이기 때문입니다. 그렇기 때문에 영업사원들이 어떻게든 사람들의 관심을 끌어모으려고 하거나 현재 사람들의 관심사를 알고 싶어 하는 것이지요. 금성을 통해 우리는 그 사람의 관심사, 즐거움과 만족이 어디로 향하는지를 파악할 수 있습니다.

《앤솔러지》

욕망과 사랑, 어머니와 양육을 나타낸다. 그것은 사제직을 만든다. 학교 감독관, 금반지나 왕관을 착용할 권리가 있는 고위직, 기분 좋음, 우정, 교재, 재산의 취득, 장신구(장식품) 구입, 유리한 조건으로의 합의, 결혼, 완전한 거래, 좋은 목소리, 음악에 대한 취향, 달콤한 노래, 아름다움, 그림, 자수에서 두 색의 혼합, 염색, 그리고 도포제 만들기, 금성은 이런 공예의 발명가들과 대가(마스터)를 만든다. 장인 기능이나 무역과 같은, 그리고 에메랄드, 보석, 상아로 작업한다. 황도 12궁에서 금성은 사람들을 금방직, 금 작업자, 이발사, 청결과 장난감을 좋아하는 사람을 만든다. 무게와 수치를 감독하는 역할을 수여한다. 무게와 수치의 기준, 시장, 공장, 선물을 주고받기, 웃음, 좋은 환호, 장식, 습한 장소에서의 사냥, 금성은 왕실의 여인이나 자신에게 혜택을 제공하고 그러한 일에서 작용할 때 매우 높은 위계를 가져온다.

목, 얼굴, 입술, 후각, 발에서 머리까지 앞부분, 성교의 부분, 폐, 그것은 다른 사람들로부터 지원받고 즐거움을 받는다. 보석용

〉 원석, 화려한 보석, 과일과 올리브, 흰색, 기름진 맛.

《크리스천 점성술》
논쟁과 다툼 또는 법에 저촉되지 않은 조용한 사람, 기분 좋고 정돈되고 깔끔하다, 그의 말과 행동에는 애정 어린 웃음소리가 있다, 과식보다는 약간의 음주, 종종 치정 문제에 얽매인다, 그들의 애정은 열정적이고, 음악에 재능이 있고, 목욕을 좋아하고, 모든 정직하고 즐거운 만남을 좋아한다, 또한 가면무도회와 연극도 좋아한다, 쉽게 믿고, 어떤 아픔도, 노동도 주어지지 않는다, 단체-관리자, 쾌활한, 불신이 없고, 올바르고 고결한 사람이며 종종 어떤 질투를 가지고 있으나 이유는 딱히 없다.

화성(Mars, ♂)

화성은 생존 본능을 나타냅니다. 화성은 개체가 자신의 존재와 생명력을 강렬하게 표출하는 기능입니다. 몇몇 책에서는 이를 '에고 추동(Ego Drive)'이라고도 합니다. 인간은 화성의 기능을 통해 '나'라는 에고를 가장 강렬하게 발산합니다.

일반적으로 우리가 '나'를 매우 강하게 주장할 때가 언제인지를 떠올려보면 주로 외부에서 강한 위협을 느낄 때입니다. 즉, '나'의 경계를 외부에서 침입해 들어올 때 우리는 격렬히 반응하며 침입을 물리치려고 합니다. 또한, '나'의 행동, 주장, 의견을 펼치는 데 방해하는 것이 있다면 그것을 뚫고 '나'를 관철시키려고 합니다. 화성은 이럴 때 발동되는 힘과 기능을 상징합니다.

이러한 힘은 경계에서 서로를 강하게 밀치는 힘이기 때문에 금성의 인력과는 반대인 척력이라고 볼 수 있습니다. 다른 비유를 들어보겠습니다. 체내 유기물의 대사 작용에는 이화작용과 동화작용이 있습니다. 이화작용은 분해하는 반응이고 동화작용은 합성하는 반응입니다. 끌어당기는 힘을 가진 금성은 동화작용, 밀쳐내는 힘을 가진 화성은 이화작용에 해당합니다.

동화작용은 작은 분자들이 모여서 큰 분자를 합성하는 과정입니다. 합성할 때는 추가적인 에너지가 필요하기 때문에 동화작용이 일어날 때는 에너지를 흡수하는 반응이 일어납니다. 가령, 아미노산이 모여 단백질을 합성하거나 단당류가 모여서 다당류가 되는 것이 동화작용입니다.

이화작용은 큰 분자가 작은 분자들로 분해되는 과정입니다. 큰 분자가 작은 분지들로 분해될 때는 에너지를 방출합니다. 세포는 이화작용을 통해 생명 활동에 필요한 에너지를 얻습니다. 단백질을 아미노산으로 분해하는 과정, 노화에 따라 근섬유가 자연스럽게 분해되는 것이 이화작용의 예입니다.

7행성 중 금성과 화성은 내행성의 개인적 차원에서 한 쌍으로 작용합니다. 금성과 화성은 안락함과 긴장, 쾌락과 고통, 느긋함과 성급함, 물러섬과 나아감, 당김과 밀침, 부드러움과 날카로움, 협력과 경쟁, 여성성과 남성성 등 서로 상반되는 성질을 나타내기 때문에 상호보완적 관계인 한 쌍입니다.

또한, 금성과 화성은 육체적이고 성적인 기능과 연결되는 경우가 많습니다. 이는 쾌락과 고통을 느끼는 주체를 육체로 보기 때문입니다. 육체는 나와 남을 나누는 경계이자 끌어당김과 밀침의 주체로 작용합니다. 또한, 인간이 느끼는 강력한 육체적 쾌락 중 하나는 오르가슴이기 때문에 금성과 화성은 성적인 기능을 상징합니다.

우리는 화성을 통해 그 사람이 어떤 방식으로 분노하고 자기를 주장하는지, 경쟁에서 이기기 위해 어떤 방식을 사용하는지, 그리고 투쟁심이 자극되는 부분이 어디인지를 알 수 있습니다.

《앤솔러지》

무력, 전쟁, 약탈, 비명, 폭력, 매춘, 재산 손실, 추방, 망명, 부모로부터 소외, 포획, 배우자의 죽음, 낙태, 정사(Sex), 결혼, 물건을 잃어버리다, 거짓말, 헛된 희망, 무장 강도, 여행객 대상 강도, 약탈, 친구 간의 다툼, 분노, 싸움, 욕설, 증오, 소송, 끔찍한 살인을 가져오다, 베이고 유혈 사태, 열병에 걸림, 궤양, 종기, 화상, 사슬(체인), 고문, 남성다움, 거짓 맹세, 방황, 어려운 상황의 대사관, 불이나 철과 연관된 행동, 공예품, 석조, 화성은 명령을 유발하다, 군사작전과 리더십, 보병, 주지사(장관), 사냥, 야생 게임, 높은 곳으로부터 추락, 짐승과 마주침, 빈약한 예지력, 때리다.
머리, 엉덩이, 생식기를 다스리다, 혈액, 정액 수송관, 담즙, 배설물 제거 기관, 항문, 등, 아래 부위, 거칠고 돌발적인 것들을 통제, 철, 의류 장식, 와인, 콩, 붉은색, 신맛.

《크리스천 점성술》

전쟁의 위업, 꺾을 수 없는 용기, 아무 이유가 없어도 스스로를 초월하기 위해 갈고닦는다, 대담한, 확신하는, 부동심(요지부동인), 논쟁을 좋아하는, 모든 명예에 도전한다, 용맹한, 전쟁이나 그와 관련된 것들을 좋아한다, 모든 위험에 자신을 빠트린다, 어떤 사람에게도 복종하지 않는다, 절대 항복하지 않는다, 자기 행위에 대해서 떳떳하다, 승리에 비해서 모든 것과 맞서 싸우는 편이지만 자신에 일에는 신중하게 행동한다, 폭동의 옹호자, 소동

생성자, 차량 도둑, 바람처럼 흔들리는, 배반자, 압제자(억압자).

목성(Jupiter, ♃)

점성학에서는 앞에서 설명한 5개의 행성(태양, 달, 수성, 금성, 화성)은 내행성, 목성과 토성은 외행성으로 분류합니다. 목성과 토성, 천왕성, 해왕성은 모두 목성형 행성으로 가벼운 물질과 가스 등으로 이루어져서 지구형 행성보다는 밀도가 낮은 편입니다. 또한, 목성형 행성들은 전부 고리가 있습니다.

인간의 여러 기능 중 목성과 토성은 사회적 기능으로 작용합니다. 인간이 다른 동물들과 다른 점은 고도의 사고를 할 수 있는 능력과 사회를 구성하는 능력을 가졌다는 점입니다. 수성이 생각과 사고를 하는 능력을 대표한다면, 목성은 사회를 구성하는 능력을 대표합니다.

유발 하라리의 《사피엔스》를 보면 인류 통합을 위한 질서에는 3가지 차원이 존재합니다. 경제(돈), 정치(국가), 사상(종교)이 그것들입니다. 그리고 이 3가지 모두는 '상상의 질서'를 굳게 믿음으로써 유지된다고 합니다. 사회(그룹, 집단, 사회, 무리)는 동일한 '상상'을 믿는 사람들이 모여 이루어집니다. 이렇듯 개인이 믿음으로써 집단을 만들고 전체에 연결되는 능력이 목성의 기능입니다.

사람마다 사회에 적응하고 맞춰가는 방식이 다릅니다. 생존 본능이 아예 없는 인간은 존재하지 않듯 사회에서 완전히 동떨어진 인간도 존재하지 않습니다. 인간은 누구나 사회와 연결되어 살아갑니다. 목성을 통해 그 사람의 사회성, 사회적 신뢰를 획득하는 방법, 자신의 뜻을 사회와 연결시키는 능력을 파악할 수 있습니다.

개인이 똑똑하고 현명할 수 있습니다. 그렇지만 그것이 곧 사회적으로 인정받는 지성인이 된다는 의미는 아닙니다. 예로부터 목성은 '하늘의 산타클로스'라 불리며 매우 길한 행성으로 여겨졌습니다. 자신을 보다 더 큰 힘과 연결시켜주는 기능을 하는 행성이기 때문입니다. 그 힘을 통해 나와 타인들을 유익하게 할지 아니면 모두를 힘들게 할지는 결과를 봐야 알겠지만, 나의 존재가 더 큰 힘과 연결된다는 것은 더 큰 힘을 이용해서 내 의지를 펼칠 수 있다는 의미입니다.

가령, 모두에게 이로운 사상을 만들어서 다른 사람의 정신과 마음에 영향을 끼치는 사람, 자기만 잘 먹고 잘사는 것이 아니라 사회를 위해 헌신하고 노력하며 주변에 영향을 끼치는 사람 등은 모두 목성의 힘을 긍정적인 방향으로 강력하게 사용하는 사람들이라고 할 수 있습니다. 반대로 법의 허점을 이용해서 자신의 이득을 취하는 사람, 개인적인 욕망을 위해 사회의 힘을 사용하는 사람도 사회에는 존재합니다. 이들은 목성의 힘을 부정적인 방향으로 강력하게 사용하는 사람들입니다.

우리는 보통 목성의 힘을 나를 이끄는 힘이나 방향으로 해석합니다. 따라서 그것을 내가 사용하는 기능이라고 인식하기 어렵습니다. 종교를 예로 들어보겠습니다. 불교도들은 자신이 부처님의 말씀대로 살아간다고 생각합니다. 그런데 그 말씀을 믿고 따르기로 한 사람은 누구인가요? 바로 나입니다. 즉, 믿음도 내가 사용하는 기능입니다. 믿겠다, 또는 믿지 않겠다고 마음먹는 것 역시 내가 내리는 결정입니다.

목성이 위치한 하우스는 그 사람의 경험의 폭이 크게 늘어나는 영역을 나타냅니다. 목성이 위치한 사인은 그 사람이 어떤 방식으로 믿음과 신념을 확장시켜나가는지를 알려줍니다. 또한, 그 사람의 믿음과 신념이 어떤 성질을 지니고 있는지도 파악할 수 있습니다.

《앤솔러지》

출산, 산출, 욕망, 사랑, 정치적 유대, 대단한 사람과의 우정, 번영, 봉급, 큰 선물, 풍작, 정의 관직, 재직, 계급, 성전(사원)에 대한 권위, 중재, 신뢰, 유산, 형제애, 동료애, 선행(자선), 안전하게 물건을 소유, 고민에서 해방, 빚(Bonds)에서 풀려남, 자유, 신탁예금, 돈, (재산 또는 조직의) 관리.

허벅지와 다리를 다스림(인종을 다스림), 정자, 자궁, 간, 오른쪽 측면, 주석, 흰색에 가까운 회색, 단맛.

《크리스천 점성술》

너그럽고, 충실하고, 수줍다, 고귀한 일을 명예로운 방법으로 열망한다, 그의 모든 행동은 공정한 거래이며 모든 사람에게 이익을 주고자 하는 바람을 가졌다, 영예로운 것을 행하며 고결하고 종교적이며 달콤하고 상냥하게 대화한다, 그의 아내와 아이들에게 놀랍도록 너그럽다, 노인을 존경한다, 불쌍한 사람들을 구제하고 사랑과 경건이 가득하고 진보적이고 비도덕적인 행동을 몹시 싫어한다.

토성(Saturn, ♄)

목성과 토성은 개체보다 큰 전체를 나타냅니다. 그중 목성은 사회적인 신념, 믿음을 나타내고 토성은 사회적인 질서, 제약을 나타냅니다. 사람들은 자신이 사회적 신념과 믿음, 또는 질서와 제약을 만들어내고 유지하며 살고 있다고 생각하지 않습니다. 주어진 사회적 신념과 제약 안에서 일방적으로 영향을 받으며 살아간다고 생각합니다. 하지만 우리는 사회적 신념과 제약을 만들어내기도 하고 그것의 영향을 받으며 살아갑니다.

인간은 자신이 태어난 지역, 국가, 세대에 강한 제약을 받습니다. 봉준호 감독의 영화 〈설국열차〉를 보면 "다들 애초부터 정해진 자리가 있고 너만 빼곤 모두가 그 자리를 지키고 있어", "누구도 신발을 머리 위로 쓰진 않는다. 신발은 그러라고 만든 게 아니니까!"라는 대사들이 나옵니다. 이는 사회 속에서 개인이 따라야 하는 틀, 규칙, 위치에 대한 내용입니다.

인간은 사회의 규범, 질서, 사회적 틀, 규칙 아래에서 살아갑니다. 이때 목성은 내가 신뢰하고 지향하는 가치 규범을 뜻한다면, <u>토성은 지키지 않으면 안 된다고 여기며 강력히 따르는 물리적 제제, 제약을 상징합니다.</u>

물질적인 육체를 갖고 있고 그 육체를 '나'라고 동일시하고 사는 한 우리 삶에서 물질적인 제약은 존재할 수밖에 없습니다. 예수도 그 육체가 십자가에 못 박혀 죽음을 맞이했고, 부처도 상한 음식을 먹고 죽음을 맞이했습니다. 하지만 그들의 정신은 종교로 남았으며 이 종교는 인류가 존재하는 한 영원히 이어질 것입니다. 인간의 물질적 육체는 공간의 제약을 받고 시간의 흐름에 영향을 받으며 성장하고 쇠퇴해갑니다. 또한, 외부 물질의 영향을 받을 수밖에 없으며 공간적으로나 시간적으로 유한합니다.

토성은 영어로 '새턴(Saturn)'이라고 부르는데 로마의 신인 사투르누스(Saturnus)에서 유래한 표현입니다. 사투르누스는 경작과 재배, 풍요로운 결실을 주관하는 농업의 신인데 나중에는 그리스 신 크로노스와 합쳐지면서 시간의 신이라는 타이틀도 갖게 됩니다. 농업혁명이 일어나면서 인간은 계절에 매인 규칙적인 삶을 살게 되었습니다. 또한, 잉여 생산물이 생겨나면서 계급과 직급이 세분화되며 분업화가 일어나게 되었습니다. 어기면 제제가 가해지는 사회적 체계가 나타나기 시작한 것입니다. 이러한 인간의 능력을 상징하는 행성이 바로 토성입니다.

《앤솔러지》
사소하거나 중요하지 않은 일에 지나치게 집중 또는 불평, 악의적, 많은 근심을 가짐, 스스로를 낮추는, 고독, 그들의 권모술수는 비밀스럽다, 엄격한, 낙심하는, 위선적인 태도, 불결한, 끈질기게 요구함, 슬퍼 보임, 비참한, 항해하며 해안에서 교역하는(떠도는), 토성은 또한 겸손함의 원인, 게으름, 실업, 사업(일)의 장애물, 끝없는 소송, 사업(일)의 전복, 비밀, 투옥, 구속, 슬픔, 고발, 눈물, 사별, 억류, 버려진 아이들, 농노와 농부, 세입자, 소작농, 폭력적인 행동, 큰 지위와 높은 위치를 손에 넣다, 감독관, 다른 이의 재산을 운용, 다른 이의 자녀의 아버지 신분.
납, 나무, 돌, 다리, 무릎, 힘줄, 림프, 가래(담), 방광, 신장 및 내부의 숨겨진 장기를 다스린다, 추위와 습기로 인한 고통, 부종(수종), 신경통, 통풍, 기침, 이질, 탈장. 경련, 소유욕, 동성애, 타락(부패) 총각, 과부, 사별, 자식 없는 사람을 만든다, (단절, 고독 작용) 이것은 추락의 원인입니다, 이것은 네메시스(복수, 인과응보)의 별이다, 고동색(Castor), 떫은맛.

《크리스천 점성술》
그가 말하거나 주는 것은 여유이고 그의 언어는 절제되어 있다,

그의 행동은 엄격하고 그의 상상력은 심오하다, 참을성 있게 노동한다, 말다툼이나 논쟁에서 진지하다, 이생의 재물을 얻기 위해 부지런하고 매우 염려한다, 모든 방식의 행동이 엄격하다.

• 인간 내면의 작용으로 바라본 7행성

행성	인간 내면의 작용	부정적 상태	긍정적 상태
태양	생명력, 자아 정체감	교만, 이기심	긍정, 활기
달	감정, 항상성 유지를 위한 무의식적 반응	나태함, 유약함	공감, 헌신
수성	생각, 사고 기능	비판적, 피상적	이해력, 정확함
금성	끌어당기고 관계를 맺는 기능	탐욕, 쾌락	부드러움, 배려
화성	생존 본능, 밀치고 분리하는 기능	분노, 폭력적	용기, 집중력
목성	믿고 하나 되어 따르는 기능	방탕, 낭비	담대함, 낙관
토성	한계와 위치를 인식하는 기능	두려움, 인색함	책임감, 신뢰

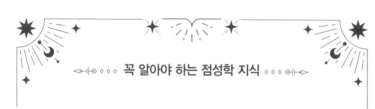

⟨⟨⟨◇◇◇◇ 꼭 알아야 하는 점성학 지식 ◇◇◇◇⟩⟩⟩

전통 7행성과 세외 3행성

지구에서 눈으로 관측이 가능한 행성을 전통 7행성이라고 부릅니다. 반면, 눈으로 관측할 수 없을 정도로 멀리 떨어져 있으며, 공전주기가 각각 84년, 165년, 250년으로 매우 큰 3개의 행성(천왕성, 해왕성, 명왕성)을 세외 3행성이라고 부릅니다.

세외 3행성은 그 힘이 매우 거시적이고 느리게 변화하며 작용합니다. 이는 목성과 토성의 사회적 변화를 뛰어넘는 세계사적인 변화를 나타냅니다. 이런 힘은 개인에게 직접적인 영향을 끼치기 어렵습니다. 따라서 개인의 운명을 읽을 때는 특수한 경우가 아닌 이상 세외 3행성은 잘 고려하지 않습니다.

• 천왕성(Uranus, ♅)

1781년 천문학을 취미로 삼았던 독일 음악가 윌리엄 허셜(William Herschel, 1738~1822)이 발견했습니다. 분리, 탈출, 섬광 같은 통찰력, 개혁, 장벽을 깨트리는 힘, 전기 등을 나타냅니다.

• 해왕성(Neptune, ♆)

1843~1846년 사이에 존 애덤스, 조지 브리델 에어리, 위르벵 르베리에, 제임스 찰스, 고트프리트 갈레 등이 해왕성의 존재를 알고 찾았습니다. 이후 영국과 프랑스는 해왕성 발견의 우선권을 놓고 논쟁을 벌였습니다. 국제사회는 영국인 애덤스와 프랑스인 르베리에가 독립적으로 해왕성의 위치를 계산해낸 것으로 인정했습니다. 신비주의, 연민, 환각, 혼란, 영감 등의 힘을 나타냅니다.

• 명왕성(Pluto, ♇)

1930년 미국 천문학자 클라이드 톰보(Clyde Tombaugh, 1906~1997)가 발견했습니다. 2006년 국제천문연맹은 명왕성의 행성 지위를 박탈했습니다. 성(性), 리비도적 욕망, 지하 세계, 원자력, 죽음과 재생 등의 힘을 나타냅니다.

운명의 시나리오 12주기:
사인

운명 변화의 법칙: 12사인&24절기

✧ ✷ ✿ ✷ ✧

지구에 생명체가 살 수 있는 이유는 태양으로부터 매우 적절한 거리(149,700,000km)만큼 떨어져 있기 때문입니다. 만일 이보다 더 가깝거나 더 멀었다면 너무 덥거나 너무 추워서 생명체가 살 수 없었을 것입니다. 또한, 지구의 지축은 23.5° 기울어져 있습니다. 기울어진 채로 자전하며 태양 주위를 공전하는 것이지요. 그렇기 때문에 특정 시기에 따라 지구에 들어오는 태양의 빛과 열의 양이 다릅니다. 빛과 열이 많이 들어올 때를 여름, 빛과 열이 적게 들어올 때를 겨울이라고 합니다. 만일 지축이 기울어져 있지 않다면, 계절의 변화가 없고 기후는 내내 똑같았을 것입니다. 생물이 살 수는 있었겠지만 삶의 변화와 다양성은 상실되었을 것입니다. 만일 지축이 지금보다 더 많이 기울어졌다면 여름에는 극도로 뜨겁고 겨울에는 매우 추웠을 것입니다. 마찬가지로 생명이 살 수는 있었겠지만 삶의 변화가 극도로 심해서 다양한 생명체가 생존하기는 어려웠을 것입니다.

이렇듯 태양과 지구의 관계는 절묘하게 설정되어 있습니다. 빛과 어둠, 뜨거움과 차가움이 적당한 시간 간격을 지닌 리듬을 따라 교차합니다. 그러한 변화 안에서 다양한 생명체가 살아갑니다. 이러한 빛과 어둠, 열기와 한기의 적절한 리듬을 만들어내는 태양과 지구의 12가지 관계가 12사인입니다.

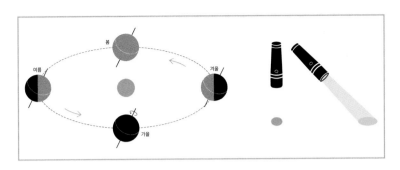

〈그림 5.1〉 태양 빛과 23.5° 기울어진 지축 사이의 관계

원래 태양 빛은 특정한 지역에 치우침 없이 모든 곳을 고르게 비춥니다. 하지만 지구 지축의 치우침 때문에 지표면에는 태양의 빛과 열이 고르게 들어오지 않습니다. 지축이 기울어진 채로 지구가 자전과 공전을 하다 보니 특정 시기에는 태양 빛을 직각에 가깝게 받으며 단위면적당 더 많은 빛과 열을 받아들입니다. 또한, 어떤 시기에는 태양 빛을 비스듬하게 받으며 단위면적당 더 적은 빛과 열을 받아들입니다. 이는 태양 빛과 열의 집중과 분산을 만들어냅니다. 빛과 열은 곧 에너지입니다. 쉽게 말해 지구 지축의 기울어짐으로 인해 에너지의 응축과 에너지의 분산이 순환하며 일어납니다. 하강과 상승, 수축과 팽창, 일점으로의 집중과 사방으로의 뻗어감, 현현과 회귀, 엔트로피의 감소와 엔트로피의 증가가 반복적으로 일어나며 지구에서는 창조와 합일의 순환이 이루어집니다. 이러한 과정이 우주의 근본 섭리입니다.

생물(生物)은 한자 뜻 그대로 '생명이 있는 물질'이라는 의미입니다. 즉, '생명+물질=생명체'입니다. 모든 생명체는 생명과 물질로 구성됩니다. 그리고 모든 생명의 뿌리는 태양이고, 모든 물질의 뿌리는 지구입니다. 모든 존재는 태양을 아버지, 지구를 어머니로 해서 태어난 다양한 자녀에 지나지 않습니다. 모든 생명체는 태양과 지구의 관계를 바탕으로 형성됩니다. 점성학에서 12사인은 이러한 관계의 변화를 표현한 것입니다. 생명체의 운명이란 그 생명체가 태어나고 살다가 죽는 전 과정을 가리킵니다. 생명체가 생명과 물질로 이루어져 있다면 그 삶의 과정은 생명과 물질의 관계 변화로 설명이 가능합니다. 12사인은 생명체의 변화 과정을 생명과 물질이라는 관점에서 표현한 것입니다.

동양에서는 이를 음(물질, 지구)과 양(생명, 태양)이라고 표현합니다. 음양의 법칙은 삼라만상을 움직이는 근본 원리입니다. 이 세상의 모든 변화는 이 음양의 변화로 이해할 수 있습니다. 《주역》〈게사전〉에는 다음과 같은 구절이 있습니다. '一陰一陽之謂道 繼之者善也 成之者性也(일음일양지위도 계지자선야 성지자성야)'. 이 구절의 뜻을 풀이하면 '한 번 음이 되었다 한 번 양이 되었다 하면서 계속 변화하는 것, 그것은 만물의 길을 일컬음이다. 그 길을 잘 잇는 것이 선이요, 그 길을 잘 이루는 것이 본성이다' 정도로 해석이 가능합니다.

점성학 또한 이와 같은 메시지를 던집니다. 이 세상의 모든 과정(여기서 과정은 곧 변화와 같은 말입니다)은 태양과 지구의 관계로 이해할 수 있다는 것입니다. 이 세상에 존재하는 모든 것은 그 나름대로의 변화 과정을 가집니다. 그 존재의 시작과 끝 사이에 있는 과정이 운명(삶)입니다. 그리고 그 존재의 시작과 끝 또한 더 큰 존재가 거치는 과정의 일부분입니다. 이러한 본질적인 변화 과정을 점성학에서는 12사인으로 표현합니다.

지구의 역사를 구분할 때 큰 기준으로 삼는 것은 빙하기와 해빙기입니다. 빙하기를 한 번 거칠 때마다 지구의 기후, 생명체, 지형은 죽음과 재탄생이라고 일컬을 만큼 커다란 변화를 맞이했습니다. 이 또한 빛과 어둠, 온기와 한기의 변화에 따른 영향입니다.

인간도 살아가는 동안 성공과 실패, 성장과 퇴보, 이득과 손해, 사랑과 미움, 합일과 분열 등 다양한 과정을 겪습니다. 영원한 성공, 영원한 퇴보, 영원한 이득, 영원한 분열은 존재하지 않습니다. 이는 태양과 지구가 열기와 한기, 빛과 어둠의 적절한 변화의 리듬을 가지고 움직이는 것과 같습니다. 우리의 삶도 밝음과 어둠의 적절한 리듬을 가지고 이어집니다. 이 리듬이 손쓸 수 없게 부서지면 그 생명체는 살아갈 수 없게 됩니다.

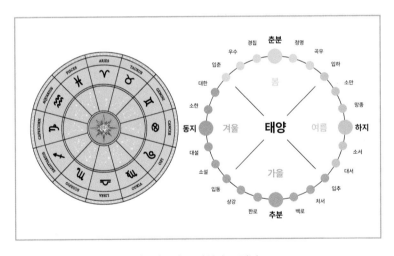

〈그림 5.2〉 12사인과 24절기

점성학에서 사용하는 회귀 황도대의 기준은 24절기 중 춘분입니다. 춘분은 12사인의 시작점입니다. 12하우스에 '어센던트, 디센던트, 미드헤븐, 이뭄코엘리'라는 4개의 기준점이 있듯이 12사인과 24절기에는 '춘분, 추분, 동지, 하지'의 4개의 시작점이 있습니다.

사인	절기	특징
양자리 시작점	춘분	• 낮과 밤의 길이가 같음 • 양자리부터 낮이 밤보다 더 길어짐, 양기 〉음기
게자리 시작점	하지	• 낮의 길이가 가장 김 • 게자리부터 밤(음기)의 길이가 점차 길어짐
천칭자리 시작점	추분	• 밤과 낮의 길이가 같음 • 천칭자리부터 밤이 낮보다 더 길어짐, 음기 〉양기
염소자리 시작점	동지	• 밤의 길이가 가장 김 • 염소자리부터 낮(양기)의 길이가 점차 길어짐

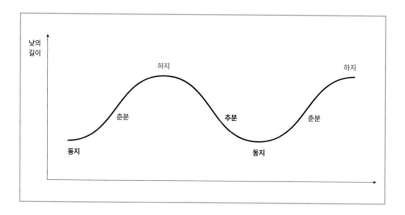

〈그림 5.3〉 12사인의 4개의 중요 시작점

각 사인의 시작 날짜는 절기와 일치합니다. 이러한 사실은 서양 점성학을 공부할 때 12사인을 이해하기 위해서는 계절을 이해해야 함을 의미합니다. 오래전 농업이 사회의 중심이던 시절에는 기후만큼 중요한 정보가 없었습니다. 기후를 결정하는 것은 일조량에 따른 빛의 세기와 온도의 높낮이입니다. 농경 사회에서는 태양 빛의 세기와 온도에 따라 1년을 24개의 절기로 나누었습니다. 12사인은 24절기와 정확하게 들어맞습니다. 한 절기는 대략 15일 정도의 기간이고, 한 사인은 2개의 절기를 포함합니다.

　1년은 농경 사회에서 기준이 되는 한 주기였습니다. 매년은 과거와 연속된 한 해가 아닌, 새로운 한 해였습니다. 이는 뿌리 깊게 인류의 삶에 각인되어 농사를 짓지 않는 현대인들도 1년을 기준으로 일상을 살아가고 사회를 조직합니다.

사인	절기	사인	절기
양자리 (3. 21.~4. 20.)	춘분(3. 21.)	천칭자리 (9. 23.~10. 23.)	추분(9. 23.)
	청명(4. 5.)		한로(10. 9.)
황소자리 (4. 20.~5. 21.)	곡우(4. 20.)	전갈자리 (10. 23.~11. 22.)	상강(10. 23.)
	입하(5. 5.)		입동(11. 7.)
쌍둥이자리 (5. 21.~6. 21.)	소만(5. 21.)	사수자리 (11. 22.~12. 22.)	소설(11. 22.)
	망종(6. 5.)		대설(12. 7.)
게자리 (6. 21.~7. 23.)	하지(6. 21.)	염소자리 (12. 22.~1. 20.)	동지(12. 22.)
	소서(7. 7.)		소한(1. 6.)
사자자리 (7. 23.~8. 23.)	대서(7. 23.)	물병자리 (1. 20.~2. 19.)	대한(1. 20.)
	입추(8. 8.)		입춘(2. 4.)
처녀자리 (8. 23.~9. 23.)	처서(8. 23.)	물고기자리 (2. 19.~3. 21.)	우수(2. 19.)
	백로(9. 7.)		경칩(3. 6.)

　농부는 봄에 밭을 갈고 모판을 준비합니다. 초여름에는 잡초를 뽑으며 모내기를 하는 등 여름 내내 논을 잘 돌봅니다. 가을에는 추수를 해서 농사의 결실을 맺습니다. 겨울에는 휴식을 취하며 내년을 준비하고 기다립니다. 인간의 성장 과정도 이와 비슷합니다. 세

상에 태어나 어렸을 때는 배우고 익히며 정신과 육체를 성장시키고, 사회에 나갈 준비를 합니다. 청년기에는 왕성하게 사회 활동을 하며 자신의 능력을 갈고닦으며 가정을 이루고 자리를 잡습니다. 중년기에는 사회적으로 결실을 맺고 아이를 키우며 개인적인 결실 또한 맺습니다. 노년기에는 편히 쉬면서 후세를 위해 봉사하고 기도하며 삶을 마무리합니다. 이렇듯 농사와 인간의 삶은 많이 닮아 있습니다. 이 세상의 모든 일에는 기승전결이 있습니다. 이는 농부가 맞이하는 봄, 여름, 가을, 겨울과 같습니다.

12사인의
구조

◇ ◇ ✡ ◇ ◇

낮과 밤의 길이가 같은 춘분에서 시작해 다음 춘분에서 끝나는 한 주기가 전체의 한 과정입니다. 12사인은 이와 같은 하나의 과정을 12개의 부분으로 쪼갠 것입니다. 하나의 과정을 종합적으로 조망하려면 그룹화가 필요합니다. 12사인은 관점과 기준에 따라서 세 가지 방법으로 그룹화가 가능합니다.

① 4중 그룹화(Quadruplicities)
② 극성(Polarity)
③ 3중 그룹화(Triplicities)

4중 그룹화

4중 그룹화는 12개의 사인 중 4개의 사인을 하나의 그룹으로 묶어서 크게 3개의 그룹으로 나누어 파악하는 방법입니다. 3특질(Qualities) 또는 3모드(Modes)라고도 부릅니다.

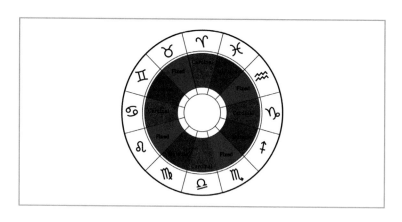

〈그림 5.4〉 4중 그룹화한 12사인

모드	사인	설명
카디날 사인 (Cardinal Sign, 활동궁)	양, 게, 천칭, 염소	무브벌 사인(Movable Sign)이라고도 합니다. 춘분, 하지, 추분, 동지가 위치한 별자리로 새로운 계절이 시작되는 시기입니다. 기존의 기운이 끝나고 새로운 기운이 시작됩니다.
픽시드 사인 (Fixed Sign, 고정궁)	황소, 사자, 전갈, 물병	계절의 중간에 위치하며, 날씨는 특정한 기운으로 안정되고 유지됩니다.
뮤터블 사인 (Mutable Sign, 변통궁)	쌍둥이, 처녀, 사수, 물고기	더블바디 사인(Doble-bodied Sign)이라고도 합니다. 계절의 끝에 위치하며 소위 환절기라고 말하는 시기입니다. 기존 계절의 기운과 새로 들어오는 기운이 섞여서 존재합니다.

극성

극성은 말 그대로 음과 양의 기운을 일컫습니다. 각 사인이 서로 구분되며 연결되기 위해서는 극성이 서로 반대여야 합니다. 다른 성질끼리 경계가 생기며 끌어당기기 때문입니다. 극성은 3중 그룹화의 상위 범주입니다. (+) 사인은 4원소 중 불(Fire)과 공기(Air)로 분화되며, (-) 사인은 물(Water)과 흙(Earth)으로 분화됩니다.

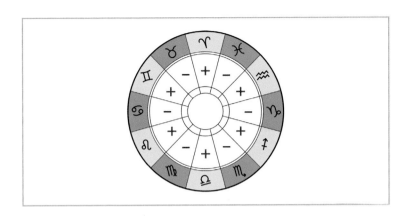

〈그림 5.5〉 극성으로 나눈 12사인

극성	사인	설명
+ (양)	양, 쌍둥이 사자, 천칭, 사수, 물병	능동적, 역동적, 기운을 발산함
- (음)	황소, 게, 처녀, 전갈, 염소, 물고기	수동적, 정적, 기운을 수렴함

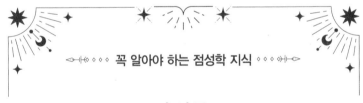

꼭 알아야 하는 점성학 지식

음양론

동양의 음양론을 서양에서는 극성이라고 합니다. 음양론은 점성학뿐만 아니라 어떤 종류의 운명학을 공부하든지 간에 꼭 알아야 하는 개념입니다. 음양론은 이 세상의 구성과 운행을 음과 양이라는 두 가지의 관계(조화와 반목)로 보는 이론입니다. 얼핏 보면 단순한 이론 같지만 매우 심오한 내용을 담고 있기 때문에 음양론을 제대로 이해하려면 지속적이고 깊이 있는 공부가 필요합니다. 다음의 표는 음과 양에 대한 느낌을 잡기 위해 대표적으로 대응되는 성질들을 나열한 것입니다.

양	음
빛, 열기, 에너지, 주체, 개체, 밖, 통일, 상승, 전진, 부드러움, 포용, 남성, 발산, 하늘, 태양, 무형, 시간, 동물, 삶, 무한, 여름, 불, 마음, 영, 뚫림, 움직임, 상(象)	어둠, 한기, 질량, 객체, 전체, 안, 분열, 하강, 퇴보, 딱딱함, 배격, 여성, 수렴, 땅, 달, 유형, 공간, 식물, 죽음, 유한, 겨울, 물, 몸, 혼, 육, 막힘, 멈춤, 형(形)

3중 그룹화

3중 그룹화는 12개의 사인 중 3개의 사인을 하나의 그룹으로 묶어서 크게 4개의 그룹으로 나누어 파악하는 방법입니다. 4원소(Elements), 트라이곤(Trigons) 또는 트라이앵글(Triangles)로 부르기도 합니다.

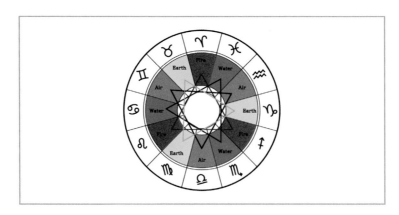

〈그림 5.6〉 3중 그룹화한 12사인

원소	사인	특징
불	양, 사자, 사수	• 뜨겁고 건조한 기운입니다. • 직관적, 외향적, 열정적, 적극적
흙	염소, 황소, 처녀	• 차갑고 건조한 기운입니다. • 감각적, 현실적, 견고함, 물질적
공기	천칭, 물병, 쌍둥이	• 뜨겁고 축축한 기운입니다. • 이성적, 합리적, 민첩함, 관계 지향적
물	게, 전갈, 물고기	• 차갑고 축축한 기운입니다. • 감정적, 내향적, 조심스러움, 합일 지향적

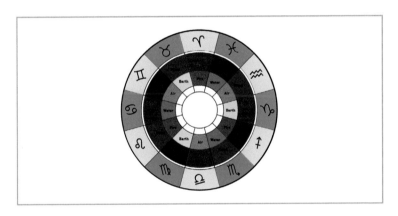

〈그림 5.7〉 3모드×4원소×극성 3가지 관점에서 종합적으로 나눈 12사인

〈그림 5.7〉은 앞에서 설명한 3가지 방식을 모두 적용해 12사인을 바라본 것입니다. 이때 4원소는 '특정 성질을 지닌 요소'라고 볼수 있습니다. 또한, 3모드는 그 요소가 '어떤 상태 변화를 나타내는지'를 알려줍니다.

12사인
심화 해석

양자리(Aries, ♈)

시기 및 절기

3월 21일~4월 20일(춘분, 청명)

키워드

#충동적 #창조적 #적극적 #솔직함 #공격적 #직설적 #경험적

#시행착오로 배움 #직면하다 #새로움

양자리는 새로운 기운이 기존의 질서를 뒤흔들며 뚫고 튀어나 옴을 의미합니다. 즉, 일반적으로 시작을 뜻합니다. 우리는 기존과 다른 새로운 변화가 일어날 때 어떠한 것이 시작되었다고 인식합니 다. 시작은 곧 균열이기도 합니다. 무언가 새로 시작되기 전에는 끊 어짐 없는 기존의 것과의 이어짐이 있습니다. 반면, 새로운 시작은 기존의 질서와 다른 무언가를 가리킵니다. 새로운 시작이 가능하려 면 과거와 현재 사이에 균열이 발생해야 합니다.

시작은 어떤 흐름에 금이 가고 특정한 무엇인가가 발생했다는 의미입니다. 따라서 아직까지는 시작 전에 있던 것들의 존재감이 강력하게 남아 있는 상태입니다. 그렇기 때문에 시작은 매우 미약해 보일 수 있습니다.

양자리에 해당하는 절기인 춘분(春分)은 낮과 밤의 길이가 같아지는 날입니다. 춘분 이후부터는 낮이 밤보다 더욱 길어집니다. 우리는 어떤 것을 판단할 때 그 기준을 중간에 설정하고 기준의 좌와 우를 다른 것으로 인식합니다. 즉, 중간에 세워진 경계가 각 영역의 출발점이자 종착점이 됩니다. 양자리의 시작점(춘분점)은 황도 12궁의 기준점입니다. 황도 12궁은 기원전 500년경부터 바빌로니아에서 사용되기 시작했는데, 이때 춘분점이 양자리에 위치했기 때문에 지금도 양자리를 첫 번째 사인으로 여깁니다.

춘분을 기준으로 어둠과 빛의 주도권이 바뀝니다. 이는 곧 방향의 전환입니다. 춘분을 기준으로 빛과 열기의 힘이 어둠과 한기보다 강해집니다. 즉, 중심이 우리(음)에서 나(양)로 전환됩니다. 이러한 전환 과정에는 우리(음)의 저항을 이겨낼 강력한 힘이 필요합니다. 기존의 질서를 파괴하고 새로움이 탄생하려면 강한 추동력이 필요합니다.

대부분의 고대 문화에서 춘분을 날짜의 기준으로 삼았습니다. 이집트, 켈트, 드루이드 등이 모두 이날을 기념했습니다. 기독교의 부활절도 춘분 이후 음력 15일(보름)이 지나고 다가오는 첫 번째 일요일입니다. 춘분은 이란과 아프가니스탄에서 사용하는, 세계에서 가장 오래된 달력 중 하나인 태양 회교식(Solar Hijri) 달력의 새해이기도 합니다. 동아시아의 설날과 비슷한 날이지요. 일본에서는 춘분과 추분을 공휴일로 지정하고 있습니다.

우리는 새해가 되면 무언가를 시작하기로 결심합니다. 하지만 보통 그 결심은 작심삼일에 그치고 맙니다. 여기서 우리는 시작이라는 것이 얼마나 힘든지를 알 수 있습니다. 작은 마음의 힘으로는 시작을 할 수 없습니다. 관성의 저항을 이겨내는 강력한 마음의 힘이 있어야만 기존과 다른 방향으로의 새로운 시작이 가능합니다.

새로운 시작은 곧 행동이자 움직임입니다. 움직임과 행동만이 기존의 흐름에 변화를 가져옵니다. 새로운 움직임이 없다면 새로운 시작이 아닙니다. 기존의 질서에 변화를 주는 움직임이야말로 새로운 시작입니다.

양자리에 해당하는 또 다른 절기인 청명(晴明)은 4월 4일에서 5일 사이입니다. 한자 뜻 그대로 하늘이 점차 맑아지는 시기입니다. 이때 농부들은 논밭의 둑을 손질하는 가래질을 시작합니다. 이는 논농사 준비 작업입니다. 또한, 청명이 되면 집수리, 못자리 고치기 등 겨울 동안 미뤄두었던 일들을 처리합니다. 우리나라에서는 청명이 식목일과 겹칩니다. 대만에서는 4월 4일이 어린이날이라서 공휴일로 지정했습니다.

청명은 보통 한식(寒食) 하루 전날이거나 같은 날입니다.《동국세시기》청명조(淸明條)의 기록에 따르면, 이날 버드나무와 느릅나무를 비벼 새 불을 일으켜 임금에게 바쳤습니다. 임금은 이 불을 정승과 판서를 비롯한 문무백관과 360곳의 고을 수령에게 나눠주었습니다. 이를 '사화(賜火)'라고 불렀습니다. 수령들은 한식날에 다시 이 불을 백성에게 나누어줬는데, 묵은 불을 끄고 새 불을 기다리는 동안 밥을 지을 수 없어 찬밥을 먹는다고 해서 한식이라고 불렀다고 합니다.

묵은 불을 끄고 새로운 불을 켜듯이 양자리는 식어버린 열정을 부여잡고 있는 것이 아니라 언제나 매 순간 새롭게 불타오르며 살기를 원합니다. 그리스 신화의 관점에서 양자리를 살펴보면 프릭소스와 헬레 남매를 계모의 박해로부터 구하기 위해 제우스가 보낸

하늘의 양이 양자리가 됩니다. 이 양은 나중에 이아손과 그의 아르고 원정대가 수많은 위기를 이겨내며 찾으러 왔던 황금 털 양가죽의 주인이기도 합니다. 이 황금 털 양가죽을 얻기 위한 이아손의 이야기는 오래된 질서를 나타내는 늙은 아버지를 죽이고 개인으로서 독립성을 확보하려는 인간 정신을 나타냅니다.

이아손은 본래 고대 그리스 테살리아의 도시 이올코스의 왕위 후계자였습니다. 하지만 사악한 숙부가 그의 자리를 빼앗아 어릴 적부터 위험에 처했습니다. 그는 몰래 켄타우로스족 현인 케이론에게 보내졌고 성장하는 동안 여러 기술을 익힙니다. 이윽고 어른이 되어 싸울 수 있는 나이가 되자 이아손은 이올코스로 돌아와 자신의 권리를 주장합니다. 숙부는 그를 정당한 후계자로 인정하지만 직계 조상인 프릭소스의 유품을 되찾아서 조상의 혼이 편히 잠들 수 있게 도와달라고 요청하여 이아손을 위험 속으로 떠나보내는 계략을 세웁니다. 이아손은 이름난 선원들을 모아 아르고선에 태우고 항해하면서 황금 털 양가죽이 있는 아이에테스 왕의 궁전에 당도합니다. 이곳에서 아이에테스 왕의 딸 메데이아의 도움으로 용을 죽이고 황금 털 양가죽을 손에 넣고 이올코스로 돌아옵니다. 그리고 숙부를 제거하고 왕위에 오릅니다. 이아손의 이야기에서 알 수 있듯이 양자리의 테마는 나를 찾기 위한 용기 있는 여정과 투쟁입니다.

황소자리(Taurus, ♉)

시기 및 절기
4월 20일~5월 21일(곡우, 입하)

#안정적인 #자연스러운 #안락한 #묵직한 #꾸준한 #잘 유지하는
#만족하는 #넉넉한 #여유로운

황소자리는 유지를 의미합니다. 가장 좋은 상태가 되려 하고 그 상태를 이어나가는 힘을 가리킵니다. 이는 지키고 보호한다는 뜻도 됩니다. 또한, 황소자리에는 모든 일을 자연스럽게 진행하는 힘이 있습니다. 안과 밖이 조화를 이루어 자신의 뜻을 펼치는 시기이기 때문입니다.

황소자리에 해당하는 절기인 곡우(穀雨)는 봄비가 내려 백곡을 기름지게 한다는 의미입니다. 곡식을 뿌린다는 뜻도 있는데 새싹이 돋아나는 봄철을 맞아 농사를 본격적으로 시작하는 절기입니다. 농부들은 곡우에 볍씨를 담그고 못자리를 깔았습니다. 곡우를 기점으로 땅에 생명의 기운이 가득해지기 시작합니다. 한기가 완연히 물러나고 온기가 천지를 채우기 시작하지요. 만물이 생육하기 가장 좋은 상태가 유지되는 시기입니다. 이 무렵에 이르면 모든 생명체가 편안하게 활동하며 성장하기 시작합니다.

황소자리 시기는 봄의 기운이 온 천하에 만연하는 시기입니다. 이때 봄의 기운이라는 것은 활동하기에 온도나 습도가 적절함을 뜻합니다. 즉, 너무 덥지도 않고 너무 춥지도 않습니다. 봄과 가을은 둘 다 그런 시기입니다. 하지만 봄은 활력과 기운이 점차 커지는 시기이고 가을은 활력과 기운이 점차 죽어가는 시기입니다.

봄의 시작인 입춘(2월 4일경)의 날씨는 아직 겨울입니다. 황소자리에 해당하는 또 다른 절기인 입하(立夏)의 명칭은 여름의 시작이기는 하지만 이 시기 우리나라의 계절은 아직 봄기운이 가득합니다. 이는 24절기가 중국 화북 지역의 기후 사정에 맞춰 만들어진 것이기 때문입니다. 농가에서는 입하 무렵이 되면 농작물이 자라나기 시작하면서 몹시 바빠집니다.

입하 무렵이 되면 봄이 완전히 무르익습니다. 산과 들은 신록으로 가득하고 개구리 우는 소리가 들려옵니다. 밭에서는 참외꽃이 피기 시작하고 묘판의 볍씨 싹이 터서 모가 한창 자랍니다. 논밭에 해충이 많아지고 잡초도 쑥쑥 자라기 시작해 농부들은 김매기를 하느라 정신이 없습니다.

좋은 결과가 변하지 않고 지속되기를 바라는 마음 또는 계속 더 좋은 결과가 나타나길 바라는 마음이 욕심입니다. 황소자리는 욕심을 부리기 가장 좋은 시기입니다. 안과 밖이 가장 조화로운 이 시기에는 원하는 대로 일이 진행되고 결과가 나타나기 때문입니다. 하지만 이런 상태가 영원할 줄 알고 계속 그러한 과정과 결과를 바란다면 그것은 과욕입니다.

황소자리 시기에는 열심히 하되 억지를 쓰거나 무리하지 않는 것이 좋습니다. 황소는 매우 강한 힘을 가지고 있지만 그 힘에 걸맞지 않은 유순함도 함께 지녔습니다. 여기서 유순함이란 억지를 쓰지 않음을 가리킵니다. 즉, 자연스럽게 주변과 어울리면서 자신의 힘을 발휘함을 의미합니다. 황소자리 시기에는 적절히 멈출 줄 아는 지혜가 필요합니다. 물고기를 잡는 어부가 물고기가 잘 잡힌다고 해서 씨가 마를 때까지 물고기를 잡는다면 장기적으로는 매우 안 좋은 결과를 맞이하게 될 것입니다.

황소의 육중함은 쉽게 방향을 바꾸지 않는 성질을 의미합니다. 황소자리 시기에는 가장 적절하게 기운이 펼쳐지기에 방향을 바꿀 필요가 별로 없습니다. 또한, 갑작스러운 변화는 보통 인위적인 변화입니다. 황소자리는 자연스러운 움직임을 선호합니다. 그렇기 때문에 갑작스러운 변화는 잘 나타나지 않습니다.

그리스 신화에는 황소에 관한 다양한 신화가 있는데, 그중 가장 유명한 것은 미노스 왕의 아내인 파시파에가 사랑에 빠져 괴물 미노타우로스를 낳은 크레타 섬의 황소 이야기입니다. 미노스는 자신의 왕권을 주장하기 위해 포세이돈에게 기도합니다. 그는 바다에서 황소를 보내주면 즉시 그것을 헌납하겠다고 약속했습니다. 포세이돈은 그의 청을 수락해 황소를 내보내주었고, 미노스 왕은 그것으로 자신의 신성한 왕권을 보여주면서 왕좌를 차지했습니다. 하지만 왕좌에 오른 미노스는 이 훌륭한 황소를 자기가 갖고 싶어서 약속을 깨고 다른 황소를 포세이돈에게 대신 제물로 받치고 신성한 황소를 자신의 소유물로 만들었습니다.

이에 분노한 포세이돈은 미노스의 아내로 하여금 황소에게 참을 수 없는 연정을 느끼게 만들고 황소와 사랑을 나누게 했습니다. 그 결과, 황소 머리와 사람의 몸을 한, 인육을 먹는 괴물 미노타우로스가 태어나게 됩니다. 이후 미노스는 두려움과 부끄러움을 이기지 못해 다이달로스에게 미궁을 만들게 해서 미노타우로스의 존재를 숨깁니다. 크레타 섬의 황소 이야기는 과욕이 불러온 참사를 보여줍니다. 우리는 늘 현재의 풍요로움이 나 개인의 힘뿐만 아니라 상황의 도움(신의 도움)이 함께해서 이루어진 것임을 잊지 말아야 합니다.

쌍둥이자리(Gemini, ♊)

시기 및 절기

5월 21일~6월 21일(소만, 망종)

#민첩한 #교류하는 #가벼운 #다양한 #소통하는 #연결하는
#표상적인 #재치 있는 #임기응변 #유연한

쌍둥이자리는 사방팔방 뻗어나가는 힘을 의미합니다. 나무가 성장함에 따라 굵은 줄기에서 수없이 많은 가지가 갈라져 나오듯이 양기가 사방으로 퍼지는 양상을 나타냅니다. 쌍둥이자리는 빛과 온기가 점점 더 커지며 극(하지, 낮이 가장 긴 시기)을 향해 달려가는 시기를 나타냅니다. 우리 몸의 말초신경이 사방팔방으로 미세하게 뻗어 있는 모습이나 전국의 도로가 넓은 고속도로에서부터 작은 도로까지 사방팔방 뻗어 있는 모습을 떠올리면 이해하기가 쉽습니다.

쌍둥이자리에 해당하는 절기인 소만(小滿)은 만물이 점차 생장하여 가득 찬다는 의미입니다. 이때부터 여름 날씨가 시작됩니다. 농가에서는 이른 모내기, 가을보리 먼저 베기, 여러 가지 밭작물 김매기 등 이 시기에 할 일이 많아집니다. 농부에게는 1년 중 제일 바쁜 시기입니다. 보리 싹이 성장하고, 산야의 식물들이 꽃을 피우고 열매를 맺으며, 빨간 꽃이 피어나는 계절입니다. 이 시기가 되면 산과 들판에 자연의 생명력이 우거져 천지가 푸르게 변합니다.

쌍둥이자리에 해당하는 또 다른 절기인 망종(芒種)은 벼나 보리 등 수염이 있는 곡식의 씨앗을 뿌리기 좋은 때라는 뜻입니다. 농가는 이 시기에도 보리 베기, 모내기로 1년 중 제일 바쁜 시절을 보냅니다.

과거에 이 무렵은 '보릿고개'라는 말이 있을 정도로 양식이 떨어져 힘겹게 연명하던 시기였습니다. 이 시기부터 하지까지가 1년 중 음기가 가장 약해지는 시기입니다. 음기는 양기를 보존하고 보호하는 보호막이라는 개념이 있어서 곡식, 열매와 대응되기도 합니다. 이 시기에 음기가 가장 약해진다는 의미는 작년 추수 후 보관해뒀던 곡식이나 열매가 완전히 떨어지는 시기라는 말입니다.

이때는 음기는 가장 약해지는 반면, 온 천하에 양기가 가득 차기 시작하는 시기입니다. 사방팔방으로 에너지가 확장을 하는 시기이지요. 구석구석까지 빛과 온기가 들이치니 어둠과 추위는 숨을 곳이 없어 사방팔방으로 쫓겨납니다. 어둠이 쫓겨나는 때이니 모든 것이 밖으로 드러나는 시기이기도 합니다. 따라서 내면의 실속이 없으면 그것마저 모두 드러나 망신을 당할 수 있습니다.

이 시기는 양기가 왕성해서 만물이 매우 바쁘게 움직입니다. 양자리는 음기의 저항을 이겨내면서 움직이기 때문에 그 움직임이 격렬하고 부딪침이 있습니다. 하지만 쌍둥이자리의 움직임은 저항 없이 사방팔방으로 뻗어나가기에 그 움직임이 기민하며 유연합니다. 분무기 앞쪽을 조절하면 물줄기가 일직선으로 나가기도 하고 사방으로 흩뿌리며 나가기도 합니다. 물이 일직선으로 분사되려면 물구멍을 좁게 만들어야 합니다. 그래야 그 좁은 구멍을 강하게 저항하며 뚫고 나가 물이 일직선으로 나아가게 됩니다. 이러한 움직임이 양자리의 움직임입니다. 반면, 물을 사방으로 흩뿌릴 때는 최대한 저항이 없도록 물구멍을 넓게 연 상태에서 분사해야 합니다. 이런 움직임이 쌍둥이자리의 움직임입니다.

쌍둥이자리는 한 줄기에서 나온 두 가지라는 의미와도 상통합니다. 쌍둥이자리를 구성하는 두 별의 이름은 제우스와 레다 사이에서 출생한 카스토르와 폴리데우케스라는 쌍둥이입니다. 카스토르와 폴리데우케스는 이다스와 린케우스라는 다른 쌍둥이와 싸웠는데 이 과정에서 카스토르가 죽고 맙니다. 폴리데우케스는 형을 잃은 슬픔을 가누지 못하고 제우스에게 카스토르를 살려주든지 자신의 목숨을 가져가든지 하라고 청합니다. 고민 끝에 제우스는 두 사람이 번갈아가며 하루는 천상의 올림포스에서, 다음 날은 지하의 하데스 영토에 지내도록 했습니다.

이러한 신화 속 내용에서 쌍둥이자리의 특징을 알 수 있습니다. 쌍둥이자리는 어떤 방향도 포기하지 않습니다. 가능한 모든 것을 하려고 합니다. 서로 다른 영역도 모두 경험하려고 합니다. 그것은 모든 것을 경험하고 맛봐야 하는 인간의 호기심과 닮아 있습니다. 비록 아담과 이브가 그 호기심을 못 이겨 낙원에서의 영원한 삶을 누리지 못하고 추방되어 광야에서 필멸의 삶을 살게 되었지만 말입니다. 인간의 역사가 다양하고 창조적일 수 있던 까닭은 인간에게 모든 것을 경험하고자 하는 역동적인 에너지가 있었기 때문입니다.

신체 기관 중에서 양손만이 유일하게 의식적으로 서로 다른 경험을 할 수 있습니다. 한 손에는 말랑한 것을 쥐고 다른 한 손으로는 딱딱한 것을 쥘 수 있는 식이지요. 또한, 한 손에는 뜨거운 것을, 다른 한 손에는 차가운 것을 들 수도 있습니다. 쌍둥이는 동일한 뿌리에서 갈라져 나온 다른 두 가지를 나타냅니다. 하지만 그 둘은 하나로 연결되어 있습니다.

쌍둥이자리는 이것도 하고 저것도 하려 합니다. 그러기 위해서 굉장한 활력과 민첩함을 발휘하기도 합니다. 그렇지 못하면 이것도 저것도 다 놓치게 됩니다. 또한, 적절한 가지치기가 되지 않은 나무가 사방팔방 가지를 뻗어가며 에너지를 소진하듯 에너지가 적절한 인도를 받지 않으면 멀리 가지 못하고 흩뿌려지면서 약해질 수 있습니다.

게자리(Cancer, ♋)

시기 및 절기

6월 21일~7월 23일(하지, 소서)

키워드

#경계하는 #편안한 #익숙한 #조심스러운 #당연한 #걱정스러운
#나의 일처럼 여기는 #깊이 있는 #끊지 못하는

게자리는 하나 됨을 의미합니다. 게자리를 설명할 때 빠지지 않고 등장하는 것은 모성애입니다. 어머니의 아이에 대한 사랑의 근본은 자기 자신에 대한 사랑에 근거합니다. 아이는 본래 어머니와 하나였습니다. 그렇기 때문에 아이를 사랑한다는 것은 어머니 입장에서 나를 사랑하는 것과 동일합니다.

게자리가 시작하는 절기인 하지(夏至)는 북반구에서 1년 중 낮의 길이가 가장 긴 시기입니다. 이 시기 땅은 태양의 열을 가장 많이 받아 하지가 지나면 매우 더워집니다. 서울에서는 4시 40분쯤부터 밝아져 5시 11분쯤 해가 뜨고, 19시 57분쯤 해가 집니다. 날이 맑으면 20시 20분쯤까지도 하늘이 밝습니다. 농가에서는 이 시기에 모내기가 끝납니다. 그리고 더워지기 시작하는 이때 비를 기다립니다. 만일 비가 오지 않으면 기우제를 지내기도 했습니다.

서유럽에서는 하지를 동지와 함께 묶어 'Solstice'라고 부릅니다. 라틴어로 '해(Sol)'가 '멈춘다(Stice)'는 뜻입니다. 동지와 하지에는 남중고도가 각각 하강과 상승을 멈추고 그때부터 반전합니다. 그래서 이 시기에는 해가 잠깐 멈춘 것처럼 보입니다.

즉, 게자리가 시작하는 하지부터 음양의 방향성이 바뀌기 시작합니다. 동지 → 하지 동안은 양기가 점차 커지는 기간이었습니다. 하지만 하지 → 동지 동안은 음기가 점차 커지는 기간입니다. 12사인 중 음양이 전환되는 시점의 사인(양자리, 게자리, 천칭자리, 염소자리)을 카디날 사인이라고 부릅니다. 카디날 사인은 새로운 기운이 시작되는 자리입니다.

동지 → 하지 기간 동안 양기가 커진다는 것은 이 기간 동안 빛과 열이 점점 퍼져나가 천지를 가득 채움을 뜻합니다. 사방이 생명력으로 차고, 물질의 내외부에 에너지가 가득 찹니다. 이는 엔트로피가 감소한다는 뜻이기도 합니다. 엔트로피는 열의 이동과 더불어 유효하게 이용할 수 있는 에너지의 감소 정도나 무효(無效) 에너지의 증가 정도를 나타내는 양을 가리킵니다. 열역학 제2법칙에 따르면 엔트로피는 증가합니다. 그런데 엔트로피의 감소는 이와 반대되는 작용입니다. 지구 안의 엔트로피가 낮아지려면 태양이라는 상위계에서 에너지를 전달받아야 합니다. 하지 → 동지 기간의 시작에 루미너리(달과 태양)의 도머사일(Domicile, 본적, 특정 행성의 뿌리가 되는 사인)인 게자리와 사자자리가 위치하는 것은 우연이 아닙니다.

하지는 엔트로피의 감소가 극에 달하는 시기입니다. 이때 내부와 외부, 사방이 하나의 양기로 가득 차게 됩니다. 반대로 하지 → 동지 기간에는 음기가 점차 강해지며 양기는 축소됩니다. 이 시기 동안 빛과 열은 점점 줄어듭니다. 양기가 한 점에서 넓게 사방으로 펼쳐지며 약해집니다. 에너지가 응집되어 있던 한 점에서 사방으로 흩어져서 퍼져나간다는 것은 엔트로피가 증가함을 의미합니다.

앞에서 설명했듯이 낮의 길이가 가장 긴 하지 무렵에는 천지에 양기(빛과 열기)가 가득합니다. 양기는 생명력, 창조성, 활동력 등을 상징합니다. 게자리 시기는 그러한 에너지가 가장 강렬한 때입니다.

하지만 현실 세계에서는 한 가지 기운으로 가득한 것이 존재할 수 없습니다. 게자리는 양기가 극에 달하는 시점이기도 하지만 음기가 태동하는 시기이기도 합니다. 음과 양은 서로 배척하지만 서로를 목적으로 합니다. 음양은 서로 반대되는 성질을 가지지만 상대가 없으면 자신도 존재할 수 없는 상호보완적 관계이기 때문입니다.

칼데아인이나 신플라톤주의자들은 게자리를 영혼이 하늘에서 내려와 육체를 부여받을 때 통과하는 '인간의 문'이라 불렀습니다. 영혼을 양, 육체를 음이라고 보고 양기 속에서 음기가 태어나는 과정을 영혼이 육체로 현현(영혼의 육화)하는 과정이라고 표현한 것 같습니다.

모든 생명체의 활동을 살펴보면 가장 왕성한 에너지를 갖고 있을 때 후손을 탄생시킵니다. 그리고 자신의 왕성한 생명력을 후손을 창조하고 양육하는 데 쏟습니다. 이는 양의 극단에서 음이 탄생(태동)하는 원리를 상징합니다. 아이를 낳는 순간부터 아이는 나의 목적이 됩니다. 나의 모든 에너지를 아이에게 쏟아붓습니다. 아이는 가장 연약한 육체를 지녔지만 가족의 모든 에너지를 빨아들이는 블랙홀이 됩니다.

게자리에 해당하는 또 다른 절기인 소서(小暑)를 전후로 극동 아시아에는 장마가 찾아옵니다. 또한, 서서히 더위가 시작되며 갖가지 과일과 채소가 열매를 맺기 시작합니다. 소서는 모를 내고 40일 정도 지난 후인데, 이 무렵 벼는 통통하게 굵어지며 알이 차기 시작합니다. 사람으로 치면 사춘기로 한창 영양을 빨아들이며 이삭 맺을 준비를 하는 시기입니다. 농부는 이 무렵에 논에 들어가 김매기를 합니다. 벼는 사람 손을 벗어나 스스로 설 채비를 하고 이때가 지나며 비로소 이삭이 나옵니다.

현실 세계에서는 양기가 가득하더라도 힘이 미치는 데 한계를 갖습니다. 내 마음대로 할 수 있는 영역은 제한되어 있는 것입니다. 그렇기 때문에 게자리 시기에는 내 마음대로 할 수 있는 영역과 그렇지 않은 영역에 대한 감각이 발달합니다. 게자리에서 내 마음대로 할 수 있다는 것은 황소자리에서 내 마음대로 할 수 있다는 것과 차이가 있습니다. 황소자리에서는 나와 외부가 자연스럽게 관계를 맺지만 경계가 있습니다. 게자리에서는 나와 대상의 경계가 없는 상태입니다. 양기로 가득 찬다는 것은 온전히 합일된다는 의미입니다. 이는 가루가 물속에 녹아서 흔적 없이 사라지는 것과 같습니다. 게자리는 불완전한 합일을 허용하지 않는 자리입니다. 그렇기 때문에 경계를 허무는 힘을 뜻합니다. (반대로 염소자리는 강력하게 경계를 유지하는 자리입니다.)

음양을 설명하는 방식에는 여러 가지가 있습니다. 영혼과 육체, 생명력과 물질, 개체와 전체 등의 관점 등이 그것입니다. 여기서는 개체와 전체의 관점을 취해보겠습니다. 양기는 움직이는 힘이며 개체를 나타냅니다. 인간 사회를 움직이는 힘은 개개인의 생명력입니다. 게자리 시기는 개체성의 힘이 가장 강력하게 발현되는 때입니다.

사자자리(Leo, ♌)

시기 및 절기
7월 23일~8월 23일(대서, 입추)

키워드
#당당한 #관대한 #밝은 #솔직한 #적극적인 #위엄 있는
#일방적인 #진솔한 #자기중심적인 #충직한

사자자리는 자신의 생명력을 안정적으로 거리낌 없이 표출합니다. 빛과 열의 근원인 태양이 지구에 있는 그대로 자신의 모습을 드러내는 시기입니다. 양자리에서 빛과 열이 자신을 드러내는 방식은 어둠과 한기를 뚫고 나오는 것입니다. 이는 해가 아직 지평선 밑에 있어 어두운데 지평선 위로 올라오면서 어둠을 뚫고 빛이 드러나는 것과 같습니다. 반면, 사자자리가 빛과 열을 드러내는 방식은 하늘 중천에서 아무런 저항 없이 자신의 존재감을 있는 그대로 드러내는 것과 같습니다.

12사인을 태양과 지구가 맺는 12개의 관계 양상이라고 보면 사자자리에서 태양은 자신이 지닌 본연의 에너지를 지구에 있는 그대로 드러냅니다. 즉, 태양의 기운이 가장 강하게 나타나는 시기입니다. 세상에 존재하는 생명체들은 자신만의 생명을 가지고 있습니다. 태양계의 중심이자 에너지의 근원이 태양이듯, 개체의 중심은 생명입니다. 태양의 기운이 가장 강하게 드러나는 시기라는 것은 개체의 생명력이 가장 강렬하게 드러나는 때라는 의미입니다.

사자자리에 해당하는 절기인 대서(大暑)는 '몹시 심한 더위'라는 뜻으로 장마가 끝난 후 가장 더위가 심한 때입니다. '대서에는 염소 뿔도 녹는다'라는 속담이 있을 정도입니다. 이 시기는 중복과 겹치는 경우가 많습니다. 삼복더위를 피해 계곡이나 산정에 찾아가 놀기도 합니다. 불볕더위, 찜통더위, 열대야도 주로 이때 겪습니다. 대서 무렵은 작물이 빨리 자라는 시기라서 이때 냉해를 입거나 비가 오면 작물이 성장하는 데 지장이 있습니다. 또한, 이 무렵 농촌에서는 논밭 김매기, 잡초 베기, 퇴비 장만 등 농작물 관리에 쉴 틈이 없습니다.

이 시기에 존재는 자신의 에너지를 강하게 내뿜습니다. 가장 찬란하게 존재의 빛을 발하는 때입니다. 인간의 육체로 비유를 들자면 성장 과정 중에서 에너지가 가장 충만해 사방팔방으로 뿜어내는 청소년기와 청년기 사이입니다. 동물의 관점에서 본다면 구애 활동으로 자신을 가장 격렬하게 드러내고 짝짓기를 하는 시기입니다.

사자자리에 해당하는 또 다른 절기인 입추(立秋) 무렵에는 벼가 한창 익어가는 때여서 맑은 날씨가 계속되어야 합니다. 조선시대에는 입추가 지나서 비가 닷새 이상 계속 내리면 조정이나 각 고을에서는 비를 멎게 해달라는 기청제(祈晴祭)를 올렸다고 합니다. 이런 전통은 양기(빛과 열기, 불)가 가장 강한 이 시기에 음기(어둠과 한기, 물)가 득세하면 문제가 생김을 나타냅니다.

한국에서 입추는 대서와 더불어 더위가 가장 기승을 부리는 시기입니다. 24절기가 중국 화북 지방의 날씨에 맞춰져 만들어진 것이기 때문에 한국의 날씨와는 미세한 차이가 있습니다. 입추가 지나서야 비로소 농가는 가을 준비를 시작합니다. 가령, 김장용 무와 배추를 심어서 김장을 대비합니다. 김매기도 끝나가고 농가도 그전보다 한가해집니다. '어정 7월 건들 8월'이라는 말은 이 시기 농가의 한가로움을 잘 표현한 말입니다. 모내기와 보리 수확으로 매우 바쁜 달인 5월을 표현할 때 '발등에 오줌 싼다'고 말하는 것과 좋은 대조를 이루는 말입니다.

모든 행성은 태양이 창조될 때 거의 함께 생겨났습니다. 이는 행성들이 태양과 같은 뿌리를 가지고 있음을 나타냅니다. 또한, 그때부터 행성들은 태양을 중심으로 움직이고 있습니다. 12사인이 태양이 보여주는 12가지 과정이라면 이 과정을 지구라는 공간에 펼치는 주체들은 10개의 행성들입니다. 사인과 행성의 이런 관계성을 표현한 개념이 '도머사일(Domicile, 본적)'입니다. 사람이 자신의 뿌리를 본적이라고 표현하듯, 각 행성의 뿌리가 되는 사인을 도머사일이라고 표현합니다. 다른 관점에서 이야기한다면 '각 사인은 자신의 과정을 현실 세계에서 펼칠 때 주체가 되는 행성이 있다'라고 표현할 수 있습니다.

사자자리는 태양의 기운이 가장 강하게 있는 그대로 드러나는 자리입니다. 이 사자자리의 과정에서 태양은 스스로 자신의 존재감을 지구에 드러내게 됩니다. 태양은 다른 행성들의 중심이자 절대적인 힘으로 한 단계 높은 존재이지만 지구 입장에서는 다른 행성들과 동등하게 취급되기도 합니다. 그래서 태양의 도머사일은 사자자리입니다. 사자자리가 자신의 과정을 현실 세계에 펼칠 때 주체가 되는 행성은 태양입니다. 그렇기 때문에 태양의 의미와 사자자리의 의미는 밀접한 연관을 가지고 있습니다.

처녀자리(Virgo, ♍)

시기 및 절기
8월 23일~9월 23일(처서, 백로)

키워드
#섬세한 #완벽한 #확실한 #대비하는 #파악하는 #계획하는
#겸손한 #비판적인 #불만족스러운 #비판적인

처녀자리는 양자리에서 드러난 개체의 탄생이 완성을 향해가는 시기입니다. 정신세계가 온전히 물질세계에서 현현하는 것은 불가능에 가깝습니다. 또한, 개인이 전체를 온전하게 통제하는 것도 불가능에 가깝습니다. 이런 불가능에 가까운 온전한 행위, 온전한 다스림에 대한 갈구가 나타나는 시기가 처녀자리 시기입니다.

처녀자리는 여름의 끝자락에 위치합니다. 게자리와 사자자리의 강렬한 빛과 열기가 서서히 약해지는 시기이지요. 이때는 양기와 음기가 온전한 균형에 이르는 추분을 향해 달려가는 시기입니다. 이 시기에는 영혼의 완전성(빛)을 불안전한 현실 세계(어둠)에서 구현하려는 매우 어려운 목표를 이루기 위해 고군분투합니다.

처녀자리의 처녀는 단순히 성적인 관점에서의 처녀를 의미하는 것이 아닙니다. 그보다는 순결하고 그 자체로 완전무결하다는 관점을 처녀라는 단어로 표현한 것입니다. 이런 완전성에 대한 환상을 가장 잘 대변하는 상(象)이 성모 마리아입니다. 마리아는 신성하며 오점 없는 영혼으로, 예수가 탄생한 이후에도 처녀인 상태로 남았습니다. 매춘부 혹은 아이를 낳은 어머니이지만 그 내면에 원천적인 처녀성을 보유함으로써 끊임없이 새로워지는 처녀 여신의 이미지를 마리아는 반영합니다.

처녀자리에 해당하는 절기인 처서(處暑)는 '더위가 마지막으로 머무는 곳'이라는 의미입니다. 이 시기가 지나면 더위가 한풀 꺾이고 선선한 가을이 다가옵니다. 아직은 양의 기운이 강하나 앞으로는 음의 기운이 더 강해집니다. 처서가 지나면 따가운 햇볕이 누그러져서 풀이 더 이상 자라지 않기 때문에 논두렁의 풀을 깎거나 산소를 찾아 벌초를 합니다. 옛사람들은 여름 장마에 젖은 옷이나 책을 햇볕에 말리는 행위를 이 무렵에 행했습니다. 처서 무렵에는 벼의 이삭이 패는 때라 강한 햇살을 받아야만 벼가 성숙할 수 있습니다. 그래서 농부들은 이 시기에 비가 오는 것을 특히 꺼렸습니다.

처녀자리 시기는 자신의 가능성을 최대한 발휘하는 시기입니다. 이는 의도와 결과가 시행착오 없이 매끄럽게 연결됨을 의미합니다.

만물이 무르익기 시작하는 이 시기는 완숙의 시기입니다. 어떤 일을 함에 있어서 완숙한 경지에 오르게 되면 실수가 없어집니다. 또한, 이 시기는 미래를 기다리기보다는 지금 내 앞에 놓인 이 순간에 집중하게 되는 시기입니다. 따라서 이때를 놓치면 후회하게 될 수도 있습니다.

처녀자리에 해당하는 또 다른 절기인 백로(白露)는 가을이 본격적으로 시작하는 시기입니다. 백로는 '흰 이슬'이라는 뜻입니다. 밤의 기온이 이슬점 아래로 내려가 풀잎이나 물체에 이슬이 맺히는 모습에서 유래한 이름입니다. 농촌에서는 백로 전에 패지 못한 벼는 더 이상 크지 못하거나 쭉정이가 된다고 생각했습니다. 백로가 되면 벼의 열매가 열립니다. 이는 결실이 맺어지는 시기임을 나타냅니다. 처녀자리의 상징적 이미지는 곡식을 들고 있는 여인으로 표현됩니다.

이 시기에는 커지는 음의 기운으로 양의 기운이 소진됩니다. 음의 기운이 점차 강해져서 합일되었던 힘(양의 기운)이 쪼개지고 분리되기 시작하는 시기이기도 합니다. 결실을 맺기 시작한다는 것은 더 이상의 성장 가능성은 줄어든다는 뜻이기도 합니다. 즉, 주어진 상황을 받아들여야 함을 의미합니다. 제한된 상황에서 최대한의 결과를 내는 것(효율)은 창조적인 행위라고 볼 수는 없습니다. 그것은 잠재된 가능성이 눈에 보이는 결과로 이미 드러나고 있는 과정입니다.

이 시기에는 기운이 무분별하게 흩어지지 않으며 결과물을 위해 구석구석 정교하게 쓰입니다. 인간의 성장 발달 과정에 비유하면 능력적으로나 사회적으로 안정된 상태에서 가정을 이루고 후손을 키워나가는 청장년기를 의미합니다. 이 시기는 삶에서 가장 바쁜 시기입니다. 자신의 에너지가 허투루 쓰이지 않고 주변 상황을 이롭게 하는 데 구석구석 쓰입니다. 성숙했기 때문에 시행착오 또한 적습니다. 또한, 이 시기는 과거에 머무르거나 미래를 준비하는 시기가 아니라 눈앞에 있는 현 상황에 집중하며 즉각적으로 결과를 내며 주변에 영향을 끼치는 때입니다.

천칭자리(Libra, ♎)

시기 및 절기
9월 23일~10월 23일(추분, 한로)
키워드
#균형 잡힌 #치우치지 않는 #적절한 #반응하는 #상대적인
#조화로운 #공평한 #기브앤테이크 #의존적인

천칭자리에서는 나와 타인, 나와 환경, 개체와 전체가 서로 동등한 관점에서 관계를 맺으며 균형을 잡습니다. 양자리에서 개체성(양)이 시작된다면, 천칭자리에서는 전체성(음)이 시작됩니다. 천칭자리가 시작되는 절기인 추분(秋分)은 태양(양)과 지구(음)가 가장 이상적으로 균형 잡힌 시점입니다. 하지만 현실 세계에서 이 순간은 아주 찰나입니다. 천칭자리의 균형은 매우 이상적이기에 12사인에서 유일하게 생명체가 아닌 물건으로 상징됩니다.

추분에는 낮과 밤의 길이가 같아지고 이 지점을 지나면 점차 밤이 길어집니다. 비로소 가을이 왔음을 실감하게 되는 때입니다. 추분과 춘분은 모두 밤낮의 길이가 같은 시기이지만 기온을 비교해보면 추분이 약 10℃ 정도 높습니다. 여름 더위가 아직 남아 있기 때문입니다. 추분이 되면 벌레는 땅속으로 숨어 들어가고 물이 마르기 시작합니다. 농부들은 이 무렵 적은 비가 내리면 길하고 날이 개면 흉년이라고 생각했습니다. 추분을 전후한 시기가 되면 논밭의 온갖 곡식을 거두어들이고 목화나 고추를 따서 말리는 등 농사일이 많아집니다. 오곡백과가 풍성한 시절입니다.

음은 눈에 드러나는 결과물이라는 의미가 있습니다. 음의 기운이 커지며 양의 기운과 정확히 균형점을 갖는 시기라는 사실은 생명력이 있는 그대로 형태를 띠고 드러난다는 의미를 나타냅니다. 하지만 그러한 상태를 유지하려고 집착하는 순간, 그 균형은 깨어지게 되어 있습니다. 유지하려는 집착 자체가 음의 기운을 지닌 마음이기 때문에 음의 기운 쪽으로 치우침을 만들어냅니다. 물건은 생명이 없습니다. 생명은 양이며 물질은 음입니다. 균형을 박제하려는 시도는 생명력을 상실하게 만듭니다.

동양에서는 용이 춘분에 하늘로 올라갔다가 추분에 못으로 돌아온다고 했습니다. 프랑스 혁명은 추분 무렵에 공화정을 성공시켰습니다. 그래서 추분이 프랑스 공화력의 첫날이 되기도 했습니다. 양을 상징하는 용이 양기가 세지는 춘분에 하늘에 오르고 음기가 강해지는 추분에 못으로 돌아간다는 의미는 음양 주도권의 변화를 나타냅니다. 또한, 공화정이란 수직적인 위계의 사회가 아닌 수평적인 평등의 사회를 의미한다는 점에서 균형과 평등을 나타내는 천칭의 상징과 상응합니다.

이때부터 음이 양보다 커지는데 이는 분리의 가속화를 나타냅니다. 천칭은 양팔 저울의 모습으로 표현됩니다. 양팔 저울은 항상 분리된 두 요소가 있음을 전제로 존재합니다. 양팔 저울이 왼쪽으로 기운 상태였는데 점점 수평이 맞아지다가 일순간 균형이 딱 맞고 그 이후 오른편으로 기울어지는 모습을 상상하면 천칭자리의 느낌을 조금이나마 느낄 수 있습니다. 그 수평이 맞는 일순간이 춘분이며 천칭자리의 시작점입니다.

기운과 형태는 반대의 의미를 지닙니다. 기운이 강하면 역동적으로 변화가 일어나기 때문에 특정 형태가 유지될 수 없습니다. 형태가 강하면 그 형태를 유지하기 위해서 변화를 억제해야 하기 때문에 기운이 억제됩니다. 이것이 현상학적으로 음과 양이 같은 시간, 같은 장소에서 동시에 같은 힘으로 드러나기 힘든 이유입니다.

양의 입장에서 음은 제약과 한계입니다. 천칭자리에서부터 음의 기운이 양의 기운보다 강해집니다. 양의 움직임은 음의 제약을 인식하고 따릅니다. 하지만 음에 제압당하지는 않습니다. 그렇기 때문에 균형과 부드러움이 있습니다. 현재의 상황을 인정하고 따르며 자신의 의지를 펼칩니다.

천칭자리에 해당하는 또 다른 절기인 한로(寒露) 즈음은 찬 이슬이 맺히는 시기여서 기온이 더 내려가기 전에 추수를 끝내야 합니다. 따라서 이 무렵 농촌에서는 오곡백과를 수확하기 위해 타작이 한창입니다. 몹시 바쁜 시기이지요. 국화로 화전을 지지거나 술을 담그고 갖가지 모임 또는 놀이를 즐깁니다. 한편, 여름철의 꽃보다 아름다운 가을 단풍이 짙어지고, 제비 같은 여름새와 기러기 같은 겨울새가 거처를 옮기는 시기입니다. 옛사람들은 이 시기에 높은 산에 올라가 머리에 수유 열매를 꽂으면 잡귀를 쫓을 수 있다고 믿었습니다. 수유 열매는 붉은 자줏빛인데 붉은색은 양의 색으로 벽사력(辟邪力)을 가졌다고 믿었기 때문입니다.

천칭자리 시기는 노력에 대한 결과가 돌아오는 때입니다. 게자리에서 사수자리까지는 양의 에너지가 주체가 되어 음의 물질적 결실을 맺는 과정입니다. 천칭자리의 시작인 추분에서 양과 음의 기운이 균형을 잡고 점차 음의 기운이 커진다는 것은 행위에 따른 결과가 드러나며 그 결과를 받아들여야 하는 시기임을 나타냅니다.

양자리의 의지는 주변의 제약을 신경 쓰지 않습니다. 하지만 천칭자리의 의지는 주변을 신경 쓰며 발현됩니다. 음의 기운은 정적이기 때문에 양의 기운을 포위하고 가로막습니다. 양은 이러한 음의 기운을 배려하면서 움직여야만 자신이 원하는 결과를 얻을 수 있을 것입니다. 천칭자리부터는 제약에 대한 확실한 인식이 생겨나기 시작합니다. 음의 기운이 양의 기운보다 강한 천칭자리부터 물고기자리까지는 제약에 대한 인식이 존재합니다.

천칭자리는 그 제약에 균형을 맞추며 의지를 펼치며, 전갈자리는 그 제약을 힘으로 이겨내려고 합니다. 사수자리는 그 제약 안에서 뜻을 펼치려고 합니다. 염소자리는 제약에 순응하고 따릅니다. 물병자리는 제약을 이해하고 따르지만 순응하지는 않습니다. 물고기자리는 제약과 하나 되고 융합합니다.

전갈자리(Scolpio, ♏)

시기 및 절기
10월 23일~11월 22일(상강, 입동)
키워드
#극단적 #강렬한 #파고드는 #아예 무관심한 #집요한
#끝장을 보는 #핵심적인 #부인하는 #억누르는 #비밀스러운

전갈자리 시기는 가을이 끝나고 낙엽이 떨어지고 쌀쌀해지는 시기입니다. 겨울이 오는 것이 확연하게 느껴지는 시기이지요. 이 시기에 이르면 양기(빛과 열기)가 숨기 시작하고 음기(어둠과 한기)는 눈에 띄게 커지며 드러납니다. 천칭자리부터 음기가 더욱 커지기 시작하지만, 전갈자리에 이르러 음기가 확실히 주도권을 잡습니다. 이는 양기 입장에서는 강력한 제약과 저항을 받게 된다는 의미입니다.

양의 기운을 내가 가진 기운이라고 치면 음의 기운은 외부 기운이라고 할 수 있습니다. 즉, 이 시기에는 외부 기운이 확실하게 주도권을 쥐고 강력하게 영향을 끼친다는 의미입니다. 이 상황에서는 내 기운을 펼치기 어렵습니다. 자칫 잘못 펼치게 되면 강력한 제재를 받아 소멸당할 수 있습니다.

가령, 내가 스파이로서 적진에 들어갔다고 칩시다. 적진 안에 숨어 있는 같은 나라의 스파이들은 나와 같은 편이고 나의 기운을 살려주는 사람들입니다. 그 외의 사람들은 적이면서 나의 기운을 죽이는 사람들입니다. 이런 상황에 놓이는 때가 전갈자리 시기입니다.

전갈자리에 해당하는 절기인 상강(霜降)은 '서리가 내린다'는 의미입니다. 가을의 쾌청한 날씨가 계속되는 대신 밤의 기온이 매우 낮아지는 때입니다. 따라서 수증기가 지표에서 엉겨 서리가 내립니다. 온도가 더 낮아지면 첫 얼음이 얼기도 합니다. 이때가 되면 단풍이 절정에 이르며 국화도 활짝 핍니다. 바야흐로 늦가을의 계절입니다. 9월 들어 시작된 추수는 상강 무렵 마무리가 됩니다. 이제 겨울맞이를 시작해야 합니다. 농가에서는 이 무렵이 되면 월동 준비로 매우 바빠집니다. 옛날에 중국 사람들은 상강이 지난 후부터 입동이 되기 5일 전에 벌레들이 겨울잠을 자러 들어간다고 했습니다.

물은 주변 온도에 의해 기체, 액체, 고체의 상태로 존재합니다. 얼음이 얼기 시작한다는 것은 액체가 고체로 변하는 현상이 나타난다는 것입니다. 어떠한 것이 굳어진다는 것은 더 이상의 변화 가능성이 사라짐을 의미합니다. 모든 현상과 객체에는 데드라인이 존재합니다. 데드라인이란 그 이후에는 더 이상의 변화가 일어나지 않는다는 뜻입니다. 데드라인이 눈앞에 보이기 시작하면 우리는 공포를 느끼기 시작합니다.

전갈자리에 해당하는 또 다른 절기인 입동(立冬)은 겨울에 들어서는 날입니다. 이제 사람들은 겨울 채비를 하기 시작합니다. 동면하는 동물들은 땅속에 굴을 파고 숨으며, 산야에 나뭇잎은 떨어지고 풀들은 말라갑니다. 낙엽이 지는 까닭은 나무들이 겨울을 지내는 동안 영양분의 소모를 최소로 줄이기 위한 자연의 이치에 따른 것입니다. 여러 지역의 향약에 전하는 바에 따르면 입동 무렵에 각 마을에서는 자발적인 양로 잔치를 벌였습니다. 일정 연령 이상의 노인들을 모시고 음식을 준비하여 대접하는 이 행사를 두고 치계미(雉鷄米)라고 부릅니다. 이는 생명력이 약해진 노인들이 앞으로 맞이할 겨울을 잘 넘기길 바라는 마음을 담은 세시풍속입니다.

음과 양은 불과 물처럼 서로 조화를 이루는 것이 매우 어렵습니다. 음의 성질이 수용적이라면 양의 성질은 주도적입니다. 그렇기 때문에 양이 강해지며 음이 따르는 것이 자연스러워 보입니다. 하지만 전갈자리 시기에 이르면 음의 기운이 대세를 획득하며 양을 다스립니다. 이는 양의 입장에서 억압과 폭력으로 다가올 것입니다. 음은 전체성을, 양은 개체성을 나타낸다고 할 때 음의 입장에서는 전체성을 위해 양을 억제하고 다스리고, 어떤 경우 전체성에 해를 가한다 싶으면 제거를 해야 할 수도 있습니다. 12사인을 음양의 관점에서 볼 때 주의할 점은 둘의 관계성과 음양 양쪽의 입장 모두에서 살펴야 한다는 것입니다. 음이나 양 한쪽의 입장만 취해서 해석하면 안 됩니다.

전갈자리의 작용은 우리 신체 기관 가운데 대장의 기능과도 같습니다. 대장에서는 인체의 수분을 흡수한다고 알려져 있으나 그 외에도 여러 기능을 합니다. 대장에 사는 세균(대장균)들이 일부 노폐물이나 독소를 우리 몸에 필요한 물질로 바꿔주면 대장이 이를 흡수합니다. 그 외에도 찌꺼기를 배출하는 기능도 합니다.

사수자리(Sagittarius, ♐)

시기 및 절기
11월 22일~12월 22일(소설, 대설)

키워드
#낙천적인 #확신이 있는 #열광적인 #성장하는 #먼 #넓은
#미래 지향적인 #관념적인 #도덕적인 #추상적인

사수자리에서 태양의 빛과 열기는 모습을 감추기 시작합니다. 이는 소멸을 뜻하는 것은 아닙니다. 멀리 떠났다가 다른 형태로 돌아올 것이기 때문입니다. 우리는 자신의 육체가 세상의 전부라고 생각하기 때문에 육체가 죽으면 존재와 세계가 소멸된다고 생각할 수밖에 없습니다. 하지만 더 커다란 세계의 눈에서 보면 어떠한 에너지도 소멸되지 않습니다. 이를 두고 물리적으로는 에너지 보존의 법칙이라고 이야기합니다.

사수자리 시기에는 태양이 중천에 떴을 때의 고도가 점차 낮아지고, 그러다 동지 때 가장 낮게 해가 뜹니다. 햇빛이 비스듬하게 지구를 비추는 것이지요. 단위면적당 빛과 열의 양은 줄어드는 대신 같은 단위의 빛과 열이 더 넓은 범위를 비추기 시작합니다. 이는 빛과 열기가 응축되기보다는 넓게 펼쳐짐을 의미합니다. 물 한 대접에 각설탕 하나를 넣으면 각설탕이 녹으면서 물 전체에 단맛을 퍼트립니다. 사수자리의 양기는 사방팔방 뻗어나가며 옅어집니다. 이는 자신의 뜻과 의지가 천지에 두루두루 멀리 퍼지는 모습을 나타냅니다.

사수자리에 해당하는 절기인 소설(小雪)에는 눈이 내릴 정도의 추위가 시작되기 때문에 이 무렵에는 겨울 채비를 합니다. 그러나 한겨울에 진입한 것은 아니고 아직 따뜻한 햇살이 비치므로 소춘(小春)이라고 부르기도 합니다. 이때는 평균 기온이 5℃ 이하로 내려가면서 첫 추위가 찾아옵니다. '초순의 홑바지가 하순의 솜바지로 바뀐다'라는 속담이 전해질 정도로 기온이 급강하하는 때입니다. 그래서 사람들은 소설 전에 김장을 하기 위해 서두릅니다. 이미 농사철은 지났지만 겨울 준비를 위한 잔일이 남아 있습니다. 시래기를 엮어 달고 무말랭이나 호박을 썰어 말리기도 하며 목화를 따서 손을 보기도 합니다. 또한, 겨우내 소먹이로 쓸 볏짚을 모아두기도 합니다.

사수자리에 해당하는 또 다른 절기인 대설(大雪)은 '눈이 많이 내린다'는 뜻입니다. 대설이라는 이름은 재래역법의 발생지이며 기준 지점인 중국의 화북 지방의 상황을 반영해 붙여진 것입니다. 그러므로 꼭 이 시기에 우리나라의 적설량이 많다고는 볼 수 없습니다. 한국에서는 12월보다 오히려 1월이나 2월에 평균적으로 더 많은 눈이 내립니다. 특히 24절기 중 대설이 있는 음력 11월은 동지와 함께 한겨울을 알리는 절기로 농부들에게는 1년을 마무리하면서 새해를 맞이할 준비를 하는 농한기이기도 합니다.

동지 직전인 사수자리 시기는 밤과 한기의 영향력이 극대화되는 때입니다. 빛과 열기의 힘은 매우 약해져갑니다. 이 시기에 우리는 당장 눈앞에 닥친 현재가 아니라 먼 훗날 다시 찾아올 봄을 생각하며 마음을 다잡습니다. 사수자리가 가진 낙천성은 과거나 현재보다는 미래를 향해 있습니다.

사수자리 시기는 그 기운이 지금 당장보다는 앞으로 다가올 시기의 변화를 장기적으로 대비하는 데 집중되어 있습니다. 이 무렵에는 양기가 점차 약해지며 소멸하는 것처럼 보입니다. 양기는 곧 생명력을 의미합니다. 눈에 보이는 현실 세계에서는 밤과 한기가 극성을 부리기 시작합니다. 이럴 때 우리는 눈앞에 닥친 현실을 보기보다는 우리의 내면을 보고, 사라진 것 같은 양기가 결코 사라지지 않았다는 믿음을 강하게 키워나갑니다.

본래 살던 터전을 떠나 먼 곳으로 이민을 가는 장면을 생각해봅시다. 만일 기존에 터를 잡고 살던 곳에서 나의 존재가 생생하게 살아 숨 쉰다면 우리는 그곳을 떠날까요? 그렇지 않을 것입니다. 우리가 새로운 곳으로 떠나려고 마음을 먹을 때는 이 터전에서 어떻게든 살려고 하는데 점점 시간이 갈수록 희망이 사라져가고 나의 가능성이 막히고 줄어든다고 느낄 때입니다. 이러한 흐름이 나타날 수 있는 시기가 바로 사수자리의 시기입니다.

염소자리(Capricorn, ♑)

시기 및 절기
12월 22일~1월 20일(동지, 소한)

키워드
#결과론적인 #위계질서 #확고한 #신중한 #확실한 #권위적인

#원리원칙대로 #복종적인 #인내하는 #수직적인 #진지한

염소자리 시기는 어둠과 한기가 가장 길고 강한 시기인 동지에서 시작합니다. 음양의 법칙으로 본다면 음의 기운이 극에 달해 양이 태동하는 시기입니다. 하지만 염소자리에서 양의 힘은 너무 미약하여 드러나는 즉시 음에 의해 말살당하니 양은 자신을 드러내지 않고 극도로 숨으며 힘을 키웁니다. 즉, 현실이나 현상에 순응하며 기다리고 참는 시기입니다. 음이 극에 달했다는 것은 물질과 형태가 주변을 가득 채우고 변화의 에너지는 깊이 잠복해 있음을 의미합니다.

이 시기에 인간은 모든 이에게 동등하게 작용하는 질서와 법칙인 객관성이라는 관점을 가장 강하게 인식합니다. 전체를 인식하며 전체 속에서 나를 인식하는 것이지요. 우리는 이때 전체에 압도당할 수밖에 없으며 그 안에서 중심을 잡기 위해서 버틸 수밖에 없습니다. 지구 전체에 작용하는 압력(중력)을 견디며 두 발로 땅을 딛고 일직선으로 서 있는 인간의 모습을 상상해보세요.

하지부터 차츰 낮이 짧아지고 밤이 길어지기 시작해 동지에 이르러 극에 도달하고, 동지 다음 날부터는 차츰 밤이 짧아지고 낮이 길어지기 시작합니다. 고대인들은 동지를 태양이 죽음으로부터 부활하는 날로 생각하고 축제를 벌여 태양신을 향해 제사를 올렸습니다. 동지에는 동지두죽(冬至豆粥), 동지시식(冬至時食)이라는 오랜 관습을 행합니다. 팥을 고아 죽을 만들고 여기에 찹쌀로 단자를 만들어 넣어 끓여 먹는 풍습입니다. 옛사람들은 팥의 색이 붉어 양의 색이므로 음귀(陰鬼)를 쫓는 데에 효과가 있다고 믿었습니다.

동지는 태양의 고도가 가장 낮고 단위면적당 태양 빛이 가장 적게 들어오는 시기입니다. 그리고 동지부터 낮의 길이가 길어지기 시작합니다. 여기서 우리는 한 기운이 극에 달하면 새로운 기운이 태동한다는 법칙을 깨닫게 됩니다. 태양의 힘이 가장 약하다는 것은 반대로 지구의 힘이 가장 셈을 의미합니다. 지구는 모든 물질의 어머니입니다. 모든 생명과 빛, 열의 아버지는 태양입니다.

염소자리에 해당하는 또 다른 절기인 소한(小寒)은 원래 중국에서는 대한 다음으로 가장 매서운 한파가 오는 시기로 알려졌습니다. 이때 농가에서는 입춘 전까지 혹한에 대비해 만반의 준비를 하는 풍습이 있습니다. 이제는 다소 무색해졌지만 삼한사온(三寒四溫)이라는 말처럼 삼일 춥고 사일 따스한 기후가 본격적으로 시작되는 때도 바로 이 무렵입니다. 또한, 소한은 24절기 중에서 해가 가장 늦게 뜨는 닐입니다.

염소자리의 특징 중 하나는 '결정화'입니다. 만물이 꽁꽁 얼어붙은 상태를 생각하면 됩니다. 이 시기는 동물들이 모두 동면에 들어가고 천지는 눈에 덮여 개개의 색을 모두 잃는 때입니다. 봄과 여름에 모든 개체들이 꽃이나 열매, 왕성한 활동으로 자신의 존재를 뽐내는 것과는 상반되는 느낌입니다. 이 시기에 양기는 눈에 보이지 않지만 실제로 없는 것은 아닙니다. 오히려 보이지 않는 깊숙한 곳에서 자신의 힘을 기르고 있는 중입니다.

음기의 입장에서 보면 자신의 힘이 만천하에 드러나는 이 시기보다 편안하고 좋은 시기가 없습니다. 게자리와 염소자리는 음이나 양 한쪽으로 기운이 치우친 시기들이기 때문에 양상이 극단적으로 드러나는 경향이 있습니다. 가령, '어머니는 약하나 어머니는 강하다'라는 말이 그렇습니다. 게자리의 본성은 약하나 강합니다. 재벌 2세는 강하나 그 타이틀이 없다면 그는 약합니다. 염소자리의 형태는 강하나 약합니다.

염소자리는 상체는 염소, 하체는 물고기의 이미지로 상징되는데, 이는 딕테 산에서 어린 제우스에게 젖을 먹인 염소 요정 아말테이아를 나타냅니다. 그리스 신화에서 자신의 자식을 잡아먹던 크로노스 또한 염소로 표현됩니다. 아말테이아는 어리고 힘없는 아이를 보살피는 원조자로, 크로노스는 자신의 자식을 잡아먹는 파괴자로서의 염소를 나타냅니다. 음의 기운이 가득한 곳에서 양이 탄생한다는, 쉽게 상상할 수 없는 이중적인 원리가 신화 속에서 이처럼 상반된 의미로 나타나는 것입니다.

물병자리(Aquarius, ♒)

시기 및 절기
1월 20일~2월 19일(대한, 입춘)

키워드
#합리적인 #초연한 #받아들이는 #휘둘리지 않는 #명료한
#쿨한 #개인주의적인 #수평적인 #다양한 #참신한

합리적인 사고와 판단을 하려면 상황을 있는 그대로 받아들이고 경험하며 바라봐야 합니다. 개인의 시선은 주관적일 수밖에 없으며 객관적인 시각을 유지하는 것이 어렵습니다. 물병자리는 물질에서 정신이 드러나는 자리입니다. 이는 과학자가 일견 무질서해 보이는 현상들 속에서 하나의 법칙을 찾아내는 것과 같습니다. 상황을 따르지만 상황에 휘둘리지 않으며, 표면에 위치하지만 중심을 잃지 않는 물병자리는 쉽게 이해할 수 없는 사인입니다.

과학혁명은 '나는 모른다'라는 마음에서 출발했습니다. 그로부터 알고 싶은 마음이 생겨났고 다양하게 변하는 현상을 지켜보고 바라보며 경험하면서 그 안에서 변치 않는 기준을 찾으려 했던 것이지요. 염소자리가 물질세계에서 중심을 잡는 것을 상징한다면 물병자리는 정신세계에서 중심을 잡는 행위를 가리킵니다.

물병자리는 합리적이며 독립적인 모습을 지닙니다. 전체에 속해 있으나 전체에서 분리되어 있습니다. 음기에 순응하나 양기를 잃지 않습니다. 그렇기 위해서는 음기에 대한 경험과 이해, 한계에 대한 명확한 이해, 전체적인 체계나 구조에 대한 이해가 필요합니다. 그래야만 나의 의지가 손상을 입지 않습니다. 이상주의라는 말은 그의 정신이 현실적인 것으로부터 분리되어 있음을 나타냅니다. 몽상적이지 않고 이상적이려면 그의 생각이 합리성과 객관성에 바탕을 두고 있어야 합니다. 그리고 합리성과 객관성은 전체성에서 비롯됩니다.

물병자리에 해당하는 절기인 대한(大寒)을 동양에서는 겨울을 매듭짓는 절후로 보았습니다. 그래서 대한의 마지막 날을 절분(節分)이라 하여 계절적으로 연말일(年末日)로 여겼습니다. 물병자리에 해당하는 또 다른 절기인 입춘(立春)은 아직 추운 겨울이지만 이때가 되면 햇빛이 강해지고 밝아짐을 느낄 수 있습니다. 동지가 지난 후에는 태양이 다시 북반구 쪽으로 이동하기 때문에 북반구 쪽 지구가 천천히 달구어지는 시차가 존재하여 입춘이 지난 후 한 달 정도는 지나야 계절의 변화를 체감할 수 있습니다. 실제로는 춘분이 되어야 본격적인 봄이라고 할 수 있습니다. 아직 추위가 기승인 입춘 시기는 음력으로는 대개 정월이므로 새해를 상징하기도 합니다.

음양의 관점에서 사자자리는 양기가 가득한 가운데 음기가 자리 잡음을 의미합니다. 반면, 물병자리는 음기가 가득한 곳에서 양기가 태동함을 의미합니다. 12사인은 빛과 어둠, 열기와 한기, 에너지와 물질이 서로가 서로의 목적이 되어 원형적으로 생장 소명을 진행하는 과정들을 나타냅니다.

과학혁명 이후 현대 인간은 시간을 '과거 - 현재 - 미래'로 보는 선형적 사고를 가지게 되었습니다. 농업혁명부터 산업혁명까지 인간은 원형적 사고를 가지고 있었습니다. 만일 모든 경험이 다르고 일회적이라면 우리의 정신과 내면은 어떻게 발전할 수 있을까요? 드러나는 모습은 일견 다르지만 내면의 구조와 성질은 동일하기에 우리는 경험을 반복하며 성장합니다. 이렇게 경험을 반복한다는 것 자체가 삶이 원형적으로 진행된다는 증거입니다.

음양의 관점에서 보면 사자자리 시기에 양기로 둘러싸인 상태에서 음기가 자리를 잡습니다. 이는 태양이 매우 뜨거운 열과 빛을 내뿜으나 그 상태를 유지시켜줄 수 있는 매우 큰 질량을 가진 핵이 중심에 위치한 것과 같습니다. 물병자리는 음기로 둘러싸인 상태에서 양기가 태어나는 자리입니다. 이는 마치 판도라의 상자처럼 열지 말라는 뚜껑을 열었더니 그 속에서 온갖 재앙이 뛰쳐나와 세상에 퍼진 뒤 마지막으로 희망이 남은 상태와 같습니다.

또한, 별이 만들어지는 과정을 보면 별은 헬륨 및 기타 중원소와 먼지 등으로 이루어진 거대한 성간 분자 구름(성운)에서 탄생합니다. 성운은 일반적인 우주 물질 밀도의 수백만 배에 달하는 상당히 조밀한 밀도를 가졌습니다. 성운이 어떤 임계질량을 초과하면 다른 힘이 붕괴를 저지시킬 때까지 폭주하며 수축하는 과정을 시작합니다. 그 과정에서 별이 탄생합니다. 이는 음(헬륨, 원소, 먼지 등으로 이루어진 거대한 구름)에서 양(빛과 열에너지를 뿜어내는 별)이 탄생함을 보여줍니다.

행성들의 생성에 초신성(별의 일종)의 폭발로 생긴 충격파와 잔해 물질이 영향을 주었다는 점 역시 죽음이 새로운 탄생을 불러옴을 드러냅니다. 이와 같은 원형적인 사건의 흐름이 우주 속에 흐르고 있습니다.

물고기자리(Pices, ♓)

시기 및 절기
2월 19일~3월 21일(우수, 경칩)

키워드
#하나 되는 #경계 없는 #녹아드는 #애매한 #쉼 없이 변하는
#부드러운 #포용하는 #연약한 #은밀한

많은 과학자들이 생명의 기원을 밝혀내려고 노력하고 있습니다만 현재로서는 다양한 학설들만 존재하는 상황입니다. 기본적인 가정은 다양한 무기물이 뒤섞인 상태(거대한 원형질의 바다)에서 번개, 우주에서 온 운석, 화산 열 등의 생명의 기운이 들어와 화학작용으로 생명이 나타났다는 것이 일반적입니다. 이는 과학적인 언어로 음양의 융합 작용을 설명한 것입니다.

춘분(양자리)에 양기가 음기를 뚫고 나오는 모습은 마치 생명의 탄생과도 같습니다. 그렇다면 춘분 바로 이전 시기를 나타내는 물고기자리는 생명이 탄생하기 전 모든 것이 한 덩이로 뒤섞이며 화학작용이 일어나기 시작한 상태를 나타냅니다. 12사인의 마지막 사인은 모든 것이 끝나는 곳이 아니라 끝과 시작을 이어주는 연결의 장소입니다.

경계가 무너지며 모든 것이 하나로 뒤섞이는 이 자리는 흡사 모든 것을 빨아들이는 블랙홀 또는 모든 강물과 빗물이 모여드는 거대한 바다와 같습니다. 물고기자리의 상징은 서로 다른 반대 방향으로 가는 물고기의 꼬리가 연결된 모습입니다. 이는 상반되어 함께할 수 없는 양면적인 힘이 떨어질 수 없도록 하나로 묶여 있음을 나타냅니다. 이는 인간의 작은 뇌로는 이해하기 힘든, 세상의 근원적인 본질과 맞닿아 있습니다.

이 자리에서는 가장 높은 것과 가장 낮은 것이 하나가 되어 뒹굴고, 가장 큰 것과 가장 작은 것이 동일한 가치를 갖습니다. 일견 평등으로 보이나 불평등 또한 그 속에서 함께할 수 있습니다. 음기는 양기를 다스리려고 하나 커져가는 양기를 다스릴 수 없으며, 음기는 양기와 함께 휩쓸려 다닙니다. 양기 또한 자신의 기운을 강하게 펼치려고 해도 아직은 사방에 음기가 있으니 움직임의 기복이 매우 큽니다. 사방에 장애물이 있는 곳에서 범퍼카를 타고 질주하는 모습을 떠올리면 음기가 주변 곳곳에 포진된 양기의 상황을 조금은 짐작할 수 있을 것입니다.

물고기자리에 해당하는 절기인 우수(雨水)는 빗물이라는 뜻입니다. 우수는 겨울철 추위가 풀려가고 눈, 얼음, 서리가 녹아 빗물이 되고 한파와 냉기가 점차 사라지며 봄이 오는 것을 알리는 절기입니다. 얼음은 경계가 있고 움직이지 않지만 물은 경계가 없으며 움직이고 흐릅니다. 얼음이 녹는다는 것은 음의 기운이 점차 약해짐을 의미합니다. 농사일을 본격적으로 준비할 때이기 때문에 농부들은 새해 농사 계획을 세우고 한 해 농사에 쓸 좋은 씨앗을 고른 다음, 먼저 논밭 태우기를 해서 들판의 해충이나 알을 태워버리고 타다 남은 재는 다음 농사를 위한 거름으로 사용했습니다. 모든 것을 태우는 것은 시작하기 전 리셋하는 것과 같습니다. 이는 새로운 시작의 밑거름으로 작용합니다.

음기가 양기보다 약해진다는 것은 더 이상 양기의 에너지를 억제하거나 제약할 수 없다는 의미입니다. 이는 형태(음)가 와해되는 것과 유사합니다. 음기가 전체로서 개체인 양기를 다스릴 수 없다면 음기는 양기의 자양분으로 양기를 더욱 키우는 역할을 하게 됩니다. 이러한 현상은 황소자리에서 나타납니다. 물고기자리는 그러한 일이 일어나기 이전의 시기로 음기의 형태와 경계가 무너져내리는 양상이 나타납니다.

물고기자리에 해당하는 또 다른 절기인 경칩(驚蟄)은 만물이 약동하며 새로운 생명이 태동하며 겨울잠을 자던 동물들이 땅속에서 깨어난다는 뜻입니다. 이 무렵이 되면 날씨가 따뜻해서 초목의 싹이 돋기 시작합니다. 겨우내 얼어붙었던 땅이 녹고 한파가 사라진 시점인 것은 맞지만 꽃샘추위가 찾아와 쌀쌀한 날씨를 보이기 때문에 간혹 '잠에서 깨어난 개구리도 얼어 죽는 것이 아니냐'는 이야기가 나올 정도입니다. 꽃샘추위는 한겨울 한파처럼 기온이 급강하하는 것은 아니지만 추위 전에는 포근했다가 갑자기 추워지는 식으로 기온 차이가 심해지기 때문에 체감상 느껴지는 추위의 정도가 더 셉니다. 이 무렵에는 아직 음기의 기운이 더 세기 때문에 양기의 드러남이 매우 불안정합니다.

다양한 관점으로 이해하는
12사인

◇ ◈ ✿ ◈ ◇

이번 장에서는 12사인이 지닌 의미를 보다 풍부하게 이해할 수 있도록 다양한 관점에서 12사인의 의미를 해석, 정리했습니다. 12사인은 계절과 절기의 관점, 음양의 변화 측면에서의 관점, 인간이 지닌 다양한 감각의 관점 등으로 바라볼 수 있습니다. 또한, 12사인은 그 의미에 따라 6개의 쌍으로 짝을 지을 수도 있습니다.

24절기는 중국 화북 지방(대표 도시는 베이징)을 기준으로 만들어졌습니다. 서울은 기후적으로 베이징보다 여름 절기(입하~대서)가 15일 정도 늦게 찾아옵니다. 여름을 제외한 다른 계절은 대동소이합니다. 24절기를 잘 살펴보면 생명이 탄생하고 결실을 맺고 소멸하는 주기를 알 수 있습니다.

• 극동 지방의 벼농사 과정으로 보는 12사인

12사인	사계절	24절기	농사 과정
양	봄	춘분	봄보리를 심을 땅을 갈고, 농사 준비로 바쁨
		청명	논, 밭둑을 손질하는 가래질, 논농사 준비 작업
황소	봄 → 여름	곡우	못자리에 쓸 볍씨를 담금
		입하	못자리가 자리잡힘, 해충과 잡초 제거

쌍둥이	여름	소만	모내기 준비, 가을보리 먼저 베기, 밭농사 김매기
		망종	보리 수확, 모내기, 농사일이 가장 바쁠 때
게	여름	하지	하지를 지날 때까지 비가 오지 않으면 기우제 지냄
		소서	모가 뿌리내림, 콩이나 조, 팥 심기, 김매기
사자	여름 → 가을	대서	밭농사 김매기, 논밭두렁의 잡초 베기, 퇴비 장만
		입추	김매기가 끝나고 한가해짐(농한기), 호미 씻기
처녀	가을	처서	호미 씻기도 끝나 농사철 중 비교적 한가한 때
		백로	추수할 때까지 잠시 일손을 쉬는 때, 친정집에 들름
천칭	가을	추분	논밭의 곡식을 거둬들임, 잡다한 가을걷이
		한로	추수를 끝내야 함, 타작이 한창인 시기
전갈	가을 → 겨울	상강	추수 마지막 무렵, 이모작 지역은 보리를 파종함
		입동	김장하기, 고사 지내기
사수	겨울	소설	월동 준비, 볏짚 모아 겨울 소먹이 준비
		대설	농한기
염소	겨울	동지	
		소한	
물병	겨울 → 봄	대한	농한기(제주도의 경우 이사, 집수리, 집 안 손질)
		입춘	농한기(보리 뿌리를 뽑아 보고 그해 농사를 점침)
물고기	봄	우수	농사 준비, 농사 계획, 씨앗 고르기, 논밭 태우기
		경칩	농사 준비(보리 새싹의 성장을 보고 그해 농사 예측)

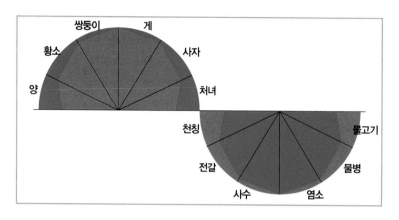

〈그림 5.8〉 12사인의 음양 비율(파란색=음, 붉은색=양)

• 빛과 어둠, 열기와 한기(음양)의 변화로 보는 12사인

12사인	음양의 비중 0° ➡ 30°		양의 관점에서 해석
양	3:3	4:2	• 양기가 음기를 뚫고 나오면서 자신의 존재를 드러내고 확인한다.
황소	4:2	5:1	• 음기를 자양분 삼아 양기를 키워간다. • 음기를 흡수하여 양기의 힘을 키워간다.
쌍둥이	5:1	6:0	• 구석구석까지 양기를 퍼트린다. • 구석구석의 음기와 모두 연결되어 하나가 된다.
게	0:6	1:5	• 온 천지에 양기가 가득하게 된다. • 하나로 섞이며, 새로운 생명이 탄생한다.
사자	1:5	2:4	• 양기가 특정한 형태(음기)로 존재하며 지속적으로 에너지를 발산한다.
처녀	2:4	3:3	• 음기가 주도권을 잡기 바로 직전 상태다. • 양기로 음기를 통제한다.
천칭	3:3	4:2	• 음기를 제약으로 인식하며 양기의 뜻을 펼친다. • 결과를 생각하며 움직인다.

전갈	4:2	5:1	• 양기가 음기에 강력하게 제지를 당한다. • 양기를 감추고 보존한다.
사수	5:1	6:0	• 양기가 음기에 흩뿌려진다. • 먼 미래를 위해 양기를 보존한다.
염소	0:6	1:5	• 음기가 가득하며 양기가 보이지 않는다. • 음기에 맞서지 않으며 참고 인내한다. 잊지 않는다.
물병	1:5	2:4	• 현재 상황에 전혀 맞지 않는 양기가 탄생한다. • 음기를 따르지만 양기는 포기하지 않는다.
물고기	2:4	3:3	• 음기와 양기가 급격히 뒤섞이기 시작한다. • 양기는 숨을 죽인 채 주변의 물질을 쉼 없이 빨아들인다.

*파란색=음, 붉은색=양

12시인	음양의 비중 0˚ ➡ 30˚		음의 관점에서 해석
양	3:3	4:2	• 부수어진다. 예측하거나 통제가 되지 않는다. • 제재가 통하지 않는다.
황소	4:2	5:1	• 흡수당한다, 매료당한다, 자연스럽게 따른다, 소진된다, 아름답게 변화된다.
쌍둥이	5:1	6:0	• 비밀, 분리가 모두 해제된다. • 음의 상태를 지속하기 매우 힘들다.
게	0:6	1:5	• 태어난다, 보호받는다, 외부에 에너지가 쉴 새 없이 들어온다, 쉼 없이 신경 쓰임을 당한다, 분리가 불가능하다.
사자	1:5	2:4	• 제압당한다, 따른다, 방어를 할 수 없다, 분리할 수 없다.
처녀	2:4	3:3	• 쉼 없이 관리를 받는다, 조정을 받는다, 간섭받는다. • 이상적인 상태를 추구한다.
천칭	3:3	4:2	• 음기가 양기를 누르며 조절한다. • 전체적인 시각 아래에서 에너지를 조율한다.

전갈	4:2	5:1	• 강력하게 양기를 제압하고 누른다. • 전체(음기, 물질)에 위해를 가하는 힘은 제거한다.
사수	5:1	6:0	• 편안하다. 모든 것이 자연스럽게 따라온다. • 부분이 전체로 통일된다.
염소	0:6	1:5	• 모든 것이 질서를 찾아가고 제자리(자기 역할)에 있으며 안정적이다. • 뭉치고 쌓이며 에너지가 응축된다.
물병	1:5	2:4	• 전체(음기)가 개체(양기)를 존중한다. • 평등하고 균등하고 고르게 분포된다.
물고기	2:4	3:3	• 음이 녹아내리면서 뒤섞인다. • 형태, 형상을 유지하기 어려워진다.

＊ 파란색=음, 붉은색=양

• 인간의 12가지 감각으로 보는 12사인

사인	감각의 종류
양	자아 감각: 타인의 자아와 나의 자아를 인식하는 감각
황소	사고 감각: 개념 세계, 언어를 초월한 차원
쌍둥이	언어 감각: 음악의 구성 요소보다 더 높은 차원(사회적 차원)
게	청각: 물리적 자극이 정신적 자극으로 변환
사자	열 감각: 움직이게 만드는 원동력, 본질적, 근원적 통로
처녀	시각: 뇌의 연장, 눈을 통해 사고, 흰자위(객체 인식)
천칭	촉각: 분리와 경계를 의식
전갈	생명 감각: 건강 상태를 파악, 본래 상태에서 이탈하면 통증으로 신호
사수	고유운동 감각: 의지에 따른 움직임, 과제 이행, 타고난 운명에 의한
염소	균형 감각: 자신의 존재와 함께 주변의 존재들을 인식

물병	후각: 즉각적인 반응, 선악(옳고 그름)에 대한 판단력
물고기	미각: 섭취와 말, 외부와 내부의 전환, 경계, 입구

• 쌍으로 살펴보는 12사인

사인	의미		의미	사인
양	나, 발현, 액션, 주장	⇄	너, 균형, 리액션, 타협	천칭
황소	안정, 채움, 편안, 순응		위기, 비움, 고통, 거스름	전갈
쌍둥이	가까운, 피상적, 습득, 소통		먼, 추상적, 깨달음, 전달	사수
게	개체, 내재화, 합일, 내적 균형		전체, 외재화, 소속, 외적 균형	염소
물병	합리, 초연, 개인주의, 평등	⇄	직관, 열정, 자기중심, 관대	사자
물고기	무경계, 혼합, 수용, 불완전		경계, 분리, 비판, 완전	처녀

193

6장

하우스×행성×사인
조합으로 운명 이해하기

조합이란
무엇인가?

✧ ✧ ✧ ✧ ✧

　　인간은 복합적이며, 여러 요소가 유기적으로 얽혀 있습니다. 쉬운 예로 직장에서 나의 기운, 말투, 분위기는 애인하고 있을 때와는 매우 다를 수 있습니다. 그럼 그 사람은 두 가지 다른 성격을 가진 이중인격자일까요? 아닙니다. 사람은 여러 모습이 있습니다. 그 모습들은 동시에 모두 표출되는 것이 아니라, 특정 장소에서 특정 부분이 두드러지게 나타납니다. 그리고 특정 시기에 특정 부분이 두드러지게 나타날 수도 있습니다. 보다 쉬운 이해를 위해 자신의 10대와 현재가 어떻게 다른지 생각해보면 됩니다. 성격이 바뀐 것이 아니라, 여러분이 가지고 태어난 성질 중에서 10대 때 두드러지게 나타난 부분과 현재 두드러지게 나타나는 부분이 다른 것뿐입니다.

　　인간은 지구에 존재하는 모든 생물 중에서 가장 고도로 발달한 존재입니다. 고도로 발전했다는 것은 매우 다양한 기능을 가지고 있고 그러한 기능들이 섬세하게 유기적으로 연결되어 작동한다는 것입니다. 인간의 육체가 그러하듯 인간의 마음도 그렇게 구성되고 작동하고 있습니다. 인간의 삶 또한 다양한 영역들과 관계들로 복잡하게 구성되어 있습니다. 일견 각 영역과 관계는 분리되어 보이나 우리의 삶 속에서 긴밀하게 서로 영향을 주고받으며 연결되어 있습니다.

점성학에서는 인간의 운명(삶)을 사인, 행성, 하우스 3가지 요소로 이해합니다. 이러한 요소들은 분리되어서 따로 존재하거나 작동하는 것이 아닙니다. 인간의 삶이 그러하듯 이 3요소는 하나로 어우러져 연결되고 유기적으로 영향을 주고받습니다. 그렇기 때문에 점성학으로 그 사람을 온전히 파악하려면 점성학의 구성 요소들을 전체적인 관점에서 서로 연결하고 유기적으로 느끼며 이해해야 합니다.

　서로 연결해서 이해한다는 것은 사인, 행성, 하우스를 서로 조합해서 하나로 파악하는 것입니다.

① 사인 － 행성
② 하우스 － 행성
③ 사인 － 하우스
④ 행성 － 행성

　이렇게 각각의 요소를 연결하고 조합해서 하나의 의미로 파악해야 합니다. 궁극적으로는 ①+②+③+④ 모두를 동시에 종합적으로 연결해야 합니다. 차트를 읽을 때 위의 4가지를 동시에 고려하며 이해해야 합니다.

　인간이 육체적으로 경험하는 것과 마음으로 느끼고 이해하는 것은 서로 분리될 수 없습니다. '물질이 정신에 영향을 주는 것인가?', '정신이 물질을 좌우하는가?'라는 케케묵은 논쟁을 꺼내들 생각은 없습니다. 단지 그 둘은 분리될 수 없으며 긴밀하게 서로 영향을 주고받는다는 점을 말씀드리는 것입니다. 그렇기 때문에 점성학으로 한 사람을 최대한 이해한다는 것은 그 사람의 육체적 체험과 마음적 경험을 모두 아우르며 파악함을 의미합니다.

점성학 공부는 '마음의 작용'에서 '물질적 현상'의 순으로 나아가면서 공부하는 것이 효과적입니다. 이 책에서 '사인(별자리)과 행성의 조합'을 다룬 부분에서는 그 사람의 성격, 기질과 같은 '마음의 작용' 측면을 주로 다룰 것입니다. 그렇다고 점성학이 인간의 마음만 파악하는 학문은 아닙니다. 점성학은 인간의 물질적 체험과 정신적 경험 모두를 이해하는 학문입니다.

조합을 이해하려면
꼭 알아야 할 필수 이론

◇ ◇ ◇ ◇ ◇

앞에서 점성학으로 그 사람을 온전히 파악하기 위해서는 점성
학의 구성 요소들을 전체적인 관점에서 서로 연결할 줄 알아야 한
다고 말씀드렸습니다. 사인, 행성, 하우스의 조합을 이해할 때 꼭 알
아야 하는 두 가지 개념 및 이론이 있습니다. 바로 도머사일과 아스
펙트입니다.

도머사일
'하늘에서 그러하듯 땅에서도 그러하다'라는 문장은 많은 점성
가가 금과옥조처럼 여기는 글귀입니다. 하늘의 법칙과 땅의 현상은
둘이 아니라는 의미입니다. 이를 점성학적인 용어로 옮기면, 하우스
를 통해 사인이 지상에 드러나고 하우스를 통해 사인을 체험한다는
의미입니다. 사인이 하우스를 통해 나타나기 위해서는 그 둘을 연
결해주는 존재가 필요합니다. 그 존재가 행성들입니다. 도머사일은
사인과 행성들의 관계에 대한 가장 근본적인 정의입니다. 사인+행
성+하우스의 조합을 전체적인 관점에서 종합하기 위해서는 꼭 알
아야 하는 이론이기도 합니다. 특히, 사인-행성, 사인-하우스 조합
에 필수적으로 사용됩니다.

도머사일은 본적(本籍)이라는 의미입니다. 즉, 자신의 뿌리가 되

는 장소이자 자신과 가장 연결되어 있는 곳이라는 뜻입니다. 행성이 자신의 도머사일에 위치할 경우 자신이 가진 힘을 있는 그대로 거침없이 발현할 수 있습니다.

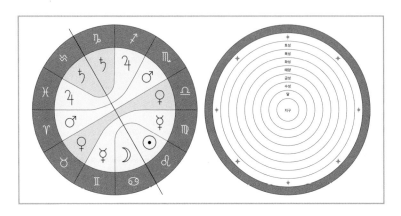

〈그림 6.1〉 도머사일을 표시한 차트(왼쪽), 칼데안 오더를 표시한 차트(오른쪽)

〈그림 6.1〉의 왼쪽을 보면 게자리(달), 사자자리(태양)를 기준으로 양쪽으로 동일한 순서(수성 → 금성 → 화성 → 목성 → 토성)로 행성이 배치된 것을 볼 수 있습니다. 이 배치 순서를 칼데안 오더(〈그림 6.1〉의 오른쪽)라고 부른다고 앞에서 설명했습니다. 이는 태양에서 가까운 순서로 행성을 배치한 것입니다. 수성은 태양과 거리가 가장 가깝고 토성은 태양에서 거리가 가장 멉니다. 거리가 가장 멀다는 것은 태양의 빛과 열이 가장 약하게 전달된다는 의미입니다. 그러한 토성이 가장 열기가 약한(한기가 강한) 시기인 염소자리와 물병자리를 도머사일로 가진다는 것은 토성과 염소자리, 물병자리가 서로 상응함을 뜻합니다.

도머사일은 하우스를 살필 때 사용합니다. 홀 사인 하우스 시스템에서는 항상 특정 하우스가 특정 사인과 일대일로 대응됩니다.

나의 삶에서 특정 하우스는 특정 사인의 모습으로 나타납니다. 그러한 모습을 나타나게 하고, 유지시키는 힘이 바로 그 사인을 도머사일로 삼고 있는 행성입니다. 하우스와 사인을 연결해주는 것이 바로 도머사일 행성입니다. 특히 1H과 대응되는 사인을 도머사일로 가진 행성은 매우 중요하게 취급됩니다. 그 행성이 위치한 하우스는 인생을 살면서 '나'에게 지속적으로 강하게 영향을 끼치는 삶의 영역이 됩니다.

도머사일 대신 룰러십(Rulership, 지배권)이라는 단어를 사용하기도 합니다. 특정 행성이 특정 사인을 다스린다는 의미입니다. 하지만 저는 이 단어가 적절치 못하다고 생각합니다. 왜냐하면 위계적으로 행성이 사인보다 더 높고 강한 느낌을 주기 때문입니다. 반대로 도머사일은 사인에 행성이 속한다는 느낌을 주기 때문에 사인의 위계가 행성보다 높게 느껴지게 됩니다.

모든 행성은 황도대(사인)를 배경으로 움직이며, 황도대를 기준으로 위치와 성질을 부여받습니다. 이는 황도대가 행성보다 더 높은 위계를 가지고 있다는 뜻입니다. 그렇기 때문에 되도록 룰러십보다는 도머사일이라는 단어를 사용하기를 권합니다. 만일 룰러십이라는 단어를 사용하더라도 그 위계를 혼동하지 않길 바랍니다.

다음은 도머사일에 대한 이해를 돕기 위해 유명인의 예시를 가져온 것입니다. 리오넬 메시의 네이탈 차트에서 1H는 물병자리이고, 도머사일은 토성으로 11H에 위치합니다. 11H는 그룹, 이타성, 집단 등의 영역입니다. 청소년 시절을 포함해 리오넬 메시는 FC바르셀로나에서만 21년간 활동했습니다. 그동안 그는 프로 통산 778경기를 소화하면서 672골 269도움을 기록했고 구단 역대 최다 출장, 최다 득점, 최다 도움 기록을 모두 달성했습니다. 메시는 득점에서뿐

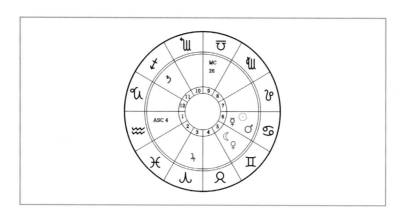

리오넬 메시, 1987년 6월 24일 20시 30분, 아르헨티나 로사리오 산타페

만 아니라 이타적인 플레이도 최정상급인 선수입니다. 그는 사무엘 에투, 티에리 앙리, 다비드 비야, 즐라탄 이브라히모비치, 루이스 수아레즈, 네이마르 등 어떠한 공격수들과도 좋은 호흡을 선보였습니다.

빈센트 반 고흐의 네이탈 차트에서 1H는 게자리이고, 도머사일은 달로 6H에 위치합니다. 6H는 업무, 건강, 질병 등의 영역입니다. 반 고흐가 처음 정신병원에 입원했을 때 그의 주치의였던 펠릭

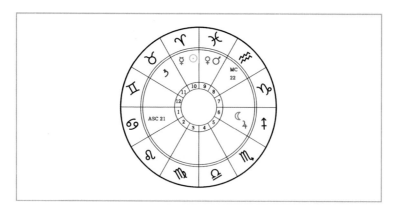

빈센트 반 고흐, 1853년 3월 30일 11시, 네덜란드 준데르트

스 레이는 그를 간질이라고 진단했습니다. 주기적인 흥분과 우울의 교차, 예민한 상태, 환각 증상, 발작 중 보이는 위험한 행동 등이 간 질로 진단한 이유였습니다.

아스펙트

아스펙트(Aspect, 좌상)는 행성과 행성의 관계를 이해하는 이론 입니다. 행성들은 각각의 개성과 힘을 가지고 있는 개체들입니다. 행성은 움직이면서 자신의 힘을 발산하고 주변의 힘에 반응합니다. 이들은 서로 관계를 맺으며 영향을 주고받습니다. 이러한 관계를 아스펙트라고 합니다. 다른 말로는 '배치(Configuration)'라고도 합 니다. 아스펙트는 차트를 종합적이고 유기적으로 해석하기 위해서 꼭 알아야 하는 이론 중 하나입니다.

관계에는 부드러운(Soft) 관계가 있고, 거친(Hard) 관계가 있습 니다. 이를 우호적(Benefic) 관계와 적대적(Malefic) 관계로 표현하

소프트 아스펙트 (우호적)	60° (Sextile)	✳	협력	• 서로의 기운이 서로를 돕는다. • 결속이 강하지는 않다. • 일시적이거나 끊김이 있다.
	120° (Trine)	△	원조	• 서로의 기운이 서로를 돕는다. • 강한 결속을 가진다.
하드 아스펙트 (적대적)	90° (Square)	☐	억압	• 서로를 억압하며 짓누른다. • 강하게 서로 묶인다. • 서로 벗어나기 어렵다.
	180° (Opposition)	☍	대립	• 서로의 기운이 갈등하며 부딪친다. • 대부분 한쪽의 기운이 다른 한쪽을 완전히 제압한다.
뉴트럴 아스펙트 (중립적)	0° (Conjuction)	☌	합일	• 두 기운이 하나로 합쳐진다. • 경계가 사라지고 하나로 작동한다.

기도 합니다.

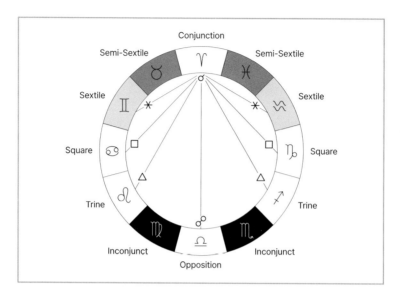

〈그림 6.2〉 아스펙트를 나타낸 그림

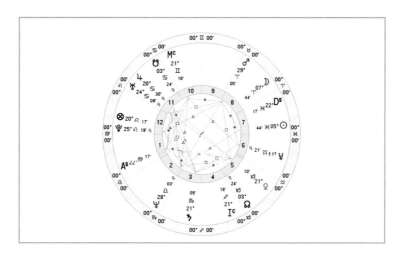

스티브 잡스, 1955년 2월 24일 19시 15분, 미국 샌프란시스코

　네이탈 차트를 살펴볼 때 가장 먼저 확인해야 하는 것은 어센던트, 태양과 달의 위치, 그리고 1H 사인의 도머사일의 위치입니다. 쉬운 이해를 돕기 위해 스티브 잡스의 네이탈 차트를 예시로 설명하겠습니다. 스티브 잡스의 네이탈 차트 속 중요한 정보를 순서대로 기호로 정리하면 다음과 같습니다.

　① AS(어센던트): ♍ 22° 17′

관련 아스펙트

As △♀(in ♑, 5H)

As ⚹♃(in ♋, 11H)

As ⚹♄(in ♏, 3H)

② ☉(태양): ♓05° 44′, 7H

③ ☽(달): ♈07° 44′, 8H

④ 1H 사인의 도머사일: 1H 별자리 ♏

♀(수성): ♒14° 21′, 6H

그 외에 추가적으로 표시해야 하는 정보는 다음과 같습니다.

♂(in ♈29° 05′, 8H)

MC: ♊21° 18′

빌 게이츠가 소프트웨어에 집중했다면 스티브 잡스는 하드웨어에 집중했습니다. 스티브 잡스의 네이탈 차트를 보면 보편적이고 사회적인 아름다움을 나타내는 염소자리 금성이 어센던트와 거의 정확하게 120°(삼각)의 각도로 영향을 주고 있습니다. 금성은 미적인 아름다움을 나타내기에 많은 화가들의 네이탈 차트에서 부각되는 행성입니다. 잡스는 화가는 아니었지만 디자인에 굉장히 집착했던 사람입니다. 그는 1985년 애플에서 쫓겨난 뒤 1986년에 픽사를 인수해 10년 동안 최고의 회사로 키워냈습니다. 픽사가 애니메이션 회사(금성 관련)라는 것은 의미심장합니다.

정사각형 본체에 오직 하나의 버튼만 있는 아이폰, 아이패드, 아이팟은 더 이상 뺄 것이 없는 제품입니다. '그 자체로 닫혀 있는 하나의 완전한 체계를 이루는 제품'은 스티브 잡스의 일생을 대변합니다. 염소자리에 위치한 금성에서 염소자리는 '온전히 조직적이고 질서가 잡힌'이라는 의미가 있습니다. 스티브 잡스가 보여주었던 완전한 디자인에 대한 감각은 염소자리와 금성의 조합으로 이해할 수 있습니다.

그 금성은 '♀ ☌ ♃(in ♋, 11H), ♀ ✶ ♄(in ♏, 3H)', 즉 전갈자리 토성, 게자리 목성과 어센던트가 삼각, 육각 아스펙트로 매우 긴밀하게 영향을 주고받고 있습니다. 스티브 잡스가 추구했던 극도의 미니멀리즘은 가장 핵심적인 것만 남기고 다 버림을 뜻하는 전갈자리로 알 수 있습니다. 그는 남겨야 할 가장 핵심적인 것은 개인의 깊이 있는 경험과 그 경험의 편리함이라고 생각했습니다. 그가 처음으로 만든 제품이 개인용 컴퓨터이고, 그가 세상에 남긴 최고의 작품이 개인용 스마트폰임을 떠올려보면 그는 개인의 경험을 바꾸고 개인의 삶에 영향을 끼치는 제품을 추구한 것으로 보입니다. 이는 '편안함, 익숙함, 나와 하나 됨, 깊이 있는'이라는 게자리의 성질과 맞닿아 있습니다. 그리고 그러한 것을 개인적으로 추구한 것이 아니라 모든 사람에게 경험시키고 싶어 했던 점에서 목성의 힘이 느껴집니다.

스티브 잡스는 애플과 거래하던 색상 전문업체 팬톤(PANTONE)이 새 제품 케이스 색상으로 2,000가지에 이르는 베이지색을 내놓았을 때 마음에 드는 것이 하나도 없다며 거부했습니다. 마음에 드는 디자인이 나올 때까지 매킨토시 컴퓨터 케이스를 비롯해 포장재 색상과 디자인을 50회 가까이 수정하도록 지시한 일화도 유명합니다. 이러한 그의 성향은 확실한 것을 찾을 때까지 끝까지 거절하는 전갈자리 토성과 세심한 차이를 가려내는 처녀자리 어센던트로 표현됩니다.

스티브 잡스는 자신이 창업한 회사에서 쫓겨나는 경험, 하지만 다시 새로운 회사를 창업하고 새로운 사업을 성공시킴으로써 다시 자신의 자리를 찾은 경험을 한 인물입니다. 살면서 하기 드문 경험을 연달한 한 사람이지요. 이는 '죽음과 부활'이라는 전갈자리의 테마를 연상하게 합니다. 그의 네이탈 차트를 보면 토성이 전갈자리에 위치합니다. 토성은 '거시적 환경, 조직, 단체, 질서, 규칙' 등을 의미하는데 그의 네이탈 차트에는 그가 몸담았던 조직에서 죽음(퇴출)을 당하는 모습이 담겨 있습니다. 이런 점이 성격적으로 드러날 경우 특정 부분에 대해서 절대 타협하지 않는 모습, 끝까지 밀어붙이는 모습, 극단적인 폐쇄주의로 나타날 수 있습니다.

커다란 위기 상황에서 넥스트라는 새로운 회사를 창업하고 픽사를 인수해 신사업을 추진하며 어려움을 뚫고 나가는 모습은 8H의 양자리로 알 수 있습니다. 양자리는 '새로운 시작, 출발, 저항을 뚫고 나감' 등을 의미합니다. 그 양자리에는 달과 화성이 위치합니다. 화성은 '투쟁, 경쟁, 추진력' 등을 나타냅니다. 위협이나 위기를 두려워하지 않고 정면 돌파하는 그의 모습을 여기서 찾아볼 수 있습니다. 가장 중요한 순간과 가장 위험한 순간에 스티브 잡스는 자신이 직접 나섰습니다. 결코 대타를 세우지 않았습니다.

스티브 잡스가 애플에 복귀하자마자 기획했던 'Think Different(다르게 생각하라)' 마케팅 강의를 보면, 세상을 바꿀 수 있다고 생각할 만큼 미친 사람들이 결국 세상을 바꾸는 것이라는 생각이 애플의 본질이라고 이야기합니다. 그리고 그러한 정신이 회사의 영혼과 맞닿아 있다고 설명합니다. 스티브 잡스의 네이탈 차트에서 개인의 성격을 결정하는 데 중요한 지표인 어센던트 도머사일과 달을 살펴보면, 1H 별자리의 도머사일인 수성은 6H의 물병자리에 위치하고, 달은 8H 양자리에 위치합니다. 물병자리는 '파격, 개혁, 혁신'을 양자리는 '새로움, 시작, 출발'을 의미합니다.

스티브 잡스는 애플의 창업을 스티브 워즈니악이라는 천재 개발자와 함께 했습니다. 그의 네이탈 차트를 보면 태양이 파트너를 의미하는 7H에 위치합니다. 그는 픽사를 인수하고 결과를 내지 못해 매우 불안해하던 힘든 시기에는 로렌 파월을 만나서 결혼 후에 안정을 되찾고 재기에 성공합니다. 이 또한 활력을 의미하는 태양이 7H에 위치한 것과 관련이 있어 보입니다.

일반적으로 목성과 토성은 사회적 행성으로 개인의 성격에 직접적으로 영향을 끼치는 경우가 드뭅니다. 하지만 스티브 잡스는 토성과 목성이 어센던트와 금성에 정확하게 연결되어서 개인에게 매우 강력하게 영향을 끼칩니다. 이는 그의 의지와 사고, 행동이 개인적인 영달에 그친 것이 아니라 사회적인 차원까지 영향을 끼쳤음을 의미합니다. 그러한 마음으로 시도한 일들이 성공한 덕분에 스티브 잡스는 한 시대를 풍미할 수 있었으며 특정 분야의 아이콘으로 남았습니다.

행성×별자리의
84가지 조합

이번 장에서는 7행성과 12사인을 조합한 총 84가지의 경우를 살펴보도록 하겠습니다. 이번 장의 내용을 통해 나는 어떤 조합에 속하는지, 어떤 성향의 사람인지를 살펴볼 수 있습니다. 84가지 조합에 대한 설명 중 어떤 조합은 유명인의 사례를 예시로 들어 더욱 쉽고 직관적인 이해를 돕고자 했습니다.

참고로 유명인들의 네이탈 차트는 '아스트로테마(https://www.astrotheme.com)'라는 사이트를 참조했습니다. 또한, 각 조합 옆에 달아둔 표현은 해당 조합의 핵심적인 느낌을 표현하는 상징적인 문구입니다.

태양

근본적 기능(본질적 기능): 태양, 달
삶의 중심과 뿌리를 유지하고 형성하는 기능
삶의 밝기와 깊이를 주관한다.

✦ ✦ ✦ ✦ ✦

태양과 달은 부분적인 기능을 하는 것이 아닌 전체적인 기능을 합니다. 태양과 달은 자신을 제외한 나머지 행성들의 각기 다른 힘들을 하나 되게 만드는 기능을 합니다. 그중 태양은 다른 모든 행성에 빛과 활력을 부여합니다. 빛이 없으면 색도 없습니다. 우리는 눈으로 색상을 인지하면서도 그것을 가능하게 하는 빛은 잘 인지하지 못합니다. 네이탈 차트에서 태양은 다른 모든 행성의 기능들을 드러나게 하고 움직이게 만드는 본질적인 힘으로 작용합니다. 따라서 태양 그 자체는 인식하기 힘들 수 있습니다.

태양의 기능

삶의 생기, 활력, 힘의 원천
닮고 싶고 따르고 싶은 목적성

키워드

#생명력 #활력의 중심 #스스로 어떻게 규정되고 싶은가
#자아 정체성 #자아 존중감 #자발성 #주체성
#창조적 힘의 원천 #의식 #깨어 있음

• 양자리에 위치한 태양: 새해 일출

분수처럼 솟구치는 활력과 에너지를 가졌습니다. 따라서 의도하지 않아도 자신의 존재가 드러납니다. 남들의 찬사나 인정을 받기 위한 목적으로 행동하지 않습니다. 오히려 주변의 눈치를 보는 것에 관심이 없습니다. 주변의 저항을 이겨내기에 내가 드러나는 것뿐이며 행동으로 스스로의 존재감을 증명합니다.

따분하고 지루한 삶을 사는 것에는 관심이 없습니다. 삶이란 매일 새로움이 시작되는 현장이며 도전 그 자체입니다. 주체성을 독립적으로 펼칩니다. 남과 똑같다는 말을 불쾌해 합니다. 나만의 개체성을 발휘하려 합니다. 익숙하고 반복적인 경험보다는 새롭고 자극적인 경험을 선호합니다. 과거나 미래보다 지금 현재가 가장 중요합니다.

★ 양자리 태양 유명인

레이디 가가, 로버트 다우니 주니어, 빈센트 반 고흐

• 황소자리에 위치한 태양: 온화한 봄의 빛

안정적으로 활력과 에너지를 내뿜습니다. 황소가 튼튼한 대지 위에서 천천히 힘 있게 밭을 갈 듯 삶을 살아갑니다. 확실하고 안정적인 삶을 선호합니다. 지속적이고 일관성 있는 흐름을 선호합니다. 자신을 둘러싼 주변이 안정적이고 편안하기를 원합니다. 이는 물질적 안정을 선호하게 만듭니다.

자극보다는 안락함을, 빠르고 불안정한 것보다는 느리고 안정적인 것을 선호합니다. 삶이란 안락함과 편안함을 적극적으로 누리는 것이라고 생각합니다. 그러기 위해 자신이 편안할 수 있는 환경과 터전, 관계를 만들고 형성하려 합니다.

★ 황소자리 태양 유명인
   레오나르도 다빈치, 엘리자베스 2세, 조지 클루니

• 쌍둥이자리에 위치한 태양: 공원에서 뛰어노는 아이들

활력과 에너지가 경쾌하고 가볍게 사방으로 뻗어나갑니다. 주변과 쉽고 자연스럽게 연결됩니다. 적극적으로 상황을 파악하고 움직이며 참여합니다. 주변과 상호작용을 하면서 살아가고 움직입니다. 그의 정신은 주변에 굉장히 열려 있으며 자신의 주변에서 일어나는 모든 일과 연결되고 싶어 합니다. 이는 다양성을 증폭시킬 수는 있으나 깊이 있게 빠져들지 못하도록 만들 수 있습니다. 이 세상에는 경험해야 할 것이 너무 다양하다고 여깁니다.

모든 것을 체험하고 싶은 마음은 일견 어린아이가 주변의 모든 것을 신기해하며 경험해보고자 하는 모습을 떠올리게 합니다. 한 가지 경험만 반복된다면 지루하고 따분하다고 할 것입니다. 여행가가 다양한 경험을 하며 살 듯 삶이란 다채롭게 펼쳐지는 경험의 향연이라고 생각합니다. 상황에 대한 적응력이나 활용력이 뛰어납니다.

★ 쌍둥이자리 태양 유명인
   도널드 트럼프, 안젤리나 졸리, 존 F. 케네디

• 게자리에 위치한 태양: 어머니의 따뜻함

태양에너지가 게자리에서 발현될 때는 매우 다른 2가지 방식으로 발현됩니다. 매우 수동적이며 섬세하고 내향적으로 발현되거나 반대로 매우 적극적이고 외향적이며 진취적으로 발현됩니다. 이는 합일되는 방식이 수동적인지 능동적인지에 따라 달라집니다. 그러한 차이는 태양을 내면으로 내재화하는지, 외부로 투사하는지에 따라 나뉩니다. 이는 선천적이기보다 후천적으로 결정되는 사안에 가깝습니다.

게자리에 위치한 태양은 자신의 활력과 에너지를 온전히 100% 쏟아붓기를 원합니다. 하지만 모든 면에서 그렇게 할 수는 없습니다. 그렇기 때문에 에너지를 쏟는 부분과 아닌 부분 사이에 딱딱한 벽이 있는 것처럼 느껴질 수도 있습니다. 그 벽 안에 있는 것들에 온 마음을 다하여 에너지를 쏟습니다. 게자리를 이해하는 것은 사실 쉽지 않습니다. 게자리를 보통 어머니나 가정으로 비유합니다. 경계가 없이 모든 것이 하나 되는 장소나 관계는 흔치 않기 때문입니다.

★ 게자리 태양 유명인
다이애나 스펜서, 리오넬 메시, 일론 머스크, 톰 크루즈

리오넬 메시는 자신이 축구를 하는 이유에 대해 그저 축구가 즐겁기 때문이라는 발언을 자주 합니다. 특히 "축구가 즐겁게 느껴지지 않는 순간이 온다면 묻지도 따지지도 않고 바로 은퇴하겠다"라는 말은 메시의 신조와 같습니다. 메시는 또한 외도를 시도해본 적조차 없을 정도로 아내와 금슬이 좋고 가정적인 남편으로도 유명합니다. 이처럼 게자리에 위치한 태양은 일이든 사랑이든 순수한 마음으로 하나 되는 모습을 보여줍니다.

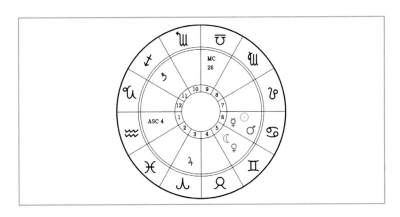

리오넬 메시, 1987년 6월 24일 20시 30분, 아르헨티나 로사리오 산타페

☉ in ♋, 6H

• 사자자리에 위치한 태양: 개선장군

한여름 정오의 태양처럼 자신의 활력을 온전히 내뿜습니다. 태양은 모든 힘의 중심이며 뿌리이므로 어느 한쪽으로도 치우침이 없습니다. 개인의 특질은 다른 행성들로 다양하게 표현되는 경우가 많습니다. 태양은 행성들이 지닌 그러한 활력과 생기, 적극성을 눈에 띄게 만들어줍니다. 사자자리는 그러한 태양의 기운이 있는 그대로 나타나는 별자리입니다. 그래서 나의 중심이 곧 내 삶의 중심이 되기를 원합니다. 타인이나 외부의 목적이 중심이 되는 삶을 살면 자존감이 떨어지면서 삶의 만족도가 하락할 가능성이 높습니다.

생명력이 있는 그대로 뿜어져 나오는 모습은 아이들을 보면 가장 쉽게 알 수 있습니다. 아이 시절에 모든 생명체는 생명력이 100% 발현되는 상태에 이릅니다. 사자자리에 위치한 태양은 에너지 과잉은 견딜 수 있으나 에너지가 억제당하는 상태는 견디기 어렵습니다.

★ 사자자리 태양 유명인

버락 오바마, 아널드 슈워제네거, 앤디 워홀, 카를 구스타프 융

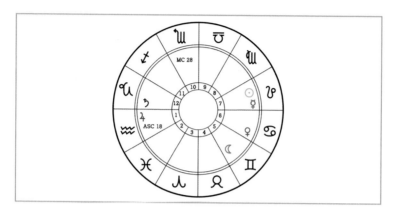

버락 오바마, 1961년 8월 4일 19시 24분, 미국 하와이 호놀룰루

⊙ in ♌, 7H / ⊙ ☌ ASC

버락 오바마는 자신의 과오를 스스로 공개하는 일도 꺼리지 않았습니다. 자서전에서 학창 시절 마약을 접했던 경험을 고백했던 그는 2015년 7월 오클라호마 교도소를 방문해 "이곳 재소자들은 내가 한 것과 같은 실수를 했던 사람들"이라고 말하며 "나와 이들이 다른 점은 실수를 딛고 일어설 수 있는 재기의 기회가 있었느냐 없었느냐의 차이"라고도 했습니다.

또한, 버락 오바마는 굉장히 꾸밈없는 모습으로도 유명합니다. 그가 대통령으로 재임할 당시 백악관에서 배포한 공식 사진을 보면 그러한 모습이 드러납니다. 잭 루 재무부장관과 소파 팔걸이에 걸터앉아 대화를 나누고, 엄마 품에 안긴 어린아이에게 고개를 숙여 자신의 코를 쥐게 하는 모습 등이 대표적입니다. 이처럼 사자자리

에 위치한 태양은 진솔하고 당당한 성질을 가지고 있습니다. 태양은 그 자체로 존재감, 활력, 기운을 의미합니다. 버락 오바마의 활력 넘치고 위트 있으며 당당한 모습, 사람들을 매우 진솔하게 대하는 태도에서 그 기운을 엿볼 수 있습니다.

• 처녀자리에 위치한 태양: 다채롭게 빛나며 지는 해

활력과 에너지를 조심스럽고 섬세하고 효율적으로 방출합니다. 부족하거나 넘치는 것을 싫어하고 딱 맞게 생활을 영위해나가려고 합니다. 자신의 생각대로 상황이 정확하게 맞아떨어지기를 원할 수도 있는데 이는 매우 어려운 일입니다. 그렇기 때문에 삶의 범주를 줄이려고 하는 경우가 많습니다. 그나마 좁은 범주에서는 어느 정도 내 생각대로 상황을 통제할 수 있기 때문입니다.

애매하거나 헷갈리는 것을 받아들이기 어려워하기 때문에 특정 상황을 확실하게 이해하기를 원합니다. 완벽주의자로 묘사되는 경우가 많습니다. 머릿속의 완벽한 상태를 현실 세계에서 구현하기를 원합니다. 이는 매우 어려운 일이라서 자신의 행위에 자신이 없는 경우가 많은데 이런 모습이 겸손하게 비춰질 수 있습니다.

★ 처녀자리 태양 유명인

마이클 잭슨, 조지 R. R. 마틴(미국 작가), 키아누 리브스

• 천칭자리에 위치한 태양: 대관람차에서 보는 풍경

균형 잡히고 조화롭게 자신의 활력을 드러냅니다. 자신에게 현재 영향을 주고 있는 상황이나 관계와 조화를 이루도록 적절하게 대응하면서 삶의 에너지를 사용합니다. 극단적인 상황을 좋아하지

않습니다. 작용이 있으면 반작용이 존재하듯이 외부 작용이 없으면 활력이 능동적으로 발현되지 않을 수도 있습니다. 균형을 맞추기 위해서 상대가 필요할 수는 있으나 그러한 균형을 맞추는 행위는 내가 능동적, 주도적으로 행하는 것임을 잊으면 안 됩니다.

주변과 조화와 균형을 이룬다는 것은 주변 상황을 파악한 뒤에 움직이려 함을 의미합니다. 이러한 경향이 심해지면 주도권을 자기가 쥐기보다는 상대방에게 쥐게 하고 그것에 반응하면서 책임을 회피하려 할 수도 있습니다. 상대의 의사를 살피고 그에 맞게 행동하기를 원합니다. 하지만 그렇게 결정한 것은 나의 선택입니다. 상황이 잘못됐을 때 상대방 탓을 하지 않도록 주의가 필요합니다.

★ 천칭자리 태양 유명인
마하트마 간디, 존 레논, 킴 카다시안

• **전갈자리에 위치한 태양: 지하에서 빛나는 나무**
에너지나 활력을 매우 응축해서 강력하게 방출합니다. 어렵고 힘든 상황에서 오히려 힘을 발휘합니다. 부정적이든 긍정적이든 강력한 동기가 있는 것을 선호합니다. 어정쩡한 것을 싫어하며 모 아니면 도, 100 아니면 0처럼 매우 확실한 상태를 좋아합니다. 강력한 압박 속에서 힘을 발휘하기에 힘든 상황을 무의식적으로 끌어당길 수 있습니다. 힘든 상황이 올 때까지 기다리기보다는 자신의 한계를 시험할 수 있는 목표를 능동적으로 설정해 온 힘을 다해 사는 것이 긍정적인 삶을 사는 방법입니다.

껍데기나 곁가지를 쳐내고 본질을 바라보는 힘이 있습니다. 어떤 위기도 이겨낼 수 있는 강력한 힘을 갈구합니다. 현대사회에서는 큰 재력, 권력을 갖는 것을 원할 수 있습니다. 고통을 극복하며 성장하기 때문에 성장 과정이 쉽지 않으나 그 누구보다 짧은 시간 안에 커다란 성장을 이룰 수 있는 잠재력을 가졌습니다.

★ 전갈자리 태양 유명인
레오나르도 디카프리오, 마리 퀴리, 빌 게이츠, 조 바이든

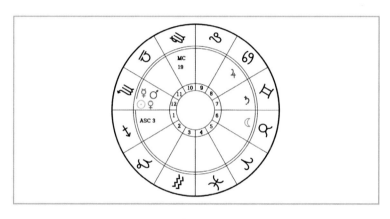

조 바이든, 1942년 11월 20일 8시 30분, 미국 펜실베이니아 스크랜턴

$\odot$ in ♏, 12H / $\odot$ ♂ ♀ / $\odot$ △ ♃

조 바이든은 상원의원에 당선된 1972년 12월 18일 그의 부인과 자녀들이 교통사고를 당해 부인과 갓 태어난 딸이 사망하고, 어린 두 아들은 중상을 입는 충격적인 사건을 경험합니다. 이 사건의 여파로 그는 상원의원직을 포기할 생각까지 하지만 주변의 만류와 도움으로 의원직을 끝내 수락합니다. 이후 그에게는 시련이 또다시 찾아옵니다. 장남 보 바이든이 2015년 사망한 것입니다. 이 일로 깊은 슬픔에 빠진 그는 2016년 대선을 포기합니다. 하지만 이후 슬

품을 극복하고 2020년 대선에서 승리합니다. 큰 위기를 겪었지만 꺾이지 않고 다시 일어섰던 조 바이든의 모습은 전갈자리에 위치한 태양의 성격과 일치합니다.

• 사수자리에 위치한 태양: 태양을 향해 날아가는 새

그의 에너지와 활력은 넓게 퍼져나갑니다. 그의 마음은 낙천적이며 먼 미래를 향해 있습니다. 한계의 확장을 중요하게 생각하기에 성장을 중요시합니다. 경험을 통해 얻은 지혜를 소중히 여깁니다. 상황의 커다란 흐름을 살피기 때문에 세심함이 부족할 수 있습니다. 좋은 것을 공유하고 나누려고 합니다.

가볍게 부풀어지며 확장되는 마음을 가지고 있어서 현실적인 책임감을 회피한 채 자신만의 관념의 세계로 침잠해 들어갈 위험이 있습니다. 특정한 관심사에 열광적으로 빠져들 수 있으며 이것이 너무 지나치면 무절제로 흐를 수 있습니다.

세상에 대한 신뢰와 낙관주의적인 태도를 가졌습니다. 간혹 낙관성이 지나쳐서 요행이나 행운을 지나치게 바랄 수도 있습니다. 일이 틀어지면 그렇게 된 원인을 찾기보다는 새로운 방향을 설정하고 달려나갑니다. 이러한 점으로 인해 동일한 패턴의 실패를 반복할 수도 있습니다.

★ 사수자리 태양 유명인
브래드 피트, 윈스턴 처칠, 에마뉘엘 마크롱, 이소룡

이소룡은 미국 샌프란시스코 차이나타운의 중국 병원에서 태어났으나 생후 3개월 때 부모와 홍콩으로 돌아갔습니다. 당시 홍콩에

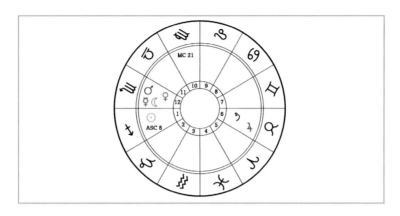

이소룡, 1940년 11월 27일 7시 12분, 미국 캘리포니아 샌프란시스코

☉ in ♐, 1H / ☉ ♂ ASC

서 무용을 떨치던 엽문에게 사사(師事)하여 영춘권을 배웠고, 그 외에도 공력권, 홍가권, 권투, 펜싱 등을 배웠습니다. 아울러 한국인 태권도 고수 이준구 사범과 교류하면서 태권도 발차기도 배워 자신의 절권도를 정립하는 데 도움을 받았습니다. 이후 이소룡은 단돈 100달러를 지니고 미국으로 향합니다. 그는 워싱턴대학교에 진학해 철학, 연극, 심리학 등을 공부합니다. 에너지와 활력이 경계 없이 넓게 확장되며 나아가며 끊임없이 성장하는 그의 모습은 사수자리에 위치한 태양의 성격을 보여줍니다.

• 염소자리에 위치한 태양: 높은 산 위에 모셔진 신전

매사 예측과 통제가 가능하기를 원하고 신중하고 조심스럽습니다. 자신의 힘이 무의미하게 흩날리는 것이 아니라 현실에서 확실한 결과를 내기를 원합니다. 또한, 자신의 행위가 어떠한 결과를 불러올 것인지를 알고 움직이기를 원합니다. 목적의식이 뚜렷한 경우가 많고 그 목적을 위해 오랜 시간이 걸리더라도 인내하며 달성하려고 합니다. 그러나 이러한 기질이 과도한 자기 확신으로 변하여 고집스럽게 자신의 규칙을 타인에게 강요할 수도 있습니다.

자신을 둘러싼 현실에 대한 인식이 매우 뛰어납니다. 내가 속한 집단, 사회의 규칙, 제약에 대한 감각이 뛰어납니다. 과도한 자유는 무질서와 동일하게 느껴져서 불편함을 야기할 수 있습니다. 만일 과도한 자유가 부여되면 혼란스러워 하고 체계를 세우고 질서를 잡아 안정을 찾으려 할 것입니다. 사회적 위치에 민감하며 그 위치에 맞는 행동과 태도를 보이려고 합니다.

★ 염소자리 태양 유명인
마틴 루서 킹, 엘비스 프레슬리, 타이거 우즈

• **물병자리에 위치한 태양: 태양같이 빛나는 수많은 별**
올바른 방향으로 자신의 에너지를 쓰려고 합니다. 합리적인 판단을 하기 위해서는 상황에 대해 정확히 알아야 합니다. 그렇기 때문에 확신이 없는 경우에는 상황에 순응하고 이해하고 파악하려 합니다. 확신이 설 경우에는 상황이 아무리 어려워도 자신의 뜻을 펼쳐나갑니다. 새롭고 특이한 것들에 열려 있는데 이런 것들은 다양한 가능성을 탐색하여 더 나은 선택을 할 수 있게 해주기 때문입니다.

개인주의적인 경향을 지닌 경우가 많습니다. 각자가 처한 상황이 다름을 인정하고 그 상황을 살아가는 것 또한 자신의 선택임을 인식하기 때문입니다. 성숙한 물병자리는 타인을 존중하며 이타적인 마음으로 집단생활을 하는 반면, 미숙한 물병자리는 집단과 어울리지 못하고 괴짜로 떠돌 수도 있습니다.

★ 물병자리 태양 유명인
마이클 조던, 볼프강 아마데우스 모차르트, 크리스티아누 호날두

• **물고기자리에 위치한 태양: 호수에 비친 태양같이 거대한 달**
은밀하고 조심스럽게 자신의 활력을 드러냅니다. 물고기가 자신을 둘러싸고 있는 물과 하나 되어 움직이듯 물고기자리에 위치한 태양은 자신의 삶이 주변 상황을 거스르지 않고 그것에 녹아들어 하나 되어 움직입니다. 그는 사소하든 대단하든 모든 부분을 동일하게 느끼기 때문에 다른 사람이 놓치는 구석진 부분에 관심을 가질 수 있습니다. 인위적이고 억지스러운 것을 좋아하지 않습니다. 자신의 존재가 부각되는 것을 싫어하며 사람의 관심에서 멀어지고자 하는 욕구가 있습니다.

명확한 방향 없이 표류할 수 있기에 주의가 필요합니다. 자신보다 더 큰 흐름에 헌신하는 힘을 가지고 있으므로 헌신하고자 하는 대상을 잘 골라야 합니다. 보통 물고기자리는 홀로 잘되기보다는 자신이 속한 곳과 함께 잘되는 경우가 많습니다. 낯선 경험을 거부하지 않는 예스맨일 수 있습니다. 그렇기 때문에 삶의 변화와 기복이 심할 수 있으며, 다양한 것을 품을 수 있는 포용력을 갖출 수 있습니다.

★ 물고기자리 태양 유명인
빅토르 위고, 스티브 잡스, 알베르트 아인슈타인

달

근본적 기능(본질적 기능): 태양, 달
삶의 중심과 뿌리를 유지하고 형성하는 기능
삶의 밝기와 깊이를 주관한다.

    달은 태양의 빛을 반사해서 지구에 뿌려주는 천체입니다. 즉, 태양의 생명력(빛과 열)을 구석구석 골고루 퍼질 수 있게 해주는 기능을 합니다. 달은 초승달, 반달, 보름달 등 다양한 모습으로 변하며 하늘에 떠 있습니다. 이런 변화를 보이는 이유는 달이 전체성과 개체성을 연결하는 기능을 하기 때문입니다. 개체들이 전체성에 함몰되지 않도록 해주고, 전체성이 개체로 분열되어 산산조각 나지 않도록 보호합니다. 이는 아이를 임신한 어머니와 같습니다. 태아는 개체도 전체도 아닌, 개체와 전체가 연결되어 있는 상태입니다. 그러한 연결성을 유지시켜주는 것이 달의 힘이자 기능입니다. 달은 무의식적으로 반응하듯이 그 힘이 드러납니다. 그렇기 때문에 깊이 있게 숙고하지 않으면 인식하기 힘들 수 있습니다.

달의 기능

정서적 안정감을 느끼고 유지하게 해주는 기능

다양한 경험들을 체화시키고 소화시켜주는 기능

키워드

#항상성을 위한 무의식적 반응 #조화로운 삶을 위한 조절 장치

#강도 조절 #속도 조절 #수용성 #민감성
#불편함과 편안함 감지 #추억과 기억의 보고 #공감 능력

• **양자리에 위치한 달: 두더지 게임**

어떤 상황에서든지 즉각적으로 드러나게 반응합니다. 참고 기다리는 것을 매우 답답해하며 빠른 대응을 선호합니다. 자신의 감정을 숨기는 것에 능하지 못합니다. 적극적인 태도로 상황과 관계에 부딪치며 자신의 반응을 표출하고 확인합니다. 지루함을 참기 어려워하며 깊이 있게 빠져들지 못할 수 있습니다. 자신의 감정을 표출하느라 주변 분위기나 상대방의 감정과의 조화를 놓칠 수 있습니다. 조용하고 억압적인 분위기를 매우 불편하게 느끼며 엉뚱한 반응으로 그런 분위기를 깨려고 할 수도 있습니다.

★ 양자리 달 유명인
살바도르 달리, 스티브 잡스, 안젤리나 졸리

• **황소자리에 위치한 달: 소파에 누워 있는 고양이**

조급하지 않으며 느긋하며 여유로운 반응을 보입니다. 내면이나 감정의 상태가 안정적이고 편안한 상태를 유지하기 위해 노력합니다. 불안한 상태를 유지할 수 없으며 자연스럽게 그러한 기운이 자신에게 오지 않게 합니다. 자신이 가장 편안할 수 있는 상태를 무의식적으로 잘 알며 그 상태에서 머무르기를 원합니다. 달은 주변의 기운을 모두 끌어모으는 피뢰침 같은 역할을 합니다. 격정적인 상황에서도 차분함을 유지하려 합니다. 자신의 안위에만 집중하는 모습을 보일 수도 있습니다.

★ 황소자리 달 유명인

에마뉘엘 마크롱, 조 바이든, 카를 구스타프 융

• 쌍둥이자리에 위치한 달: 구석구석 퍼져나가는 향기

그의 마음은 쉼 없이 움직이며 모든 경험에 적극적으로 반응합니다. 주변 분위기나 기운에 적극적으로 반응하며 교류하기에 마음이 평온하게 유지되기 어렵습니다. 낯선 상황이나 환경에 대해서 활발하게 반응하며 이해하고 소통하려 합니다. 골치 아픈 것은 대충 쉽게 넘어가고 새로운 것에 집중함으로써 답답한 마음을 해결하려 합니다. 하지만 이는 근본적인 해결책이 아니므로 비슷한 답답함이 지속적으로 반복될 수도 있습니다.

자신의 내면을 쉽게 표현하고 다른 사람의 마음에 대해 궁금해합니다. 나비처럼 가볍고 유연하게 마음이 움직일 수 있습니다. 이는 어떤 상황에서든 잘 적응할 수 있게 만들어줍니다. 하지만 이런 기질은 마음을 고정하거나 집중하는 데 불리하게 작용할 수도 있습니다.

★ 쌍둥이자리 달 유명인

버락 오바마, 지크문트 프로이트, 짐 캐리

• 게자리에 위치한 달: 밀물과 썰물

매우 섬세하고 깊이 있게 주변의 분위기와 기운에 반응합니다. 너무 많은 자극에 노출되는 것을 꺼립니다. 불편하더라도 최대한 편해질 때까지 지속적으로 반응합니다. 게가 위험에 처하면 굴 안에 숨듯이 내면적으로 무너지는 상태가 되면 자신의 내면으로 숨으려 합니다. 잠을 자고 나면 마음이 편해지는 경우가 많습니다.

찝찝하거나 애매한 마음 상태를 참을 수 없습니다. 확실하게 받아들일 때까지 곱씹거나 아예 배척하거나 외면합니다.

★ 게자리 달 유명인
지미 헨드릭스, 키아누 리브스, 커트 코베인

• **사자자리에 위치한 달: 오픈 더 마인드**
솔직하고 당당하게 상황에 반응합니다. 그렇기 때문에 순수하고 진솔해 보입니다. 불편한 마음을 덮고 대충 없는 듯이 넘어갈 수 없습니다. 가슴의 답답함을 유지한 채 살아가는 것은 불가능할 정도로 힘든 일입니다. 내면과 감정에 대해서 솔직하기 때문에 가식적인 만족으로 살 수 없습니다. 적극적인 반응이 지나쳐서 극적인 표현으로 과장되게 반응할 수도 있습니다. 자신의 감정에 두취되어 상황을 객관적으로 인식하기 어려운 경우가 있습니다.

★ 사자자리 달 유명인
데이비드 보위, 마하트마 간디, 윈스턴 처칠, 크리스티아누 호날두

데이비드 보위는 록 음악계의 카멜레온이라는 타이틀에 걸맞게 수많은 스타일과 실험에 도전한 음악가입니다. 그는 포크 음악, 글램 록, 소울 음악, 익스페리멘탈 록, 펑크, 팝, 디스코, 일렉트로니카, 재즈, 아트 록, 앰비언트, 뉴 웨이브, 하드 록, 테크노 등 대중적인 장르부터 마이너한 장르까지 두루 섭렵했습니다. 데이비드 보위의 가장 큰 업적은 바로 다양한 장르들을 끊임없이 발굴하고 융화시킨 것입니다. 힙스터들이 좋아하는 록 밴드인 벨벳 언더그라운드,

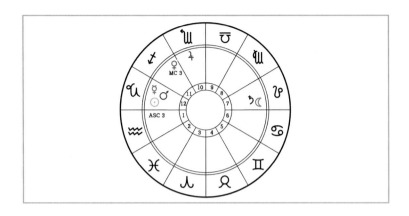

데이비드 보위, 1947년 1월 8일 9시, 영국 런던 브릭스톤

☽ in ♌, 7H / ☽ ☍ ASC / ☽ ♂ ♄ / ☽ △ ♀ / ☽ △ MC

아케이드 파이어 등은 데이비드 보위가 발굴한 밴드들입니다. 이처럼 데이비드 보위는 생소한 마이너 장르를 찾아내어 실험적 독창성과 개성을 불어넣었고 심지어 대중성까지 획득했습니다. 또한, 그는 자신의 다양한 페르소나를 앞세워 파격적이고 매력적인 패션 스타일을 선보여 언제나 패션계의 중심에 있었습니다. 달은 모든 것을 받아들이는 그릇이며, 사자자리는 당당하고 힘 있게 중심이 되어 발산하는 자리입니다. 앞에서 페르소나라고 이야기했지만 그것은 가면이라기보다 본질과 깊이 맞닿아 있는 개념입니다.

• 처녀자리에 위치한 달: 도자기를 빚는 도공

감정 표현이 조심스럽고 세심합니다. 무의식적 반응을 섬세하게 통제한다는 것은 품행이 절제되어 있으며 예상치 못한 언행을 잘하지 않는다는 의미입니다. 무리 속에서 두각을 나타내지 않습니다. 애매하거나 예상치 못한 상황을 불편하게 여길 수 있기에 삶의 다양한 경험을 제약할 수도 있습니다.

★ 처녀자리 달 유명인
달라이 라마, 스티븐 호킹, 존 F. 케네디

• 천칭자리에 위치한 달: 핑퐁게임
상대나 상황에 맞춰 적절하게 반응하려고 합니다. 주변을 느끼며 눈치 빠르게 반응의 강약을 조절합니다. 무의식적으로 현재 상황이나 상대방에 대해서 균형 잡힌 태도를 보이려고 합니다. 이는 애매한 태도로 나타날 수도 있습니다. 상대방의 피드백이 없는 상태를 견디기가 어려우며, 상대방의 반응을 유심히 살핍니다. 자신의 반응이 적절한지에 대해서 자문합니다. 다른 사람의 동의를 얻고자 하는 욕구가 클 수 있습니다.

★ 천칭자리 달 유명인
레오나르도 디카프리오, 스팅, 조지 W. 부시

• 전갈자리에 위치한 달: 어둠 속 한 줄기 레이저
매우 집중해서 강렬하게 반응하거나 아니면 매우 무관심하게 반응합니다. 즉, 극단적으로 반응합니다. 부정적인 에너지나 위협적인 기운을 매우 민감하게 느낍니다. 불편함을 제거하려는 강렬한 욕구를 가졌습니다. 집요하게 파고드는 경향이 있습니다. 경계심이 매우 강할 수 있으나 그런 점이 겉으로 드러나지 않게 감출 수도 있습니다. 내적 긴장이 높습니다.

★ 전갈자리 달 유명인
레이디 가가, 비욘세, 이소룡

• **사수자리에 위치한 달: 도화지에 퍼져나가는 물감**
사수자리는 넓게 뻗어나감을 의미하고 달은 무의식적 반응을 나타냅니다. 특정 상황에 대한 무의식적 반응이 크고 적극적입니다. 무엇이든 열정적으로 받아들이는 수용력이 있습니다. 분위기를 선동할 수 있는 힘도 있습니다. 감정의 흥이 높은 편이기 때문에 가끔 흥이 떨어지면 우울감을 겪을 수 있습니다. 항상 좋은 면만 보려고 노력하기에 세심함이 부족합니다. 기본적으로 세상에 대한 신뢰를 갖고 있습니다.

★ 사수자리 달 유명인
도널드 트럼프, 볼프강 아마데우스 모차르트, 프리드리히 니체

• **염소자리에 위치한 달: 거대한 모래성**
신중하고 조심스럽게 반응합니다. 경거망동하지 않으려 하며 상황을 파악하고 전체적인 질서를 해치지 않는 선에서 처신하려고 합니다. 자기 절제가 뛰어나다고 할 수 있습니다. 감정적인 동요를 겉으로 드러내는 것을 좋아하지 않기 때문에 내면의 반응을 억제할 가능성이 높습니다. 이러한 점이 지나치면 주변에 맞추느라 진정한 자기 내면의 만족을 외면하는 공허한 상태에 놓일 수 있습니다.

★ 염소자리 달 유명인
아널드 슈워제네거, 조니 뎁, 조지 클루니

• 물병자리에 위치한 달: 맑은 날의 산 정상

상황에 즉각적으로 반응하며 파악이 빠릅니다. 주변 분위기에 휩쓸리지 않고 자신의 내면을 초연하게 바라보며 반응합니다. 달은 내면의 무의식적인 영역을 나타내고 물병자리는 명료하게 밝혀 파악한다는 의미가 있습니다. 따라서 심리학, 신비주의, 점성학 등 인간 내면의 뿌리에 대한 탐구심이 있습니다. 감정을 이성적으로 표현하기에 너무 솔직하거나 냉정하게 느껴질 수도 있습니다. 가장 주관적인 영역을 객관적으로 표현할 수 있는 능력을 지녔습니다.

★ 물병자리 달 유명인
다이애나 스펜서, 매릴린 먼로, 에미넴

매릴린 먼로는 당대 유명한 연기 코치들로부터 연기술을 배우고 타고난 감성과 지적 열정으로 자기 혁신을 끊임없이 시도한 배우였습니다. 그녀는 배우는 기계가 아니라 창조하는 예술가라고 말

매릴린 먼로, 1926년 6월 1일 9시 30분, 미국 캘리포니아 로스앤젤레스

☽ in ♒, 7H / ☽ □ ♄ / ☽ ☌ ASC

하기도 했습니다. 자서전《마이 스토리》에서 그녀는 실체와 환상 사이에서의 정체성 혼란을 언급하고 섹스 심벌이나 백치미라는 대중들이 가진 이미지와는 완전히 달리 '인조 영웅'도 만들어내는 대중심리를 꿰뚫어 보았습니다. 그녀는 "사람들은 '나'를 보는 게 아니라 나를 통해 자신들의 음란한 생각을 본다. 나를 사랑한다고 하지만 내가 아닌 누군가를 사랑하면서 나를 멋대로 지어낸다. 그러고는 자기들의 환상이 깨지면 내 탓으로 돌린다. 내가 자기들을 속였다는 것이다"라고 말하기도 했습니다.

7H에 속하되 물들지 않는 물병자리와 개인과 무의식 차원의 깊이를 나타내는 달이 만나 자신의 위치와 상황을 객관적으로 파악하는 성향이 드러나는 일화입니다. 또한, 그 달이 전갈자리에 위치한 토성과 정확히 90°의 관계를 맺는 모습은 사회적으로 존재하나 터부시되는 욕망과 제약에 강력히 영향을 받음을 나타냅니다.

• 물고기자리에 위치한 달: 큰 욕조에서 하는 거품 목욕

부드럽고 헌신적으로 반응합니다. 과민하게 주변 분위기를 느끼고 거기에 동조되기 때문에 은둔하며 내면의 평화를 구하려고 합니다. 상황이나 분위기에 물들면서 수용적으로 받아들입니다. 모든 상황에 체념적이거나 무기력하게 반응할 수 있습니다. 다양한 감정을 동시에 느끼며 그 속에서 표류하기도 합니다. 헌신적인 마음이 부정적으로 작용하면 의존적 성향이 짙어질 수 있습니다.

★ 물고기자리 달 유명인

마틴 루서 킹, 엘비스 프레슬리, 킴 카사디안

수성

개인적 기능(개체적 기능): 수성, 금성, 화성

개체의 특징과 표현을 담당하는 기능

다른 개체와의 어울림과 부딪침을 통해서 우리는 개성을 획득한다.

수성의 기능

배우고 익히고 이해하고 학습하는 기능

의사소통하고 일을 처리하는 기능

키워드

#소통 #연결 #설명 #이해 #파악 #분석 #사고 #생각 #정보

#세밀한 움직임 #일 처리 능력 #학습 능력

• 양자리에 위치한 수성: 브레인스토밍

생각이나 아이디어를 빠르고 솔직하게 표현합니다. 타인의 표현 방식을 답습하기보다는 자신만의 방식으로 의사표현을 합니다. 상황을 이해하고 파악하는 일을 매우 즉각적이고 빠르게 해냅니다. 직관적으로 상황을 판단하는 경향이 있습니다. 새로운 정보에 대한 호기심이 많으며 같은 표현이나 단어가 반복되는 것을 좋아하지 않습니다.

도구를 이용하거나 사용할 때 설명서를 보는 것을 좋아하지 않고 자신만의 방식으로 사용합니다. 남이 이야기하는 이론보다는 직접 실행하면서 시행착오를 통해 배웁니다. 토론이나 논쟁을 하면서 자신의 생각을 발전시켜나갑니다.

★ 양자리 수성 유명인
레오나르도 다빈치, 아돌프 히틀러, 알베르트 아인슈타인

• 황소자리에 위치한 수성: 편안한 세단
잘 모르거나 애매한 것에 대해서는 이야기하지 않습니다. 정보를 애매하게 이해하려 하지 않고 확실하게 체화하려고 하기 때문에 습득하는 데 시간이 걸립니다. 언변이 온화하지만 무게감이 있습니다. 정보의 내용도 중요하지만 그것이 전달되는 방식 또한 중요하게 여깁니다.
확실한 효과가 있는 안정적인 도구나 방법을 선호합니다. 결과도 중요하지만 과정이 불편하지 않아야 합니다. 생각이 정리되지 않는 상태에서 무리하게 의견을 피력하지 않습니다.

★ 황소자리 수성 유명인
살바도르 달리, 조지 클루니, 존 F. 케네디

• 쌍둥이자리에 위치한 수성: 춤추는 나비
매우 활발하게 자신의 생각을 표현하고 주변의 정보를 받아들입니다. 자신의 주변에서 들리고 보이는 모든 것에 대해 이해하고 파악하려 합니다. 생각이 쉼 없이 활기차게 작동합니다. 자신의 의사를 적극적으로 표현하고 상대방의 말과 정보를 열린 마음으로 받아들입니다. 다양한 정보를 다양한 방식으로 흡수하는 것을 선호합니다.
다양한 방식으로 문제를 해결하려 합니다. 모로 가도 서울에만

도착하면 된다는 속담처럼 하나의 길만 선택하기보다는 다양한 길을 경험하려고 합니다.

★ 쌍둥이자리 수성 유명인
안젤리나 졸리, 체 게바라, 투팍

• 게자리에 위치한 수성: 좋아하는 영화 재관람
익숙하고 편안한 방식으로 생각을 표현합니다. 새롭거나 낯선 정보에 대해 약간의 경계심을 가지고 접근합니다. 한 번에 이해하려고 하기보다는 지속적이고 반복적으로 생각하면서 자신의 것으로 만들려고 합니다. 상대가 못 알아듣는다고 생각하면 했던 말을 지속적으로 반복할 수도 있습니다. 상대와 깊이 있게 온전히 소통하기를 원합니다. 단순히 정보를 전달하는 것이 아니라 서로 공감대가 형성되기를 바랍니다.

★ 게자리 수성 유명인
다이애나 스펜서, 리오넬 메시, 카를 구스타프 융

• 사자자리에 위치한 수성: 가슴 벅찬 웅변
진솔하고 당당하게 자신의 생각과 의견을 표현합니다. 주관적인 체험에서 우러나오는 확신으로 말을 하기 때문에 진실성이 느껴집니다. 하지만 다양한 각도에서 검증된 주장은 아니기 때문에 객관성은 떨어질 수 있습니다. 자신과 상관없거나 관심 없는 주제에 대해서는 잘 생각하지 않습니다. 너무 현학적이거나 추상적인 개념은 와닿지 않습니다. 문제를 해결할 수 있다는 적극성과 자신감이 있습니다. 너무 어려운 경우에는 포기할 수도 있으며, 확실하게 자신이 해결할 수 있는 문제에만 집중할 가능성이 높습니다.

★ 사자자리 수성 유명인
넬슨 만델라, 버락 오바마, 앤디 워홀

• 처녀자리에 위치한 수성: 하나하나 뜨개질
논리적이고 체계적으로 정보를 습득하려 합니다. 정보의 쓰임을 매우 중요하게 생각합니다. 말을 할 때에도 세부적인 항목까지 정확하게 전달하고 싶어 합니다. 그래서 설명이 장황하게 길어질 수도 있습니다. 모든 정보를 정확하게 이해하려고 하기 때문에 중요한 정보와 중요하지 않은 정보를 선별하는 감각을 키워야 합니다. 문제를 해결할 수 있는 가장 효율적인 방식을 찾는 것을 선호합니다. 단순 반복적인 노동도 그 과정을 통해 정교함을 성장시킬 수 있다면 흥미롭게 할 수 있습니다.

★ 처녀자리 수성 유명인
에이미 와인하우스, 알프레드 히치콕, 코코 샤넬, 키아누 리브스

코코 샤넬은 여성들의 불편한 복장에 대해 생각했습니다. 그녀는 먼저 모자 디자인에 영감을 받아 귀족 엔티엔 발장의 후원으로 받아 1909년 마르젤브 거리 160번지에 모자 가게를 개업합니다. 모자가 잘 팔리자, 이윽고 그녀는 의류 사업을 시작합니다. 그녀는 디자인이 심플하고 간편하며 입기 편한 옷을 디자인함으로써 장식이 많은 옷으로부터 여성들을 해방시켜주었습니다. 처녀자리는 효

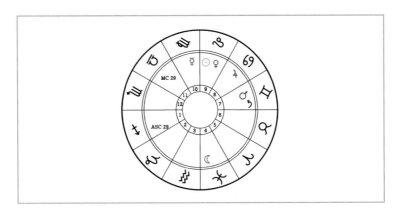

코코 샤넬, 1883년 8월 19일 16시, 프랑스 소뮈르

☿ in ♍, 10H / ☿ ☌ ☽

율성과 정확성, 딱 맞음을 의미하는 사인입니다. 또한, 수성은 기술, 생각, 소통 등을 의미합니다. 코코 샤넬의 성취는 처녀자리에 위치한 수성의 성향을 보여줍니다.

• 천칭자리에 위치한 수성: 100분 토론 사회자

균형 잡힌 관점으로 정보를 취합하고 판단합니다. 한쪽 말만 들어서는 알 수 없다고 생각합니다. 한 가지 관점이 아닌 반대 관점까지 고려합니다. 이는 판단이나 결정을 뒤로 미루게 하는 요인으로 작용하기도 합니다. 상대방의 의견이나 생각에 관심이 많으며 잘 경청합니다. 문제를 해결할 때에도 다양한 방식을 저울질하며 더 나은 방식을 찾으려 할 수 있습니다.

★ 천칭자리 수성 유명인

빌 게이츠, 워런 버핏, 프리드리히 니체

• 전갈자리에 위치한 수성: 요약정리

궁금한 것이 있으면 해소될 때까지 집요하게 파고드는 힘이 있습니다. 관심 있는 정보와 아닌 정보를 대하는 태도의 차이가 큽니다. 정보의 곁가지가 아닌 핵심을 파악하려 합니다. 핵심을 파악하면 모든 것을 이해했다는 식으로 생각할 수 있기에 과정이나 절차를 무시하는 경향이 있습니다. 말의 핵심을 찌르는 힘을 가졌습니다. 문제를 빠르게 인식하고 빠르게 해결하는 데 초점을 맞춥니다. 또한, 같은 문제가 재발하지 않도록 근본적인 부분을 해결하려 합니다.

★ 전갈자리 수성 유명인
마하트마 간디, 에미넴, 힐러리 클린턴

• 사수자리에 위치한 수성: 다독

열정적으로 자신의 생각과 의견을 말합니다. 생각의 범주가 크고 관념적입니다. 주변 정보에 적극적으로 관심을 표명하며 받아들이려 합니다. 문제를 해결하기 위해 너무 많은 방법을 검토하다가 자칫 길을 잃을 수 있습니다. 생각을 표현할 때 확신에 차서 말하기도 합니다. 너무 많은 지식을 받아들이다가 소화불량에 걸릴 수 있습니다. 자신의 생각을 혼자 간직하기보다는 주위에 퍼트리며 나누기를 원합니다.

★ 사수자리 수성 유명인
고든 램지, 마리 퀴리, 스티븐 스필버그, 에마뉘엘 마크롱

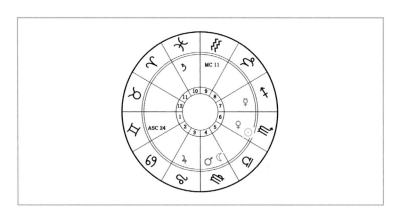

고든 램지, 1966년 11월 8일 18시 5분, 영국 렌프루셔 존스톤

☿ in ♐, 7H / ☿ △ ♃

 고든 램지는 '최고가 되려면 최고의 학생이 되어야 한다'는 격언
을 몸소 보여준 인물입니다. 방송에서 그는 다른 문화권의 요리를
체험하거나 배우기 위해 해외여행을 할 때 해당 지역의 요리사를
절대적으로 존중합니다. 또한, 새로운 요리법을 배울 때 자신의 경
력을 들먹이지 않고 가르쳐주는 이의 말을 제대로 경청하며 배우고
자 하는 확실한 의지를 보입니다. 자신이 가르쳐주는 사람일 때 역
시 마찬가지입니다. 그는 열정을 가지고 노력하는 사람에 한해서는
그야말로 무한한 사랑을 베풉니다. 가령, 키가 작아서 다른 학생들
에게 민폐를 끼칠 것이라는 이유로 요리 학교 입학을 거부당하고,
덤으로 요리업계에 발도 못 붙일 것이라는 모욕까지 당한 왜소증
청년을 자신의 가게에 채용하기도 했습니다. 그뿐만 아니라 빵집을
열고 싶어 하는 또 다른 청년의 학비를 전액 지원해주면서 "네 가게
가 성공했을 때 빵 한 덩이로 보답하면 된다"라며 격려를 아끼지 않
았습니다.

 고든 램지의 이런 모습은 성장과 배움에 대한 열린 마음과 열정,

239

적극성을 지닌 사수자리에 위치한 수성의 전형을 보여줍니다. 또한, 사수자리의 도머사일인 목성이 120° 각도로 강하게 영향을 끼치고 있어 더욱더 사수자리의 특성이 강하게 드러납니다.

• 염소자리에 위치한 수성: 9시 뉴스 앵커

신중하고 조심스럽게 정보를 습득하고 자신의 생각을 표현합니다. 확실해지기 전까지는 무턱대고 믿거나 받아들이지 않습니다. 전체 속에 부분이 정돈되기를 원하기 때문에 정보가 통용되는 형식을 중요하게 생각합니다. 또한, 이 정보를 자신이 알아야 하는 목적성(이유)을 납득하기를 원하기 때문에 두괄식의 화법을 선호합니다. 확신이 있을 때에만 의사를 표현하려고 합니다. 그 확신이 지나쳐서 일방통행이 되지 않도록 주의가 필요합니다. 꾸준하게 자신의 생각을 가다듬으며 견고하게 만듭니다.

★ 염소자리 수성 유명인

브레드 피트, 엘비스 프레슬리, 타이거 우즈

• 물병자리에 위치한 수성: 과학자들의 학회

다양한 의견에 대해서 열린 마음을 가지고 있습니다. 명료한 관점으로 상황을 살핍니다. 잘 모르는 경우에는 적극적으로 배우려는 의지가 있습니다. 올바르다고 생각하는 것에 대해서는 쉽게 생각을 꺾지 않습니다. 합리적이고 이지적으로 상황을 파악합니다. 전체적인 맥락 속에서 현재의 상태를 이해하려 합니다. 솔직하게 궁금한 점이나 자신의 의견을 이야기합니다.

★ 물병자리 수성 유명인
볼프강 아마데우스 모차르트, 스티브 잡스, 짐 캐리

• **물고기자리에 위치한 수성: 시인의 말**

논리적이기보다는 직관적으로 사고하는 경향이 있습니다. 무의식에서 떠오르는 대로 자연스럽게 사고를 펼쳐나갑니다. 다양한 생각을 포용할 수 있으나 하나로 섞이기 힘든 주제들을 연결하려고 노력할 수도 있습니다. 이상적으로 능력이 쓰일 경우 말로 설명할 수 없는 삶의 신비를 비유나 시적 언어로 표현할 수도 있습니다. 이미 확실하게 밝혀진 사실보다는 아직 풀리지 않은 신비나 비밀에 더욱 관심을 가집니다. 자신의 생각을 명료하게 표현하는 데 어려움을 느낄 수 있습니다.

★ 물고기자리 수성 유명인
레이디 가가, 비비안 웨스트우드, 빅토르 위고

금성

개인적 기능(개체적 기능): 수성, 금성, 화성
개체의 특징과 표현을 담당하는 기능
다른 개체와의 어울림과 부딪침을 통해서 우리는 개성을 획득한다.

금성의 기능

인간, 그리고 물질과 관계를 맺는 기능

쾌락과 즐거움을 느끼는 기능

키워드

#친밀감 #끌어당김 #매력 #미적 감각 #온화함 #부드러움

#여성성 #적절한 #소유욕 #쾌락 #관계적 균형 감각

• 양자리에 위치한 금성: 근육미

자신의 매력을 적극적이고 직설적으로 표출합니다. 사람과의 관계를 빠르고 즉각적으로 맺습니다. 허울뿐인 인사치레를 좋아하지 않습니다. 관심 있는 대상과 관계를 맺지 못할까 봐 두려워하기보다는 적극적으로 부딪쳐서 쟁취하려 합니다. 하지만 그러한 적극성이 관계를 금방 가까워지게도 하지만 불안정하게 만들기도 합니다. 강렬하고 빠르게 마음이 타올랐다가 빠르게 꺼져버릴 수 있습니다.

새로운 즐거움이나 자극적인 재미를 추구하는 경향이 있습니다. 아무리 즐거운 자극이라도 반복되면 지루해지는 것은 명품 요리라도 똑같은 음식을 연달아 먹으면 물리는 것과 비슷합니다. 자신의 답답함을 해소하기 위해서 소비를 하는 경향이 있습니다. 앞으로 보장된 즐거움보다는 지금 현재의 강렬한 즐거움이 더욱 중요합니다.

★ 양자리 금성 유명인
매릴린 먼로, 알베르트 아인슈타인, 크리스티아누 호날두

• **황소자리에 위치한 금성: 모나리자**
자연스럽게 자신의 매력을 발산합니다. 주변 사람들과 풍요롭고 안락하게 지냅니다. 관계가 쉽게 맺어지지는 않으나 한번 맺은 관계는 오래 지속하는 편입니다. 억지스럽게 관계를 끌고 가고자 하는 마음이 없습니다. 좋은 것을 공유하고 나누는 것을 좋아합니다. 그렇기 때문에 일반적으로 맛있는 음식이나 좋은 풍경 같은 물질적으로 즐거운 경험을 함께 공유하려 합니다.

새로운 즐거움을 거부하지는 않으나 자신과 맞지 않는 것은 받아들이지 않습니다. 화초나 나무와 같은 자연물에 친화성을 가지며, 환경보호나 자연주의 제품에 관심이 많을 수 있습니다. 좋은 품질을 잘 인식하는 능력이 있습니다. 잡다하게 다양한 것을 많이 구매하기보다는 제대로 된 좋은 것을 하나 구매해서 오래 쓰는 것을 선호합니다.

★ 황소자리 금성 유명인
다이애나 스펜서, 레오나르도 다빈치, 살바도르 달리

• **쌍둥이자리에 위치한 금성: 유쾌한 미팅**
활발하고 가볍게 사람들과 어울립니다. 어떤 사람들과도 잘 지

내고 적응합니다. 다양한 관계에 열려 있습니다. 하지만 관계가 막혀서 서로 답답해지는 것을 참기 어렵습니다. 나비나 벌이 가볍게 날아다니며 여러 꽃을 찾아가듯이 다양한 사람들에게 친밀감을 표현하고 관계를 맺습니다. 이런 점은 한 사람과 깊이 있는 관계를 갖는 것을 힘들게 할 수 있습니다.

트렌드에 민감하며 호기심을 자극하는 즐거움에 끌립니다. 물건을 살 때도 꼭 필요하지 않더라도 신기하거나 궁금해서 구매할 수 있습니다.

★ 쌍둥이자리 금성 유명인
나오미 캠벨, 메간 폭스, 일론 머스크, 존 F. 케네디

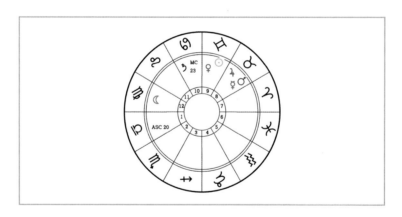

존 F. 케네디, 1917년 5월 29일 15시, 미국 매사추세츠 브루클린

♀ in ♊, 9H / ♀ □ ☽ / ♀ △ ASC

2017년 '미국 현대사에서 가장 인기 있는 대통령'을 묻는 한 설문 조사에서 존 F. 케네디가 53%의 지지로 1위를 차지했습니다. 케네디는 미국에서 가장 사랑받은 대통령 중 한 명으로 인기도 순위

에서 매번 상위권을 차지합니다. 케네디는 부인 재클린이 백악관을 비웠을 때뿐만 아니라 공적인 자리에 함께 나섰을 때에도 스스럼없이 다른 여성들과 어울리곤 했습니다. 심지어 친구에게 도저히 (외도를) 끊을 수가 없다고 털어놓을 정도였습니다. 또한, 민주당 상원 원내대표의 비서였던 보비 베이커에게는 "매일 다른 여자를 만나지 않으면 두통이 온다"라고 호소하기도 했습니다.

케네디의 네이탈 차트를 살펴보면 매력을 나타내는 금성(1H의 도머사일)이 그 사람 자체를 나타내는 어센던트와 120°의 아스펙트를 정확하게 이루고 있습니다. 즉, 그는 사람을 끄는 매력이 굉장했던 인물로 추측됩니다. 다양성, 개방성, 쉽게 연결됨 등의 기질을 지닌 쌍둥이자리에 위치한 금성이 부정적으로 표현되면 복잡한 인간관계나 치정 문제로 드러납니다. 케네디 대통령의 여성 편력은 그런 모습을 정확히 보여줍니다.

• 게자리에 위치한 금성: 단골 가게

인위적이거나 억지스럽게 자신의 매력을 표현하지 않습니다. 소박하지만 자연스러운 미적 감각을 가졌습니다. 다양하고 새로운 물건을 구매하기보다는 손에 익은 물건이나 추억이 깃든 물건을 지속적으로 사용하는 경향이 있습니다. 한번 관계를 맺으면 깊이 있게 오래 가는 편입니다. 자연스럽게 스며들듯 사람들과 친해지나 시간이 좀 걸릴 수 있습니다.

단순히 즐거움만으로 교류하는 것이 아니라 일상생활에서 상대의 다양한 감정에 공감하며 마음을 나눕니다. 하지만 사이가 가까워지면 관계의 경계가 사라질 수 있습니다. 자신이 자주 머무는 공간을 편안하게 꾸미는 것을 좋아합니다.

★ 게자리 금성 유명인

버락 오바마, 안젤리나 졸리, 카를 구스타프 융

• 사자자리에 위치한 금성: 화려한 뮤지컬

밝고 거침없으며 적극적이고 화려하게 자신의 매력을 방출합니다. 주변 사람들과 유쾌하고 즐겁게 지내기를 원합니다. 적극적으로 사람들에게 다가가며 호의를 베풉니다. 상대가 그러한 호의에 감사해하지 않는 경우 힘들어할 수 있습니다. 알맹이는 공허하거나 우중충한데 겉은 매우 화려하거나 밝을 수 있습니다.

사람과 강력하게 즐거운 관계를 원하기 때문에 연애하는 일 자체를 사랑하는 경향이 있습니다. 타인에 대한 관심이나 사랑의 마음에 과장은 있을 수 있으나 거짓되지는 않습니다. 애정과 친밀함을 진실하고 충직하게 표현합니다.

★ 사자자리 금성 유명인

니콜 키드먼, 마돈나, 앤디 워홀

• 처녀자리에 위치한 금성: 핏이 좋은 클래식 정장

정갈하고 정돈되게 매력을 발산합니다. 금성은 쾌락이나 즐거움을 나타내는데 처녀자리의 완벽주의에 기반한 비판 의식은 작은 불편함도 참지 못하게 만들 수 있습니다.

인간관계가 복잡해지거나 문제가 발생하는 것을 매우 싫어합니다. 그렇기 때문에 예측 가능하고 통제 가능한 인간관계를 유지하는 것을 중요하게 생각합니다. 이런 점은 쉽게 다른 사람들과 친해지는 것을 어렵게 만듭니다. 삶의 행운은 예측하지 못한 방향에서 오기 때문에 그러한 행운을 놓칠 수도 있습니다. 하지만 이러한 기질 덕분에 한번 맺은 인연은 섬세하게 잘 관리합니다. 관계에 있어서 상대에게 피해를 끼치지 않으려고 조심합니다.

★ 처녀자리 금성 유명인
에미넴, 존 레논, 크리스토퍼 놀란

• **천칭자리에 위치한 금성: 다비드상**
상황이나 상대에 맞게 자신의 매력을 발산합니다. 균형 잡힌 미적 감각을 지녔습니다. TPO(시간, 장소, 상황)에 맞는 패션 감각이 있습니다. 관계에 대해서는 수동적인 태도를 보이기도 합니다. 상대에 대해서 눈치가 빠릅니다.

인간관계에서는 서로에게 부담스럽지 않은 적절한 거리를 유지할 줄 아는 감각과 균형 감각을 지녔습니다. 분위기나 상황 파악이 빠릅니다. 부담스럽지 않게 관계를 진척시켜나가는 능력이 탁월합니다. 이기적이게 행동해도 그렇게 보이지 않습니다. 다른 사람을 이용해서 원하는 목적을 달성할 수도 있습니다. 모든 사람에게 만족을 주려다가 모든 사람을 실망시킬 수도 있습니다. 다양한 그룹에서 동시에 활동하더라도 어색하지 않습니다.

★ 천칭자리 금성 유명인
비욘세, 빌 클린턴, 파블로 피카소

• **전갈자리에 위치한 금성: 팜파탈**
어떤 상황에도 흔들리지 않는 관계를 추구합니다. 이는 매우 달성하기 어려운 목적입니다. 이를 확인하기 위해 관계를 어려움에 봉착하게 만들 수 있습니다. 의도적이든 무의식적이든 관계의 견고함을 시험할 가능성이 높습니다. 나와 잘 맞는 사람인지 아닌지 사람에 대한 촉이 좋은 편입니다. 안 맞는다고 느꼈는데 억지로 관계를 맺으며 서로 불편해하며 안 맞는 증거를 찾을 필요는 없습니다. 소유욕이나 집착이 강할 수 있습니다.

여성의 경우 성적 매력이 강한 경우가 많습니다. 이는 관계에 도전 의식을 불러일으키는 힘으로 작용하기도 합니다. 남성의 경우 그러한 상황에서 상대를 정복하고자 하는 호승심을 느끼기 때문입니다. 물질적으로나 금전적으로 극단적인 상황에 처하는 경우가 많습니다. 투자를 할 경우 레버리지를 크게 일으킬 가능성이 있기에 주의가 필요합니다.

★ 전갈자리 금성 유명인
레오나르도 디카프리오, 빌 게이츠, 잭 에프론, 타이거 우즈

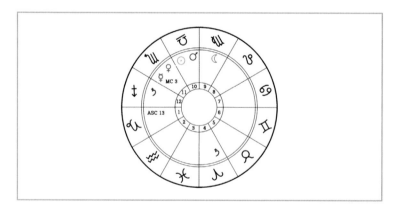

잭 에프론, 1987년 10월 18일, 미국 캘리포니아 샌 루이스 오비스포

♀ in ♏, 11H / ♀ □ ☽ / ♀ ♂ ♇ / ♀ ⚹ ASC

잭 에프론은 여성 팬은 물론이고 남성 팬도 상당히 많습니다. 다른 남자 연예인들에 비해 남성 팬이 많은 편입니다. 남아공 가수 트로이 시반처럼 잭 에프론을 보고 자신이 게이임을 자각한 사람들이 한두 명이 아니라고 합니다. 그는 2014년 〈댓 어쿼드 모먼트: 그 어색한 순간〉, 2015년 〈나쁜 이웃들〉로 MTV 영화제에서 2년 연속으로 '최고의 웃통 벗은 연기상'을 수상했습니다. 전갈자리는 '강렬한, 깊이 있는, 극단적이고, 터부시되는' 성질을, 금성은 '끌어들이는 매력'을 나타냅니다. 할리우드의 섹시 심볼로 자리를 잡은 잭 에프론은 전갈자리에 위치한 금성의 성격을 잘 보여줍니다.

● **사수자리에 위치한 금성: 뷔페**

적극적이고 열광적으로 자신의 매력을 표현합니다. 관심이 있는 것에 적극적으로 다가갑니다. 사람들과의 관계나 소유물들로부터 다양한 경험을 통한 즐거움을 느끼기를 원합니다. 언제나 사람들과 강한 동질감을 느낄 수 있기 때문에 누구든지 쉽게 친해집니다. 좋은 것이 있으면 적극적으로 주변에 퍼트립니다.

관계에서 자유롭게 다양한 경험을 하며 이상적인 만남을 꿈꿉니다. 한 사람만을 위한 책임감은 약할 수 있습니다. 매일 똑같은 경험을 나누는 관계가 아닌 서로의 발전을 촉진시키며 성장시키는 관계를 꿈꿉니다. 관계에서 즐거움만 나누기를 원하기 때문에 고통스럽거나 복잡한 관계는 회피할 수 있습니다.

★ 사수자리 금성 유명인

데이비드 보위, 에마뉘엘 마크롱, 윈스턴 처칠

• 염소자리에 위치한 금성: 격조 있는 귀부인

커리어우먼처럼 정돈되고 격식 있는 사회적 형태의 매력을 발산할 가능성이 높습니다. 미적 기준 또한 사회적 기준에 맞춰져 있기 때문에 모든 사람들이 인정하는 브랜드나 고급 아파트, 미슐랭 가이드에서 인정받은 음식 등의 기호를 선호할 수 있습니다.

인간관계에서 예의와 질서를 중요하게 생각하며 관계를 맺습니다. 쉽게 마음을 열지 않으나 한번 마음을 열면 지속적으로 관계를 관리하며 오랫동안 끌고 갈 수 있습니다. 또한, 서로의 신뢰를 매우 중요하게 생각하기에 신뢰를 깨려는 행동을 하지 않으려고 합니다. 만일 상대가 신뢰를 깰 경우 용서하지 않을 것입니다. 목적성 없는 관계에 관심이 없는 경우가 있습니다.

★ 염소자리 금성 유명인

브래드 피트, 스티브 잡스, 엘비스 프레슬리

• 물병자리에 위치한 금성: 리우데자네이루 카니발

특이하고 개성 있게 자신의 매력을 표출합니다. 매우 다양한 사람들과 잘 지낼 수 있는 개방성을 가졌습니다. 관계를 맺는 데 있어서 쿨한 태도를 지닙니다. 상대에게 질척거리거나 연연하지 않습니다. 이러한 점은 사회적 관계를 유지하는 데는 유리할 수 있으나 한 사람과 깊이 있게 연애를 하는 데는 불편함을 야기할 수 있습니다.

소유당하거나 소유하는 것에 대한 거부감이 있습니다. 관계나 물건에 대한 소유욕이 적은 편입니다. 자유로운 상태를 원합니다. 돈을 열심히 벌려고 하는 경우에도 금전의 구속에서 자유로워지고 싶어 하는 욕구 때문일 가능성이 큽니다. 뻔한 물건보다는 새롭고 특이한 것에 끌립니다.

★ 물병자리 금성 유명인
무하마드 알리, 볼프강 아마데우스 모차르트, 테일러 스위프트

• 물고기자리에 위치한 금성: 분위기 있는 바

주변 분위기와 하나로 어우러지면서 자신의 매력을 내뿜습니다. 채우기 위해서는 비워야 합니다. 자신을 비우고 주변의 기운을 받아들이는 물고기자리에서 금성의 인력은 자연스럽게 작동합니다. 다가오는 관계를 거부하지 않으며 하나 되어 함께하려고 합니다. 사람에 대해 이타적이며 관계에 헌신하고 상대의 즐거움을 위해 노력합니다. 단순히 즐거움만을 나누는 것이 아니라 삶의 다양한 부분들을 공유하고 함께하기를 원합니다. 타인의 호의를 자연스럽게 받아들이며 자신의 것도 함께 나누려 합니다.

즐거움이나 쾌락에 무절제하게 중독될 수 있는 위험이 있습니다. 관계를 억지로 설정하지 않으며 자연스럽게 흘러가게 둡니다. 단호하게 관계를 정리하지 못할 수 있습니다. 소유물에 대한 경계가 없을 수도 있습니다. 우리가 경계심 없는 동물을 어여삐 여기듯 주변 사람의 친절이 이 사람에게 자연스럽게 스며들 수 있습니다.

★ 물고기자리 금성 유명인
마틴 루서 킹, 빈센트 반 고흐, 저스틴 비버

화성

개인적 기능(개체적 기능): 수성, 금성, 화성
개체의 특징과 표현을 담당하는 기능
다른 개체와의 어울림과 부딪침을 통해서 우리는 개성을 획득한다.

화성의 기능

위협을 감지하고 제거하는 기능

자기주장과 분노의 기능

키워드

#밀쳐냄 #강인함 #경쟁심 #투쟁심 #격렬함 #적극적인
#폭발적인 #남성성 #극단적인 #자극 #분노

• 양자리에 위치한 화성: 이종격투기

화성은 양자리에서 자신의 에너지를 있는 그대로 표현합니다. 만일 공격을 받는다면 참거나 방어하지 않고 더욱 강렬하게 공격할 것입니다. 탐험가가 어렵거나 새로운 지형을 겁내지 않듯이 새로운 도전에 두려움이 없으며 오히려 흥분을 하거나 활력을 얻기도 합니다. 문제나 어려움에 고개를 돌리거나 회피하지 않으며 대면하고 온 힘을 다해서 맞부딪칩니다. 그렇기 때문에 심신에 그러한 부딪침으로 인한 상처가 많을 수 있습니다.

남이든 스스로든 자신의 한계를 규정하는 것에 거부감이 있습니다. '해보지 않으면 내가 그것을 할 수 있을지, 없을지 알 수 없다'

라는 마음을 가졌습니다. 불난 집에 기름을 부으면 그 에너지는 상상도 할 수 없을 정도로 커지지만, 그것을 잘 다스리지 못하면 나와 주변을 모두 태워버릴 수 있음을 기억해야 합니다.

★ 양자리 화성 유명인
안젤리나 졸리, 스티브 잡스, 크리스티아누 호날두

• 황소자리에 위치한 화성: 밭을 가는 투우 소
화성의 강렬함은 황소자리에서 최대한 부드럽고 온순해집니다. 화성의 분노나 적극성은 상황을 불안정하게 만드는 힘인데 황소자리는 주변과 자연스럽고 안락한 관계를 유지하는 방향성을 가지고 있기 때문입니다. 자신의 영역이 침범당할 때 분노가 일어날 수 있으나 공격적인 방식으로 그것을 물리치려고 하기보다는 자신의 영역을 더욱 굳건히 쌓아서 방어하려고 합니다.

자기주장이 강하지는 않으나 마음먹은 방향을 쉽게 꺾거나 바꾸지 않습니다. 돋보이거나 투쟁함으로써 자신을 증명하는 것이 아니라 지속적으로 노력해 주변 상황을 자신이 원하는 방향으로 만듦으로써 존재감을 내뿜습니다. 모든 위험에서 나를 지켜주는 상황 즉, 절대적인 안전함과 안락함이 존재하는 상황을 만들기 위해 최선을 다하지만 그것을 이루는 것은 매우 어렵습니다.

★ 황소자리 화성 유명인
살바도르 달리, 아돌프 히틀러, 앤디 워홀

• 쌍둥이자리에 위치한 화성: 시내를 빠르게 질주하는 스포츠카

매우 활기차고 적극적으로 자신을 주장합니다. 답답한 것을 매우 싫어할 수 있습니다. 어떤 상황에서도 적극성을 띄며 참여합니다. 곤란하고 힘든 상황을 임기응변으로 대처해서 해결하려 합니다. 위험에 대해서도 회피하는 것이 아니라 적극적으로 경험하고 소통하며 배우고 이해하려 들 것입니다. 누군가 자신을 속박하거나 소통 자체를 거부하는 경우 분노할 수 있습니다. 그리고 자신의 분노를 감추지 않고 적극적으로 표출하며 상대와 논쟁하려고 할 것입니다. 논쟁 또한 소통과 교류의 한 방법이기 때문입니다.

★ 쌍둥이자리 화성 유명인
나오미 캠벨, 마틴 루서 킹, 아널드 슈워제네거

• 게자리에 위치한 화성: 물속의 뜨거운 쇠공

조심스럽게 조금씩 자신을 주장합니다. 자신의 마음이 편안해질 때까지 지속적으로 불만을 표출합니다. 위험에 대해서 매우 소극적인 태도를 지녔으며 되도록 회피하려 합니다. 화성의 투쟁심은 게자리에서 억눌려질 수 있습니다. 이는 자신의 분노를 정확하게 파악하지 못하게 만들 수 있습니다. 또한, 격렬한 분노가 아닌 지속적인 짜증으로 나타날 수 있습니다. 분노의 원인을 찾기 힘들기 때문에 심리나 내면 탐색에 관심을 갖게 만듭니다.

분노가 생기면 표출하기보다는 자신의 내면으로 침잠해 들어갈 가능성이 높습니다. 그렇기 때문에 주변에서는 화를 내고 있는지 잘 모를 수 있습니다. 자연스러운 내면의 평화는 허용과 받아들임에서 찾아옵니다. 화성의 과도한 적극성과 분투는 그 목적이 내면의 편안함을 위한 것이라고 하더라도 혼란과 불편함을 초래할 가능성이 높습니다. 이러한 기질이 긍정적으로 사용될 경우 큰 뜻을 위해 헌신하고 희생하며 힘들어도 포기하지 않고 끊임없이 투쟁하며 나가는 에너지원으로 사용될 수 있습니다.

★ 게자리 화성 유명인
리오넬 메시, 키아누 리브스, 파블로 피카소

• 사자자리에 위치한 화성: 작열하는 하와이의 태양
당연히 잘할 수 있을 것이라는 자신감 넘치는 태도로 자신을 주장합니다. 매우 밝고 활기찹니다. 주변 상황의 눈치를 보지 않으며 적극적으로 자신을 표현합니다. 힘으로 밀어붙여서 어려움을 돌파해나갈 수 있습니다. 자존심이 강하며 무시당할 때는 매우 분노할 수 있습니다. 에너지 레벨이 굉장히 높기 때문에 긍정적인 방향으로 발산이 필요합니다. 주도권을 자신이 쥐기를 원합니다.

인색하거나 계산적인 것을 싫어하기 때문에 쩨쩨하고 속 좁은 모습을 보여주는 경우는 거의 없습니다. 개인의 득실을 따져서 행동하지 않으며 가슴에서 우러나오는 소리를 거침없이 따릅니다. 카리스마와 리더십이 있으나 이는 그 자신이 강력한 힘을 뿜어내 그런 것이지 다른 사람을 배려 있게 포용해서는 생기는 리더십은 아닙니다. 나의 의지가 막힘없이 뻗어나가려면 친절함과 겸손함을 겸비해야 함을 알아야 합니다.

★ 사자자리 화성 유명인
도널드 트럼프, 마이클 조던, 에마뉘엘 마크롱, 조지 클루니

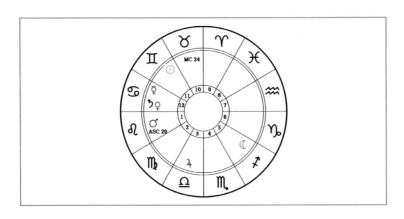

도널드 트럼프, 1946년 6월 14일 10시 54분, 미국 뉴욕 퀸즈

♂ in ♌, 1H / ♂☐MC / ♂✳☉ / ♂△ ☽

도널드 트럼프 미국 전 대통령은 악수한 손에 힘을 꽉 주거나 손을 자기 쪽으로 끌어당기는 행동으로 유명합니다. 그는 악수로 각국 정상들과 기 싸움을 하며 자신의 우위를 드러냅니다. 2017년 트럼프 전 대통령은 아베 신조 당시 일본 총리와의 정상회담에서 아베 총리의 손을 약 19초간 꽉 움켜쥐어 CNN으로부터 "세계에서 가장 어색한 악수"라는 평을 받았습니다. 이는 단순한 인사라기보다는 힘겨루기라는 언론 보도도 이어졌습니다.

트럼프의 협상법은 이른바 '미치광이 전략'이었습니다. 즉, 미국 대통령이 핵전쟁도 일으킬 수 있는 위험한 인물이라고 상대국들로 하여금 믿게 만들어서 쉽게 저항하지 못하게 하려 했던 전략입니다. 이는 리처드 닉슨 정부 당시 헨리 키신저 국무장관이 고안해낸 전략입니다.

이처럼 자신이 가진 힘을 당당하다 못해 적나라하게 드러내는 것이 트럼프가 재임 딩시 보여준 모습입니다. 그의 네이탈 차트에서 사자자리에 위치한 화성이 그런 면을 보여줍니다.

에마뉘엘 마크롱 프랑스 대통령도 사자자리에 위치한 화성을 지닌 인물입니다. 2017년 5월 벨기에 브뤼셀 주재 미국대사관에서 두 사람이 만났을 당시, 그는 트럼프의 손가락 관절에 자국이 남을 정도로 6초 동안 이를 악문 채 손을 흔들었습니다. 사자자리 화성과 사자자리 화성이 부딪치는 장면이었습니다.

• 처녀자리에 위치한 화성: 해도를 살펴보는 핵잠수함 항해사

구체적이고 예리하게 자신을 주장합니다. 애매한 것을 매우 싫어합니다. 준비되지 않은 상황에서는 적극성을 띄기 어려울 수 있습니다. 힘든 상황이 닥치면 그 상황에서 한발 물러나 이해하고 다룰 수 있는 방법을 찾으려 합니다. 문제가 있으면 그것을 해결할 만한 효과적인 방법이 있을 것이라고 믿으며 그 방법을 찾고 익히려고 합니다. 위험에 미리 대비하기를 원하며, 준비되지 않은 상태에서 무언가를 시작하는 것을 싫어할 수 있습니다.

세부 계획이 틀어지면 흥분할 수 있습니다. 너무 세세한 것에 큰 에너지를 쏟아서 결과적으로 에너지 낭비를 일으킬 수도 있습니다. 큰 맥락 속에서 현재 상황을 이해하는 지혜가 필요합니다. 자신의 분노를 디테일하게 설명하려고 하기도 합니다.

★ 처녀자리 화성 유명인
버락 오바마, 조니 뎁, 프리드리히 니체

• 천칭자리에 위치한 화성: 휴전을 위한 설전

상황을 봐가면서 자신을 주장합니다. 강력하게 자신의 의견을 타진해야 하는 상황에서도 상대방의 눈치를 볼 수 있습니다. 극단적인 행동을 취한 다음에 그 행동을 반성하는 식의 반발 작용이 나타납니다. 강하게 나가도 약하게 나가도 불만인 상태에 빠질 수 있습니다.

상대가 무리한 요구를 할 경우 분노할 수 있습니다. 자신의 분노를 이해받고자 하는 욕구가 있지만 이는 달성하기 어렵습니다. 대화를 통해서 갈등을 해결하려고 하지만 그 과정에서 갈등이 더욱 깊어지는 경우가 많습니다. 상대방을 위해서 하는 행동이 너무 과도하면 오히려 상대방을 고통스럽게 할 수도 있습니다. 평화를 위한 투쟁이라는 모순된 상태에 자주 놓입니다.

★ 천칭자리 화성 유명인
빌 게이츠, 엘비스 프레슬리, 윈스턴 처칠

• 전갈자리에 위치한 화성: 수류탄
아무리 어려운 상황에서도 포기하지 않고 참으면서 목적을 달성할 수 있는 힘이 있습니다. 이러한 힘이 파괴적으로 사용된다면 자신이나 주변에 큰 피해를 주기도 합니다. 다른 어떤 별자리와 행성의 배치들보다도 긍정적으로 사용할 경우와 부정적으로 사용할 경우의 차이가 큽니다.

자신이 신뢰하고 헌신했던 부분에 배신당할 때 매우 강렬한 분노를 느낍니다. 불만이 있더라도 되도록 분노를 내비치지 않습니다. 아주 확실한 상황에서 매우 강력하게 자신을 주장합니다. 단호하고 확실히 끊어내는 힘이 있습니다. 보통 강한 성욕을 가진 경우가 많은데 이는 합일을 통한 에고의 소멸을 강렬하게 열망하기 때문입니다.

★ 전갈자리 화성 유명인
레오나르도 디카프리오, 마리 퀴리, 이소룡

● 사수자리에 위치한 화성: 평원을 격렬히 달리는 말

확신을 가지고 적극적으로 자신을 주상합니다. 목표를 위해 돌진하는 적극성을 가졌습니다. 출발선에 서 있는 경주마처럼 추진력이 대단합니다. 목표를 위해 빠르게 달려가기 때문에 속도 조절을 못하고 세심한 부분들을 놓칠 수 있습니다. 탐험가처럼 새로운 경험에 대한 적극적인 탐구 정신도 가졌습니다. 자신의 믿음을 증명하기 위한 십자군처럼 확고한 방향성을 가지고 돌진합니다. 자신의 행위에 대한 과도한 확신을 가집니다.

자신의 신념이나 믿음이 공격받을 때 분노합니다. 새로움과 성장이 없는 지루한 상황에서 답답함을 느낄 수 있습니다. 강한 확신은 주변을 끌어들이는 힘을 가지고 있기에 선동가적 기질을 발휘할 수 있습니다.

리더가 되기도 하나 책임은 지지 않으려 할 수 있습니다. 목표를 빠르게 달성하는 힘이 강하지만 그 과정에서 절차를 건너뛰거나 무시할 수도 있기 때문에 나중에 예상치 못한 문제를 맞이할 가능성이 큽니다.

★ 사수자리 화성 유명인
블라미디르 푸틴, 카를 구스타프 융, 킴 카다시안

● 염소자리에 위치한 화성: 에베레스트를 오르는 산악인
전체적인 질서 속에서 발현되는 화성의 격렬한 에너지는 절제

되고 목적성을 띠며 나타납니다. 그는 결승골을 향해 온 힘을 다해 뛰는 육상 선수처럼 자신의 힘을 사용합니다. 그의 분노는 개인적이라기보다는 집단적일 가능성이 높습니다. 누군가가 규칙을 어겨서 전체적인 질서를 흐트러트릴 경우 격하게 반응하며 그 상황을 고치려고 할 것입니다. 엄격한 규율 반장 같은 이미지입니다. 확실하게 준비가 되고 명확한 목표가 설정되지 않으면 적극적으로 나서지 않을 수 있습니다.

기본적으로 에너지 레벨이 높은 편이기에 강한 압력이 가해지는 일도 잘 처리합니다. 군인이 잘못된 명령임에도 불구하고 민간인을 학살할 수 있듯이 규칙이나 룰이 제대로 작동하더라도 그것의 본질이 옳고 그른지를 판단하지 않는다면 절제된 강한 힘이 오히려 나쁜 결과를 불러올 수도 있음을 기억해야 합니다.

★ 염소자리 화성 유명인
메간 폭스, 알베르트 아인슈타인, 스티븐 스필버그, 짐 캐리

메간 폭스는 매우 엄격한 오순절 교회 집안에서 자랐고, 이후 12년간 가톨릭 계열 학교를 다녔습니다. 그녀는 중고등학교 시절 따돌림을 당했던 사실을 여러 번 이야기했는데, 그 원인이 외모 때문이 아니라 남학생들과 잘 어울리고 약간은 공격적인 성격 때문이라고 말했습니다.

메간 폭스는 2009년 9월 9일 미국 뮤직 비디오 전문채널 MTV와의 인터뷰에서 "내가 영화에서 벗은 모습을 상상해본 적이 없다. 인터넷이 발달된 지금은 물론 영원히 그런 일은 없을 것"이라며 본인의 음란 영상에 대해 강경한 입상을 취했습니다. '절제, 엄격함'을

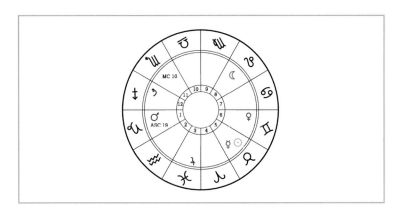

메간 폭스, 1986년 5월 16일 12시 35분, 미국 테네시 오크리지

♂ in ♑, 1H / ♂♂ASC / ♂△ ☽

의미하는 염소자리와 '공격성, 적극성, 폭발성, 성적 매력' 등을 의미하는 화성이 어센던트와 거의 완벽히 합해져 메간 폭스 자신의 기운으로 드러납니다.

● 물병자리에 위치한 화성: 세차게 도는 풍력발전기

자유에 대한 강력한 의지를 지녔습니다. 행동이 즉각적이고 단호합니다. 특이하고 새로운 것에 대해 적극성을 가지고 있습니다. 다양한 경험을 통해 한계를 인식하고 올바른 방향을 찾으려고 합니다. 스스로 옳지 않다고 생각하는 것에는 강렬하게 저항합니다. 개인의 자유를 침해하는 것에 대해 분노할 수 있습니다.

자신이 믿는 것을 현실화하기 위해서 고군분투합니다. 노사 활동, 학생회, 동아리 활동 등 공동체의 올바른 방향을 위해서 적극적으로 나설 수 있습니다.

★ 물병자리 화성 유명인

레오나르도 다빈치, 일론 머스크, 저스틴 비버

• 물고기자리에 위치한 화성: 세차게 흐르는 강

받아들일 수밖에 없는 분위기를 조성해 겸양된 태도로 자신을 주장합니다. 드러내놓고 자신의 욕망을 추진하기보다는 우회적이며 은밀한 방식으로 문제를 해결하려 합니다. 문제를 눈에 띄지 않게 해결하는 것을 선호합니다. 은폐하거나 대충 때우고 넘어가려고 할 수 있습니다. 위기가 닥치면 정면 돌파를 하기보다는 주변의 도움을 통해서 넘기려고 할 수 있습니다. 타인의 어려움을 자신의 고통으로 느끼며 함께 적극적으로 문제를 해결하려고 합니다.

분노를 직설적으로 표출하는 것이 힘들 수 있으며, 주변 탓이나 상황 탓을 할 수 있습니다. 자신을 피해자로 만들어서 위기를 극복하려 할 수도 있습니다. 미리 준비하지 않고 일을 진행하면서 대처하고 해결하는 것을 선호합니다. 이것저것 따지는 것에 대해서 강한 불편함을 느낄 수 있습니다.

★ 물고기자리 화성 유명인

매릴린 먼로, 부오나로티 미켈란젤로, 빈센트 반 고흐

목성

4

집단적 기능(전체적 기능): 목성, 토성
개체가 전체 속에 어우러지게 하는 기능
인간은 집단, 조직, 군락, 사회를 구성하고 그 안에서 살아간다.

목성의 기능

사회나 집단에 녹아들고 자신의 영향력을 섞는 기능

키워드

#믿음 #신념 #낙관성 #키우고 부풀림 #확장 #선동 #퍼트림

#이데올로기 #사상 #도덕관 #종교관 #윤리관

#법에 대한 감각 #개방성

목성과 토성은 앞에서 설명한 5개의 행성에 비해서 파악이나 이해가 어렵습니다. 목성은 한 별자리를 이동하는 데 약 1년, 토성은 한 별자리를 이동하는 데 약 2년의 긴 시간이 걸립니다. 가령, 2002년 8월 2일에서 2003년 8월 27일 사이에 태어난 모든 사람들은 목성이 사자자리에 위치합니다. 또한, 2020년 12월 16일에서 2023년 3월 7일 사이에 태어난 모든 사람은 토성이 물병자리에 위치합니다. 그렇기 때문에 성격적 차원에서 목성과 토성을 해석할때는 개인적 특성이 아닌 또래 집단의 특질로 해석해야 합니다. 그러한 집단적 특질은 달, 태양, 수성, 금성, 화성, 어센던트, 미드헤븐등 개인적 특성과 결부될 경우에만 개별적으로 표현됩니다.

성인이 되어 사회적으로 진출해 자리를 잡기 전까지 특정 나이대의 사람들은 공통된 사회적 경험을 하기 마련입니다. 가령, 2007년생들은 2022년에 중학교 3학년으로서의 경험을 합니다. 그러한 공통된 경험은 한 개인의 성격 중 일부분으로 형성되기 마련입니다. 다만 많은 사람들이 동시에 거시적으로 겪는 경험이기에 개별적으로 인식하기가 어렵습니다.

그런데 소위 유명 인사들이라고 불리는, 사회적으로 영향력이 큰 사람들의 네이탈 차트를 보면 목성과 토성이 '나'를 나타내는 지점과 긴밀하게 영향을 주고받는 경우를 많이 보게 됩니다. 반대로 사회적으로 악명 높은 범죄자나 독재자들 또한 목성과 토성과 긴밀하게 연결된 사람이 많습니다. 긍정적이든 부정적이든 '나'의 지표(어센던트, 미드헤븐, 달, 태양)와 연결된 목성과 토성은 '개인의 힘'과 '사회'의 상호작용을 수월하게 만듭니다.

앞에서 설명한 5개의 행성보다 목성과 토성은 그 의미가 직접적으로 와닿지 않을 수 있습니다. 이는 목성과 토성이 거시적인 차원에서 추상적으로 작용 중이기 때문에 그런 것입니다. 혹시라도 그 의미가 크게 와닿는다면 '나는 목성과 토성이 다른 행성이나 나를 나타내는 지점과 긴밀하게 연결되어 그 통로를 통해 드러나는가 보구나' 하고 이해하면 됩니다.

태양, 달, 수성, 금성, 화성 5개 행성은 개인적 행성이고 목성, 토성은 사회적 행성입니다. 인간이 다른 동물들을 제치고 만물의 영장이 될 수 있었던 이유에는 여러 가지가 있으나 그중 하나는 집단을 이루는 능력을 가지고 있었기 때문입니다. 동물들도 혈연으로 묶인 집단을 이루기도 합니다. 하지만 인간은 혈연이나 지역으로 엮여 있지 않더라도 수천, 수만 명이 집단을 이루어 움직일 수 있습니다. 이렇게 큰 단위를 우리는 '국가', '사회'라고 말합니다.

우리는 사회에 속해서 사회의 영향을 받는다고 생각합니다. 즉, 사회적 영향력이라는 것은 나를 넘어서서 존재하는 힘으로 인식됩니다. 하지만 곰곰이 생각해보면 이 사회적 영향력이라는 것 또한 인간 개인이 지닌 힘임을 알 수 있습니다. 즉, 사회적 영향력도 인간에게 내재된 기능, 능력, 힘, 성격이라고 할 수 있습니다. 하지만 우리는 그 힘을 내가 가지고 있다고 생각하지 않고 그 힘들에 지배받는다고 여깁니다.

앞에서 설명한 특징들 때문에 목성과 토성을 개인적인 성격 차원에서 구체적으로 기술하는 것은 매우 어렵습니다. 그래서 그 외의 5개 행성에 비해서 추상적으로 이해하고 해석할 수밖에 없습니다. 만일 목성과 토성이 구체적으로 뚜렷하게 성격에 나타난다면 앞서 말한 개인적 지표(5개의 행성과 어센던트, 미드헤븐 등)와 긴밀하게 연결되는 경우입니다.

• 양자리에 위치한 목성: 새로운 땅을 향해 떠나는 선교사

자신을 성장시켜줄 수 있는 새로운 경험과 도전에 열려 있으며, 새로운 사상이나 믿음에 대해서도 열려 있습니다. 자신의 믿음에 대해서 매우 강렬한 신뢰를 가지고 행동으로 증명하려 합니다. 타인을 설득하는 힘은 자신의 실천으로부터 나옵니다. 자신의 믿음의 적극적인 선구자로 행동합니다. 타인의 이야기보다는 자신이 경험하고 체험한 것을 신뢰합니다.

★ 양자리 목성 유명인
브레드 피트, 살바도르 달리, 안젤리나 졸리, 조니 뎁

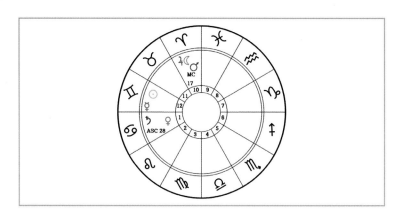

안젤리나 졸리, 1975년 6월 4일 9시 9분 미국 캘리포니아 로스앤젤레스

♃ in ♈, 10H / ♃ ♂ MC / ♃ ♂ ☽ / ♃ ✶ ☉

안젤리나 졸리는 2001년부터 2022년까지 유엔난민기구 친선
대사, 글로벌 특사로 활동했습니다. 그녀는 그동안 이라크 모술과
예멘 등 전쟁과 분쟁의 현장을 방문해왔고, 2022년 4월 30일(현지
시간 기준)에는 우크라이나 서부 르비우를 방문했습니다. 그녀의 행
보에서 자신이 옳다고 생각하는 신념과 믿음을 적극적으로 펼치는
모습을 볼 수 있습니다. 사회적 신념, 믿음을 나타내는 목성이 적극
성, 저돌성, 행동력을 나타내는 양자리로 드러나는 모습들입니다.

• 황소자리에 위치한 목성: 추수감사절

실제로 와닿지 않는 관념적인 신념에는 관심이 없습니다. 물질
세계에서 영향을 끼치는 보이지 않는 힘에 관심이 많습니다. 자신
이 믿는 바가 쉽게 변하지 않을 수 있습니다. 지속성과 일관성을 가
지고 자신이 믿는 바를 성취하려 합니다. 스스로 부와 안정을 성취
할 수 있다는 믿음이 있습니다. 사치와 향락을 주의해야 합니다.

★ 황소자리 목성 유명인

마틴 루서 킹, 앤디 워홀, 존 F 케네디, 파블로 피카소

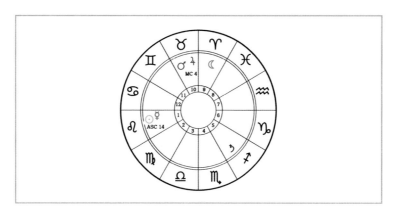

앤디 워홀, 1928년 8월 6일 6시 30분 미국 펜실베이니아 피츠버그

♃ in ♉, 10H / ♃ ♂ MC / ♃ □ ☉

워홀의 작품 세계는 대부분 '미국의 물질문화'와 연관되어 있습니다. 그는 돈, 달러 기호, 식품, 잡화, 구두, 유명인, 신문 스크랩 등을 그렸습니다. 그에게 이런 주제들은 미국 문화의 가치를 의미했습니다. 가령, 그는 이렇게 이야기하기도 했습니다. "코카콜라는 언제나 코카콜라다. 대통령이 마시는 코카콜라는 내가 마시는 코카콜라와 같은 그 콜라다." 그는 대중에게 익숙하고 유명한 이미지를 이용해 20세기 미국의 문화적 정체성을 표현했습니다.

목성은 사회가 전반적으로 지향하는 신념이나 믿음을 나타냅니다. 워홀의 네이탈 차트에서 목성이 10H에 위치하고 미드헤븐과 관계 맺는 것은 그러한 사회적 방향과 워홀의 직업적 방향이 일치함을 보여줍니다. 황소자리는 현실적인 힘, 물질적 풍요로움을 나타냅니다.

• 쌍둥이자리에 위치한 목성: 시장 거리의 원효대사

다양한 신념과 믿음에 대해서 열려 있습니다. 유연한 마음을 가졌으며 포용력이 넓습니다. 주변의 다양한 관점을 흡수해 자신의 신념이나 믿음을 바꿔갑니다. 자신의 신념이나 믿음이 깊이 있는 체험과 숙고에서 나온 것이 아닐 수 있기 때문에 피상적인 수준에 머물 가능성이 있고, 쉽게 흔들릴 수 있으니 주의가 필요합니다.

★ 쌍둥이자리 목성 유명인

무하마드 알리, 오프라 윈프리, 엠마 스톤, J. K. 롤링

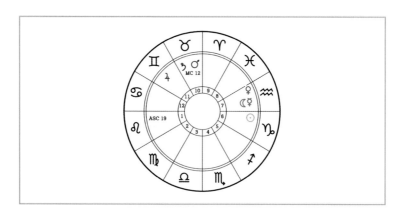

무하마드 알리, 1942년 1월 17일 18시 35분, 미국 켄터키 루이빌

♃ in ♉, 11H / ♃ △ ☽ / ♃ △ ☿

무하마드 알리의 원래 침례회 신자였으나 1964년 말콤 엑스가 이끄는 '네이션 오브 이슬람'에 가입하면서 이슬람으로 개종함과 동시에 '무하마드 알리'라는 이름으로 개명했습니다. 이후 그는 1965년 소니 리스턴과의 2차전부터 개명한 이름으로 경기에 출전했습니다. 그의 네이탈 차트를 보면 믿음을 나타내는 목성이 11H

인 동료, 친구, 단체에 위치하고 변화를 나타내는 쌍둥이자리에 위치합니다.

• 게자리에 위치한 목성: 가족회의

삶 속에서 자신에게 가장 편안함을 줄 수 있는 신념과 믿음을 가지려 합니다. 자신의 내면을 잘 들여다볼 수 있습니다. 조심스럽지만 확실하게 자신의 신념을 확장시켜나갑니다. 일상생활 속에서 그 믿음을 매일 실천하려고 합니다. 믿음이란 말로만 떠드는 것이 아니라 내면에 간직하고 생활 속에서 발현되어야 함을 알고 있습니다.

★ 게자리 목성 유명인
스티브 잡스, 에마뉘엘 마크롱, 조 바이든

• 사자자리에 위치한 목성: 아모르 파티

자신의 신념과 믿음을 매우 확신하고 당당하고 자연스럽게 표현하며 그에 따라 살아가려고 합니다. 그의 확신은 강력하기 때문에 주변의 집단 안에서 빛날 수 있습니다. 또한, 사람들도 그와 함께하길 원합니다. 자신이 옳다는 확신이 과도하여 객관적으로 자신과 주변을 파악하지 못할 가능성도 있습니다.

★ 사자자리 목성 유명인
니콜 키드먼, 빅토르 위고, 빌 게이츠

• 처녀자리에 위치한 목성: 밭일하는 수도사
신념과 믿음의 별인 목성은 완벽함과 비판의 별자리인 처녀자리에서 자신의 기능을 표현하는 데 어려움을 겪습니다. 내가 이해할 수 있으며 확실하게 효과를 체험하는 것에 대해서만 믿으려고 합니다. 이는 실증적인 태도이기는 하지만 관념적인 믿음과는 상반되는 의미를 지닐 수 있습니다. 디테일한 부분에 매달리다가 정작 중요한 부분을 놓칠 가능성이 있습니다.

★ 처녀자리 목성 유명인
네이마르, 엠마뉘엘(미국 수녀), 킴 카다시안

• 천칭자리에 위치한 목성: 법관
새로운 관념을 존중하며 다양한 관점에 대해 열려 있습니다. 상대방과 내가 믿는 바가 다르더라도 상대의 믿음을 존중하려 합니다. 편중되거나 광적인 믿음에 대해서는 경계심이 있습니다. 자신의 믿음에 대해서도 지속적으로 올바른지 의구심을 품습니다. 상황을 가장 긍정적으로 가져갈 수 있는 방향에 대해서 거시적 관점에서 고려합니다.

★ 천칭자리 목성 유명인
도널드 트럼프, 볼프강 아마데우스 모차르트, 카를 구스타프 융

윈스턴 처칠은 보수당 의원으로 활동하다가 보수당이 자신과 맞지 않는다는 이유로 자유당으로 당적을 바꿨다가, 다시 보수당에 입당했습니다. 이러한 정치적 이력 때문에 당시 보수당계 정치인들에게 처칠은 배신자로 낙인찍혔습니다. 이후 정계에서 퇴출되었지만 다시 정치에 복귀했습니다. 낙석이라는 것은 목성이 다스리는

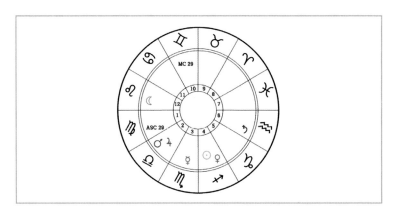

윈스턴 처칠, 1874년 11월 30일 1시 30분, 영국 우드스톡

♃ in ♎, 2H / ♃ ✶ ♀ / ♃ ✶ ☽ / ♃ △ MC

자신의 신념과도 같습니다. 양쪽 모두의 신념을 체험하고 균형 잡힌 시각에서 더 나은 대안을 찾으려 했던 처칠의 모습은 천칭자리에 위치한 목성의 성질과 일치합니다.

• 전갈자리에 위치한 목성: 순교자

변하지 않고 삶에 강력하게 작용하는 힘만이 믿을 수 있다고 여깁니다. 다른 사람의 말이 아닌 자신이 직접 체험한 것을 믿습니다. 자신이 믿는 신념을 향해 자신을 극단적으로 밀어붙일 수도 있습니다.

신념을 달성하기 위한 형식이나 방법은 크게 중요하지 않다고 생각할 수 있습니다. 강렬한 체험을 원할 수 있으니 약물, 알코올, 도박 등에 중독되지 않도록 주의가 필요합니다.

★ 전갈자리 목성 유명인

스티븐 스필버그, 아널드 슈워제네거, 엘비스 프레슬리, 저스틴 비버

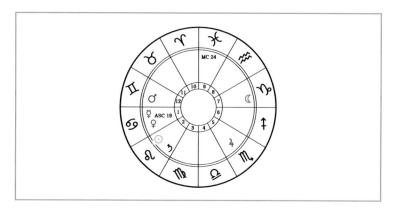

아널드 슈워제네거, 1947년 7월 30일 4시 10분, 오스트리아 그라츠

♃ in ♏, 5H / ♃ △ ASC / ♃ △ ☿

아널드 슈워제네거는 열다섯 살 때부터 트레이닝을 시작했으며, 매일 5~6시간 이상을 투자했다고 합니다. 유년기에는 레그 파크 같은 당대 보디빌더를 우상으로 여기며 언젠가 미국으로 건너가 세계 최고의 보디빌더가 되겠다는 꿈을 키웠다고 합니다. 그러던 중 당시 징병제를 시행하던 오스트리아군에 만 18세의 나이로 육군 병사로 입대하게 되는데, 훈련소 시절 열악한 환경 속에서도 훈련장 운동장을 달리며 유산소 운동을 하고, 눈에 보이는 의자는 전부 다 딥스 머신으로 활용했으며, 매달릴 수 있는 모든 곳에서 풀업을 했다고 합니다. 슈왈제네거의 이러한 모습에서 자신의 신념을 어떤 상황에서도 꺾지 않는 전갈자리에 위치한 목성의 모습이 드러납니다.

• 사수자리에 위치한 목성: 민족을 이끄는 선지자

세상에는 모두가 따라야 하는, 모두를 위한 관념이 존재한다고 믿습니다. 전통적인 믿음에 대한 신뢰를 가졌습니다. 세상과 사람에 대해서 선의를 가지고 행동합니다. 과도한 일반화를 주의해야 합니다. 집단의 방향성과 자신의 방향성을 일치시키려 합니다. 진정한 믿음과 신념은 개인을 변화시키는 것뿐만 아니라 타인, 집단을 변화시키는 힘이라고 생각합니다.

★ 사수자리 목성 유명인
빈센트 반 고흐, 조지 R. R. 마틴, 힐러리 클린턴

• 염소자리에 위치한 목성: 성 베드로 성당

부활의 증거를 보이면 믿겠다는 유다와 같이 확실하지 않으면 믿지 않습니다. 그에 반해 자신의 믿는 바에 대한 절대적 신뢰를 가지고 있을 수 있습니다. 신념은 등급을 나눌 수 없는데 자신의 사상이 더 우월하다는 인증을 받고 싶어 할 가능성이 있습니다.

★ 염소자리 목성 유명인
아돌프 히틀러, 에미넴, 카를 마르크스

• 물병자리에 위치한 목성: 아고라 광장의 철학자들

새로운 신념이나 방향에 대해서도 열린 마음을 가졌습니다. 과학적인 검증을 토대로 자신의 방향을 점검합니다. 틀에 박힌 신념을 무조건적으로 따르지 않습니다. 차별을 싫어하며 모든 사람에게 유익이 돌아가는 유토피아적 신념을 가졌을 수 있습니다.

★ 물병자리 목성 유명인

마리 퀴리, 버락 오바마, 짐 캐리

• **물고기자리에 위치한 목성: 기도하는 수도사**

자신의 믿음에 헌신하며 하나 되는 삶을 살려고 합니다. 다양한 삶을 모두 포용하는 커다란 관점으로 세상을 바라보고 살아갑니다. 이러한 포용력이 지나쳐서 악의적인 사상까지도 받아들이고 수용하려 할 수도 있으니 주의가 필요합니다. 계산적이거나 편협하지 않으며 내면의 평화를 중요시 여깁니다.

★ 물고기자리 목성 유명인

레오나르도 디카프리오, 마이클 조던, 프리드리히 니체

토성

ㅎ

집단적 기능(전체적 기능): 목성, 토성
개체가 전체 속에 어우러지게 하는 기능
인간은 집단, 조직, 군락, 사회를 구성하고 그 안에서 살아간다.

토성의 기능

한계나 제약을 인식하여 형태를 보전하고 유지하는 기능

키워드

#질서 #규칙 #역할 준수 감각 #두려움 #강박 #사회적 균형 감각
#한계 #경계 #지키고 견고히 함 #유지 #신중함 #과학적

대다수의 사람들은 안락하고 편하고 탁 트인 방향을 자신이 지향하는 방향이라고 여깁니다. 고통스럽고 답답하고 울퉁불퉁한 방향은 내가 원하지 않는 방향이라고 생각합니다. 또한, 내가 원하는 것과 실제로 나인 것을 혼동합니다. 그렇기 때문에 밝은 부분만 나라고 생각하고 어두운 부분은 나라고 생각하지 않습니다. 그런 어둠은 나의 삶을 방해하는 요소이며 제거해야 할 대상으로 여겨집니다. 즉, 내 성격도 아니며 내 삶도 아닌 타자로 인식하는 것입니다.

일반적으로 생명체는 밝고 활기찬 것을 선호하는 경향이 있습니다. 어둡고 축 처진 것을 선호하지 않지요. 하지만 우리가 밝은 것만 원하더라도 삶 속에서 어둠을 체험하고 경험합니다. 우리의 내면 상태 또한 밝음과 어둠 양쪽을 오고갑니다. 둘 중 어느 한쪽에만 머무르지는 않습니다. 곰곰이 생각해보십시오. 현재의 나의 성격과 상황을 이루는 요소들이 과거의 밝은 경험만으로 형성된 것일까요? 어두운 경험은 나의 삶을 구성하는 요소로 작용하지 않고 있나요? 절대 그렇지 않습니다. 과거의 밝은 경험과 어두운 경험 모두가 현재의 나와 나의 삶을 구성하는 요인으로 두루 작용합니다. 토성은 이러한 삶의 어두운 부분을 나타냅니다.

토성은 사회적 행성이기 때문에 개별적인 성격을 논할 때 이해하기 어려운 부분이 있습니다. 여기에 더해 밝음을 쫓는, 한쪽으로 편중된 마음이 더욱더 토성을 이해하기 어렵게 만듭니다. 토성 또한 나의 삶의 일부분이며 내 성격의 일부분입니다. 하지만 대다수 사람들은 그렇게 인식하지 않습니다. 토성의 힘이 다루기 싫고 어렵다고 배척하거나 외면해도 그 힘은 지속적으로 우리 삶 속에 작용합니다. 아니, 오히려 더욱더 통제 불능의 상태로 삶을 휘저어놓을 것입니다.

• 양자리에 위치한 토성: 전진기지

도전하면서 자신의 한계를 인식합니다. 자신의 한계가 규정되는 것에 대한 강렬한 거부 반응을 보이기도 합니다. 자신의 힘을 적극적으로 발현할 수 있는 상황에 자주 처하게 됩니다. 자신의 영역을 적극적으로 투쟁하며 확장하려 합니다. 토성은 '안정, 규칙, 질서' 등을 나타내고 양자리는 '도전, 자극' 등을 나타냅니다.

★ 양자리 토성 유명인

니콜 키드먼, 마린 르 펜(프랑스 정치인), 빈 디젤(미국 영화배우)

아인슈타인의 연구는 산업 전반과 전자공학, 무기공학, 광학, 군

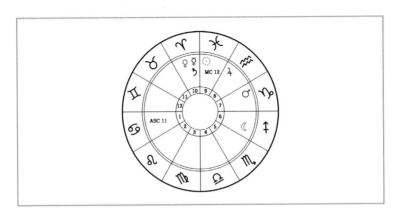

알베르트 아인슈타인, 1879년 3월 14일 11시 30분, 독일 울름

♄ in ♈, 10H, ♄ ♂ ☿

사전략, 원자력 발전 등과 같은 현대 문명의 핵심으로 작용했습니다. 그의 이론으로 탄생한 GPS, 레이저, 핵무기를 포함한 다양한 발명품들은 국가 간의 외교 전략과 인류의 생활 양상을 완전히 바꾸어버렸습니다. 또한, 지금껏 알려지지 않았던 물리법칙들을 밝혀내 인류가 이 세계에 대해 새로운 시야를 가질 수 있게 만들었습니다.

또한, 아인슈타인은 미국의 인종차별에 대해 연설하면서 "나는 그것에 대해 침묵할 생각이 없다"라고 말하기도 했습니다. 그가 당시 점차 표준으로 받아들여지던 양자역학의 코펜하겐 해석에 대해 여러 차례에 걸쳐 이의를 제기하고, 이에 대해 닐스 보어가 반박한 논쟁은 과학사에서 매우 유명합니다. 아인슈타인이 보여준 이러한 모습들은 그의 네이탈 차트에서 '사회적 위치, 평판, 결실' 등을 나타내는 10H와 '새로운 시작, 창조성, 저항을 이겨냄'을 의미하는 양자리에서, '물질적 세계, 사회질서, 규칙'을 뜻하는 토성과 '사고, 이성, 학문'을 상징하는 수성이 나타나는 것과 상응합니다.

• 황소자리에 위치한 토성: 거대한 아름드리나무

자신을 둘러싼 규칙과 질서에 순응하고 그 안에서 자신의 영역을 천천히 확고하게 키워나가려 합니다. 되도록 자신의 역할이나 위치를 바꾸려 하지 않습니다. 그 안에서 확실하게 자리 잡고 결실을 맺길 원합니다. 이러한 경향은 안정에 대한 과도한 집착을 불러올 수 있습니다. 느리지만 확실하게 삶의 안정성을 확보해나갈 수 있습니다.

★ 황소자리 토성 유명인
무하마드 알리, 투팍, 파블로 피카소

• 쌍둥이자리에 위치한 토성: 거대한 변신 로봇

배우고 익히고 소통하면서 자신의 한계를 파악합니다. 주변과의 적극적인 교류를 통해 자신의 위치를 파악하고 설정합니다. 상황이 변하더라도 매우 빠르게 자신의 위치를 찾아가며 적응합니다. 강박적으로 정보를 흡수하려고 들 수 있습니다.

★ 쌍둥이자리 토성 유명인
에미넴, 일론 머스크, 지미 헨드릭스, 지크문트 프로이트

일론 머스크는 반복되는 무책임한 언행 때문에 구설수에 휘말리는 일이 잦습니다. 2020년 3월 코로나가 발생했을 때 그는 트위터에 '코로나바이러스 패닉은 바보 같다(dumb)', '아이들은 면역 걱정이 없다' 등의 망언을 올렸습니다. 2021년 11월에는 부유세를 내라는 버니 샌더스의 트윗에 대한 대답으로 '당신이 아직 살아 있

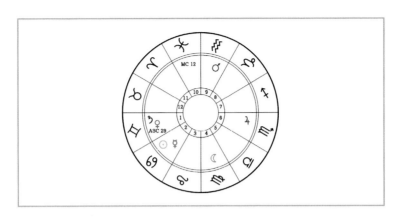

일론 머스크, 1971년 6월 28일 6시 30분, 남아프리카공화국 프리토리아

$ħ$ (in ♊, 1H) / $ħ$ □ ☽

었는지 몰랐다'고 말하며 인격 모독을 하기도 했습니다.

그가 이렇게 장난으로 쓴 트윗 하나가 그와 전혀 관계없는 회사들의 주가를 수조 원에서 수십조 원씩 움직이기도 합니다. 일례로 소규모 핸드메이드 제품 거래를 중계하는 전자상거래 회사인 엣시(Etsy)는 시가총액이 20조 원이 넘는 큼직한 회사임에도 불구하고 머스크가 '나는 엣시를 꽤 좋아해'라는 트윗을 올리고 나자 잠시 동안 주가가 8%나 폭등했습니다. 심지어 3만 400명의 미국인을 상대로 통계 조사를 한 결과, 미국인의 37%가 머스크의 트윗을 보고 투자를 한 경험이 있다고 합니다.

달은 개인적이고 무의식적 내면의 반응을 나타냅니다. 일반적으로는 은밀하게 작동하기에 잘 드러나지 않습니다. 머스크의 네이탈 차트를 보면 쌍둥이자리에 위치한 토성이 90° 각도로 영향을 강하게 주고 있기 때문에 그런 면이 밖으로 강박적으로 드러나게 되고 사회에 직접적으로 영향을 끼침을 알 수 있습니다.

• 게자리에 위치한 토성: 거주용 호텔

자신의 한계를 매우 좁게 설정할 가능성이 높습니다. 반대로 매우 크게 설정할 수도 있습니다. 자신이 불편하다고 생각하는 부분에 대해서는 과도한 두려움을 가지고 있을 가능성이 있습니다. 반대로 어떤 상황에서도 당연하다는 듯이 행동할 수도 있습니다. 게자리의 양면성이 극대화해서 나타날 가능성이 높습니다.

★ 게자리 토성 유명인

도널드 트럼프, 부오나로티 미켈란젤로, 존 F. 케네디

• 사자자리에 위치한 토성: 나폴레옹

자신에게는 한계가 존재하지 않는 것처럼 생각합니다. 한계를 규정당하는 것에 대한 두려움과 공포가 있습니다. 매사에 적극적이며 어떤 상황에서도 자신의 존재감을 표출하려 합니다. 강하게 자신을 표현하는 만큼 심리적으로 위축될 경우 그 정도가 매우 심할 수 있습니다.

★ 사자자리 토성 유명인

스티븐 스필버그, 아돌프 히틀러, 타이거 우즈

• 처녀자리에 위치한 토성: 매우 정교한 알 공예

자신의 한계를 정확하게 파악하려고 노력하고, 실제로도 정확하게 파악하고 있는 경우가 많습니다. 무슨 일이든 대충 하지 않기 때문에 새로운 환경에 적응하는 데 시간이 걸릴 수 있습니다. 자신의 역할을 확실하고 완벽하게 수행하려고 합니다.

★ 처녀자리 토성 유명인

빅토르 위고, 에마뉘엘 마크롱, 조지 R. R. 마틴

• **천칭자리에 위치한 토성: 인과법**

조화와 균형에 대한 강한 강박이 있을 수 있습니다. 자신에게 주어진 책임과 권한을 정확히 인식하며 둘 사이에서 균형을 잘 잡는 편입니다. 전체 속에서 자신의 적절한 위치를 찾는 능력이 있습니다. 갈등을 중재해야 하는 상황에 자주 처하게 됩니다.

★ 천칭자리 토성 유명인

레오나르도 다빈치, 블라디미르 푸틴, 비욘세, 스팅

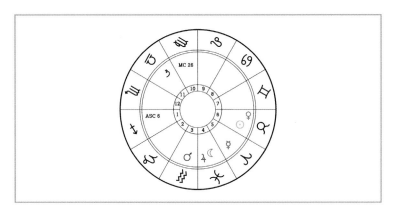

레오나르도 다빈치, 1452년 4월 14일 17시 40분, 이탈리아 빈치

ħ in ♎, 11H / ħ △ ♂

레오나르도 다빈치는 완벽한 균형을 좋아하고 추구했습니다. 그는 가장 이상적인 비율이라고 일컫는 황금 비율을 바탕으로 〈모나리자〉, 〈최후의 만찬〉, 〈비트루비우스적 인간(인체비례도)〉 등 세기

를 넘나들며 사랑받는 대작을 창작해냈습니다. 또한, 레오나르도 다 빈치는 예술뿐만 아니라 매우 다양한 군사공학 장치를 고안한 공학 도이기도 했습니다. 레오나르도 다빈치의 네이탈 차트를 보면 조화 와 균형을 이루는 천칭자리와 나의 한계와 삶의 질서를 의미하는 토성의 의미가 잘 드러납니다.

• 전갈자리에 위치한 토성: 원자력발전소

사회적 질서, 규칙에 대해 매우 강한 압박을 느낄 수 있습니다. 되도록 책임을 지려 하지 않으나 책임을 지게 되면 아무리 어려워도 온 힘을 다해서 유지하고 달성하려 합니다. 청둥오리 새끼처럼 자신 의 위치가 아닌 것 같은 느낌을 가질 수 있습니다. 강력한 힘으로 자 신의 위치를 확립하든가, 자신의 욕구를 강력하게 억누르며 참고 기 존의 질서를 따르든가 둘 중 하나를 선택해야 되는 상황에 놓입니다.

★ 전갈자리 토성 유명인
마리 퀴리, 빌 게이츠, 스티브 잡스

• 사수자리에 위치한 토성: 앨버트로스

자신의 위치나 한계를 지속적으로 성장, 확장시키려 합니다. 성 장이 멈추고 경계가 굳어지는 것에 대한 두려움이 있습니다. 대의 를 맹목적으로 추종하는 것을 주의해야 합니다. 대세를 거스르지 않으며 함께하려고 합니다.

★ 사수자리 토성 유명인
리오넬 메시, 마틴 루서 킹, 스티븐 스필버그

• 염소자리에 위치한 토성: 도시 설계자

신중하고 조심스럽게 자신의 경계를 확장시켜나갑니다. 확실하지 않으면 보수적으로 접근합니다. 규칙과 질서는 전체를 위해 꼭 필요하며 잘 유지되어야 한다고 생각합니다. 악법도 무법보다는 낫다는 태도를 지닙니다. 절차를 매우 중요시 여깁니다.

★ 염소자리 토성 유명인

다이애나 스펜서, 버락 오바마, 조지 클루니, 존 F. 케네디

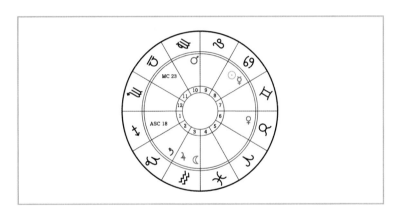

다이애나 스펜서, 1961년 7월 1일 19시 45분, 영국 샌드링엄

ℏ in ♑, 2H / ℏ △ ♀ / ℏ □ MC

왕세자비라는 지위로 대외 활동에 나섰던 다이애나를 영국 국민들은 무척 사랑했습니다. 하지만 영국 왕실은 찰스 왕세자를 대신해 인기를 독차지한 다이애나의 일거수일투족을 규제하며 다이애나를 통제하려 했습니다. 다이애나의 네이탈 차트를 보면 미드헤븐과 90° 각도로 맺어진 토성의 모습이 보입니다. 이를 통해 사회적 지위가 주변의 기대로 강압적으로 주어졌음을 알 수 있습니다.

또한, 염소자리의 엄격함과 위계질서가 토성의 억압과 맞물리는 모습도 보입니다. 이는 사회적 틀이 강한 왕실 생활과 대응됩니다. 토성이 금성과 120°의 각도를 맺는 모습을 통해 그러한 왕실과의 관계가 배우자에 의해 주어진 것이며 왕실로부터 물질적 지원을 받는 삶을 살았음을 알 수 있습니다.

• 물병자리에 위치한 토성: 궤도를 도는 우주정거장

무조건적으로 따르지 않습니다. 명료하게 이해되지 않는 것, 합리적이지 않은 것은 받아들이지 않습니다. 다양한 상황에서 실제적으로 적용 가능한 일관된 법칙을 찾기를 원합니다. 적극적으로 상황에 임하지만 아니라는 확신이 들면 언제든 떠날 수 있는 마음 상태를 유지합니다. 공동체 의식이 강합니다.

★ 물병자리 토성 유명인

볼프강 아마데우스 모차르트, 살바도르 달리, 프리드리히 니체

• 물고기자리에 위치한 토성: 대륙의 이동

물고기자리는 경계를 녹여 하나로 만들고, 토성은 강력한 경계를 유지합니다. 이러한 서로 다른 점은 자신의 한계에 대해서 체념적인 태도를 취할 수도 있게 만들어 경계를 매우 축소시킵니다. 또는, 모든 경계를 녹이고 융화시켜 하나의 경계로 매우 확장시킬 수도 있습니다. 즉, 양극단적인 결과를 불러올 것입니다.

★ 물고기자리 토성 유명인

달라이 라마, 아리아나 그란데, 카를 마르크스, 키아누 리브스

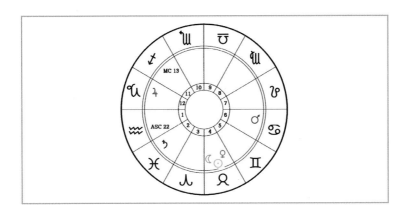

카를 마르크스, 1818년 5월 5일 2시, 독일 트리어

ħ (in ♓, 2H) / ħ □ MC / ħ ⚹ ☉ / ħ ⚹ ♃

마르크스는 정치성이 다분한 저술 활동으로 인해 무국적자 신세로 수십 년간 영국 런던에서 처자식과 함께 망명 생활을 했습니다. 마르크스의 네이탈 차트를 보면 사회적인 지위와 위치를 나타내는 미드헤븐과 '사회적 책임, 의무, 역할'을 나타내는 토성이 서로 긴장하는 90°의 각도로 관계 맺고 있음을 알 수 있습니다. 이는 사상가로 사회에 큰 영향을 끼쳤으나, 무국적자로 살아가던 그의 삶의 모순을 보여줍니다.

셸 수 없이 많은 학자, 노동조합, 예술가, 정당이 마르크스의 영향을 받았으며 그의 사상을 각자 재독해 변형하고 변용했습니다. 이는 경계 없이 침투해 들어가고 변화시키는 물고기자리의 성질과 대응합니다.

점성학은
우리의 내면과 운명을 비추는 빛입니다

　여기까지 책을 읽으신 분들은 사람의 내면과 운명을 보는 학문인 점성학의 길에 첫걸음을 내딛으신 셈입니다. 그 첫 발걸음을 축하합니다. 6,000년의 역사를 가진 점성학은 그 학문적 깊이가 헤아리기 어려울 정도로 깊습니다. 하지만 우리는 얕은 물에서도 즐겁게 수영할 수 있습니다.

　1장을 쓰면서 점성학의 학문적 뿌리를 정리하고자 했습니다. 2장에서는 제가 처음 점성학을 배우던 시절로 돌아가서 쉽게 자신의 운명 지도(네이탈 차트)를 뽑는 방법을 전하고자 했습니다. 3장에서는 우리가 살아가는 삶의 영역인 12하우스에 대해서 전체적이면서 개별적으로 접근하고 이해하실 수 있도록 정리했습니다. 4장에서는 우리의 삶과 운명을 움직이는 힘인 행성들을 인간 내면의 작용으로 설명했습니다. 5장에서는 세상 만물의 기본 법칙인 음양(극성)의 원리를 통해 12사인의 의미를 밝히려 했습니다. 6장에서는 하우스, 행성, 사인이라는 운명의 3요소를 조합하고 하나로 묶어 이해하는 방법을 다양한 각도에서 살펴봤습니다. 이러한 지식들은 점성학의 기본을 탄탄히 하는 데 도움이 될 것입니다. 또한, 이를 통해 사람의 성격과 운명의 뼈대를 이해할 수 있을 것입니다.

　우리는 살면서 수많은 순간 타인을 평가하거나 스스로에 대해서 생각하며 시간을 보냅니다. 그리고 가족, 친구, 연인, 고객, 상사와의 관계에 대해서도 고민하고 걱정합니다. 이러한 것들을 조금이라도 이해해보려고 어둠 속에서 더듬거리는 시간을 모두 합하면 우리 생애에서 얼마나 긴 시간들일까요? 점성학은 밤하늘에서 빛나는 달과 별처럼 내면과 운명, 관계를 비추는 빛이라고 생각합니다. 이 빛을 통해 우리는 오해, 거짓, 환상, 기만에서 벗어나는 데 도움을 받을 수 있습니다.

점성학은 때때로 점성술로 불립니다. 학(學)은 학문을, 술(術)은 기예를 가리킵니다. 저는 점성학이 학과 술의 두 가지 면을 모두 가지고 있다고 생각합니다. 학문은 읽고 숙고하고 사색하는 것으로써 발전할 수 있지만, 술은 직접 실행하며 부딪치고 시행착오를 거치며 성장해야 합니다.

여러분들이 이 책을 통해 점성학 공부를 시작하셨다면, 이제는 점성술을 행하실 차례입니다. 우리 모두 걱정보다는 기대를, 우려보다는 흥미를 가집시다. 기대, 흥미, 재미, 용기는 점성술을 발전시키는 원료입니다. 이를 위해서 가장 먼저 자신의 네이탈 차트를 살펴보는 것으로 시작하기를 권합니다. 우리는 누구보다도 나에 대해서 가장 많이 느끼고 생각합니다. 그렇기 때문에 나로부터의 출발은 매우 당연하며 훌륭한 시작입니다.

이어서 가족, 친구, 연인 등 가까운 사람들의 네이탈 차트를 펼쳐놓고 내가 알고 있는 그 사람과 점성학에서 이야기하는 그 사람을 비교하며 음미해보시길 권합니다. 그 둘이 일치하는 신기한 경험을 할 수도 있고, 내가 알고 있었던 생각과는 전혀 다른 내용이 네이탈 차트에서 나올 수도 있습니다. 점성학의 내용으로 나의 시각과 생각을 점검하고, 내가 알고 있는 생각으로 점성학의 내용을 검증해보시길 바랍니다. 이러한 양방향적 사고는 나를 비롯해 대상과 사물을 객관적으로 바라볼 수 있게 해줍니다. 또한, 점성학을 내 것으로 만들어주며, 점성학에 대한 이해를 정교하고 깊이 있게 만들어줍니다.

2006년부터 시작된 저의 점성학 공부는 이 책의 집필과 더불어 하나의 마디가 매듭지어진 기분입니다. 끝없이 솟아 자라는 대나무처럼 올바르고 곧게 진리를 향해 여러분들만의 점성학을 발전시키시길 바랍니다. 저 역시 다음 마디를 향해 계속 공부하고 숙고하고 상담하며 발전하겠습니다. 그 여정에 여러분이 도반이 되어 함께하기를 바랍니다.

감사의 글

《내 점성학은 내가 본다》의 초안을 처음부터 끝까지 꼼꼼히 읽고 상세한 의견을 남겨주신 김수영, 김유정, 김채아, 박보연, 유은정, 이근주, 이한아, 임정희, 임종만, 한지민 님께 진심 어린 감사를 전합니다.

책을 만드는 과정에서 다양한 의견을 나눠주신 구경배, 김고은, 김선아, 김소형, 김수정, 김수진, 김재연, 김주희, 김학길, 류하영, 손윤영, 신혜영, 안세은, 양지영, 이지은, 전예린, 정유경, 채지원 님께도 감사드립니다.

참고문헌

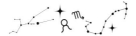

단행본

- Chris Brennan, 《Hellenistic Astrology》, Amor Fati February, 2017.
- Marcia Moore&Mark Douglas, 《Astrology the Divine Science》, Arcane Publications, 1978.
- Vettius Valens, Andrea Gehrz(trans), 《The Anthology Book 1》, 2016.
- William Lilly, David R. Roell(ed), 《Christian Astrology, Books 1》, Astrology Classics, 2005.
- 국립민속박물관, 《한국세시풍속자료집성》, 2003.
- 국립민속박물관, 《韓國의 歲時風俗 Ⅱ》, 1998.
- 리즈 그린, 유기천 옮김, 《신화와 점성학》, 문학동네, 2000.
- 벤슨 보브릭, 이상근 옮김, 《점성술로 되짚어보는 세계사》, 까치, 2006.
- 알베르트 수스만, 서영숙 옮김, 《영혼을 깨우는 12감각》, 섬돌, 2007.
- 유발 하라리, 조현욱 옮김, 《사피엔스》, 김영사, 2015.
- 張籌根, 《高麗史, 東國歲時記, 韓國의 歲時風俗》, 螢雪出版社, 1984.
- 한국지구과학회, 《지구과학사전》, 북스힐, 2009.

웹사이트

- https://www.astrotheme.com
- http://www.seehint.com/hint.asp?md=204&no=11376

내 운명은 내가 본다

내 점성학은 내가 본다

+·《《 ● ✳ ● 》》·+

초판 1쇄 인쇄 2023년 11월 7일
초판 1쇄 발행 2023년 11월 14일

글 연주
기획 골든리버
편집 한아름
디자인 섬세한 곰
마케팅 강건우 손서연 이루겸 이성재 정예원 조수빈

발행인 정회도
발행처 소울소사이어티
출판사 등록일 2020년 7월 30일

이메일 soul-society@naver.com
카카오톡채널 소울소사이어티

웹사이트 soulsociety.kr
인스타그램 @soulsociety.official
블로그 blog.naver.com/soul-society
유튜브 youtube.com/soulsocietykr

ⓒ 연주, 2023
값 20,000원
ISBN 979-11-982100-0-5 03180